FOM-Edition
FOM Hochschule für Oekonomie & Management

Weitere Bände in dieser Reihe
http://www.springer.com/series/12753

Markus H. Dahm · Aaron D. Brückner

Lean Management im Unternehmensalltag

Praxisbeispiele zur
Inspiration und Reflexion

Markus H. Dahm
FOM Hochschule für Oekonomie &
Management gGmbH
Hamburg, Deutschland

Aaron D. Brückner
The Milestone GmbH
Witten, Deutschland

Dieses Werk erscheint in der FOM-Edition, herausgegeben von der FOM Hochschule für Oekonomie & Management.

FOM-Edition
ISBN 978-3-658-16814-8   ISBN 978-3-658-16815-5 (eBook)
DOI 10.1007/978-3-658-16815-5

Die Deutsche Nationalbibliothek verzeichnet diese Publikation in der Deutschen Nationalbibliografie; detaillierte bibliografische Daten sind im Internet über http://dnb.d-nb.de abrufbar.

Springer Gabler
© Springer Fachmedien Wiesbaden GmbH 2017
Das Werk einschließlich aller seiner Teile ist urheberrechtlich geschützt. Jede Verwertung, die nicht ausdrücklich vom Urheberrechtsgesetz zugelassen ist, bedarf der vorherigen Zustimmung des Verlags. Das gilt insbesondere für Vervielfältigungen, Bearbeitungen, Übersetzungen, Mikroverfilmungen und die Einspeicherung und Verarbeitung in elektronischen Systemen.
Die Wiedergabe von Gebrauchsnamen, Handelsnamen, Warenbezeichnungen usw. in diesem Werk berechtigt auch ohne besondere Kennzeichnung nicht zu der Annahme, dass solche Namen im Sinne der Warenzeichen- und Markenschutz-Gesetzgebung als frei zu betrachten wären und daher von jedermann benutzt werden dürften.
Der Verlag, die Autoren und die Herausgeber gehen davon aus, dass die Angaben und Informationen in diesem Werk zum Zeitpunkt der Veröffentlichung vollständig und korrekt sind. Weder der Verlag noch die Autoren oder die Herausgeber übernehmen, ausdrücklich oder implizit, Gewähr für den Inhalt des Werkes, etwaige Fehler oder Äußerungen. Der Verlag bleibt im Hinblick auf geografische Zuordnungen und Gebietsbezeichnungen in veröffentlichten Karten und Institutionsadressen neutral.

Lektorat: Angela Meffert

Gedruckt auf säurefreiem und chlorfrei gebleichtem Papier.

Springer Gabler ist Teil von Springer Nature
Die eingetragene Gesellschaft ist Springer Fachmedien Wiesbaden GmbH
Die Anschrift der Gesellschaft ist: Abraham-Lincoln-Str. 46, 65189 Wiesbaden, Germany

Für die, die lieber anpacken als aufschieben.

„Es ist nicht genug, zu wissen, man muss es auch anwenden. Es ist nicht genug, zu wollen, man muss es auch tun."
(Johann Wolfgang von Goethe)

Vorwort

Im Jahr 2014 veröffentlichten wir bei Springer Gabler ein 476 Seiten starkes Buch über die erfolgreiche Implementierung von Operational-Excellence-Initiativen. Wir hatten den Anspruch, ein Grundlagenwerk – theoriebasiert, aber klar praxisorientiert – an den Markt zu bringen. Das methodische Leistungsversprechen von Lean Management, Six Sigma und der Synthese Lean Six Sigma haben wir erläutert und die Veränderungen von Verhaltensweisen und Denkmustern im Kontext des professionellen „Change Managements" diskutiert. Ein aufmerksamer Leser wies uns darauf hin, dass lediglich 20 % des Buches den Brückenschlag in die Praxis wagten – zu wenig, wie wir finden, für eine ernstzunehmende Praxisorientierung.

Seit der Veröffentlichung des ersten Buches nahmen unsere Leben als Unternehmensberater zunächst ihren gewohnten Lauf – bis wir im Büro des Geschäftsführers eines mittelständischen Unternehmens in Süddeutschland saßen, um ein Interview für einen geplanten Fachartikel zu führen. Nach einem intensiven fachlichen Austausch unterhielten wir uns über die Lean-Literatur am Markt. Dazu bezog der Geschäftsführer klar Stellung: „Ich kenne die Erfolgsgeschichte von den Toyotas und Porsches dieser Welt auswendig. Bei uns laufen aber weder Toyotas noch Porsches vom Band – also, was bedeutet eine Lean-Einführung für mich?"

Als wir wieder im Flugzeug saßen, hallte die Kritik des Geschäftsführers an der verfügbaren Fachliteratur noch hoch über den Wolken nach – und die Idee für eine Publikation mit bedingungslosem Praxisbezug war geboren. Uns war schnell klar, was dazu benötigt wird:

- **Echtheit:** Auf Hochglanz polierte Case Studies, bei denen das Mittagessen vom Boden in der Fertigungshalle gegessen werden kann, wollten wir vermeiden. Wo gehobelt wird, fallen Späne – also suchten wir vier Unternehmen, die Lean einführen, um den Grat der Wettbewerbsfähigkeit zu erklimmen, und die sich dabei nicht zu schade sind, offen und ehrlich über ihre Schmerzen zu sprechen.
- **Einfachheit:** Wir verzichten auf eine wissenschaftliche Komplexität in der Sprache. Die Fallstudien sind geprägt durch die griffigen Erzählungen und Aussagen der insgesamt 21 Interviewteilnehmer – die Hintergrundinformationen zur Historie der Management-Methode und die Erläuterungen der 20 wichtigsten Lean Tools sind als ein Bei-

werk zu verstehen und grafisch so eingebunden, dass sie problemlos übersprungen werden können.
- **Erfahrung:** Der Horizont an Lean-Deployment-Erfahrung der Unternehmen ist breit gefächert und reicht von zwei (Single Temperiertechnik) bis 13 Jahre (Lufthansa Technik). Ungefiltert stehen die Momentaufnahmen des „echten Lebens" im Vordergrund und kehren die Anteile von Theorie und Praxis des 2014 veröffentlichten Werkes um. Unser Leistungsversprechen: 80 % Praxis und nur 20 % Theorie. Um diesem Anspruch gerecht zu werden, haben wir vier Fachexperten gewonnen, die jeweils eine Fallstudie aus ihrer Sicht beurteilen: Thomas Schlösser (Senior Partner bei der Staufen AG), Dr. Sven Borchert (Principal bei Lumics Consulting), Andreas Schwarz (MPS-Leiter bei Mercedes-Benz im Werk Bremen) und Dr. Peter Belener (Produktionsleiter bei Miele). Dadurch gewinnt das Buch nicht nur ein Alleinstellungsmerkmal, sondern der Leser durch die reflektierte Beobachtung des renommierten Beobachters an Perspektive.

Apropos Leser: So, wie es sich für ein Fachbuch gehört, richtet sich dieses Buch an ein Fachpublikum. Um die berechtigte Frage zu klären, wer zu diesem Fachpublikum gehört, kommen wir auf Goethe zurück: „Es ist nicht genug, zu wissen, man muss es auch anwenden. Es ist nicht genug, zu wollen, man muss es auch tun." Diejenigen, die sich von diesen Worten angesprochen fühlen, weil sie die Verantwortung für die Einführung eines Lean Deployments als Manager, Trainer, Berater oder Mitarbeiter mit oder ohne Personalverantwortung übernehmen müssen oder wollen, sind unser Fachpublikum.

Leser, die ein umfassendes Grundlagenwerk erwarten, um alles über Lean zu erfahren, erinnern wir lieber an unser 2014 erschienenes Buch über Operational Excellence. Hier sind sie fehl am Platz, weil in diesem Buch „nur" das Wichtigste steht.

Die Sprache dieses Buches überlassen wir den Protagonisten der Praxis: General Manager Dieter Dude und seine Kollegen beweisen, dass es nicht ausreicht, Lean zu verfolgen, sobald ein freies Zeitfenster verfügbar ist – für den Philips-Standort in Hamburg ist Lean kein Selbstzweck, sondern der richtige Weg, um die Geschäftsziele zu erreichen. Bei Raytheon Anschütz richten Dr. Andreas Mues und Ralf-Peter Lauck die Funktionsfähigkeit der hergestellten Kompasse nach den Wundern der Natur aus – bei der Funktionsfähigkeit eines schlanken Geschäftsmodells orientieren sie sich mit ihren Mitstreitern am magnetischen Nordpol der Lean-Methode: Verschwendung unternehmensweit vermeiden. Karsten Sauer, Geschäftsführer der Single Temperiertechnik aus der Nähe von Stuttgart, hat verstanden, dass es bei Lean immer um alles geht: Eine schlanke Produktion steigert die Produktivität, aber um den Musterwechsel von der Werkstatt zum Industrieunternehmen zu meistern, braucht es eine an den Lean-Prinzipien ausgerichtete Forschung & Entwicklung. Zuletzt beweisen bei der Lufthansa Technik seit einigen Jahren Produktionsvorstand Dr. Stüger und seine „Lean-Speerspitze" Johannes Weidisch, dass die Qualifizierung einer organisationsweiten „Lean Community" eine Möglichkeit ist, um höher, schneller und weiter zu fliegen – der erbitterte Konkurrenzkampf der Luftfahrt verzeiht dabei keine technischen Defekte.

Vorwort

Die Konkurrenz dieses Buches ist auf den ersten Blick groß, denn Lean Management scheint ein erschöpftes Themengebiet zu sein. Doch die im Flugzeug geborene Formel für eine marktfähige Publikation ließ uns nicht ruhen:

Echtheit + Einfachheit + Erfahrung = bedingungsloser Praxisbezug

Wir unternahmen einen Selbstversuch – wir recherchierten, bestellten und lasen eine ganze Menge. Wir fanden viele anschaulich beschriebene Rettungsringe und zahlreiche Erfolgsgeschichten der Toyotas und Porsches dieser Welt. Was uns fehlte, waren Gedankenstöße für das Leben und nicht das Lesen. Was uns fehlte, war die Anregung zur Reflexion über die eigenen Erfahrungen und Vorgehensweisen – auch ein seit Jahren praktizierender Lean-Profi sollte sich fragen, was er in der Vergangenheit hätte anders machen können. Was uns schließlich auch fehlte, war Inspiration anstatt Input. Methoden können nicht sprechen – es sind die Menschen, ihre Erlebnisse, ihre Wortwahl und ihr Ausdruck von Gefühlen, die inspirieren – häufig zwischen den Zeilen.

Bevor wir aber zu viel versprechen, bleibt uns noch die angenehme Pflicht, denjenigen zu danken, die zum Inhalt und Stil dieses Buches beigetragen haben. Zunächst möchten wir allen Interviewpartnern der Fallstudien für ihre Offenheit und Einsatzbereitschaft danken: Dieter Dude, Gunnar Düvel, Justus von Richthofen, Ralf-Peter Lauck, Dr. Andreas Mues, Thomas Harlander, Aydin Arpacioglu, Jörg Ritter, Karsten Sauer, Felix Junghänel, Lars Kratzenberg, Elmar Brummer, Wojtek Lewandowski, Visar Vehapi, Michael Pfiz, Slobodan Bagas, Dr. Thomas Stüger, Andreas Tielmann, Johannes Weidisch, Andre Lübberstedt und Eva Hasenbalg. Sehr zu Dank verpflichtet sind wir den Fachexperten für die kritische Diskussion der Fallstudien: Thomas Schlösser, Dr. Sven Borchert, Andreas Schwarz und Dr. Peter Belener. Unser ausdrücklicher Dank gilt auch Angela Meffert von Springer Gabler, die das Buch als Lektorin betreute, und unserem freien Lektor Raimund Brückner, der zahlreiche gute Anregungen gab, was Stil und sprachlichen Ausdruck betrifft. Herrn Prof. Dr. Thomas Heupel danken wir für die Aufnahme des Werkes in die FOM-Edition und Herrn Kai Enno Stumpp für die Begleitung bei der Entstehung. Schließlich danken wir unseren Partnern und Familien dafür, dass es sie gibt.

Inhaltsverzeichnis

1	**Philips Medical Systems**	1
1.1	Um wen geht es?	1
1.2	Warum wurde Lean eingeführt?	2
1.3	Wie wurde Lean eingeführt?	6
	1.3.1 Erste Gehversuche einer Pilotlinie	7
	1.3.2 Ein zentraler Härtetest der Pilotphase	10
	1.3.3 Die Bestimmung des Reifegrades	13
1.4	Was hat Lean bisher gebracht?	16
	1.4.1 Erfolgskennzahlen nach drei Jahren	16
	1.4.2 Erfolgsgeschichten nach drei Jahren	17
1.5	Was sind die heutigen Herausforderungen?	18
1.6	Was kann man daraus lernen?	20
	1.6.1 Wenn Führungskräfte vorleben, was sie von ihren Mitarbeitern erwarten	21
	1.6.2 Wenn das Warum bekannt ist	21
	1.6.3 Wenn Lean kein Selbstzweck ist	22
1.7	Interview mit Thomas Schlösser – Staufen AG	23
1.8	Werkzeugkasten	36
	1.8.1 Wertstromanalyse	36
	1.8.2 Shopfloor Management	38
	1.8.3 Kaizen	41
	1.8.4 Poka Yoke	43
	1.8.5 Kreativitäts-Tools	44
	1.8.6 Hoshin Kanri	47
	Literatur	48
2	**Raytheon Anschütz**	51
2.1	Um wen geht es?	51
2.2	Warum wurde Lean eingeführt?	52
2.3	Wie wurde Lean eingeführt?	58
	2.3.1 Das Engineering macht den Anfang	59

		2.3.2	Die Nutzenpakete zur Identifikation von Handlungsbedarfen	60
		2.3.3	Der Coach – die Seele des Prozesses	63
		2.3.4	Operations zieht nach: Von sechs Wochen auf drei Tage	64
	2.4	Was hat Lean bisher gebracht?		66
		2.4.1	Erfolgskennzahlen nach drei Jahren	66
		2.4.2	Erfolgsgeschichten nach drei Jahren	67
	2.5	Was sind die heutigen Herausforderungen?		68
	2.6	Was kann man daraus lernen?		70
		2.6.1	Wenn die Wahrheit am Board steht	71
		2.6.2	Wenn Teams sich hinterfragen	71
		2.6.3	Wenn Mitarbeiter Verschwendung erkennen	72
	2.7	Interview mit Dr. Sven Borchert – Lumics GmbH & Co. KG		73
	2.8	Werkzeugkasten		87
		2.8.1	Kanban	87
		2.8.2	Swimlane-Diagramm	88
		2.8.3	Fischgrätendiagramm und 5W	91
		2.8.4	5S	92
		2.8.5	SIPOC	94
		2.8.6	DMAIC-Zyklus	95
	Literatur			97
3	**Single Temperiertechnik**			99
	3.1	Um wen geht es?		99
	3.2	Warum wurde Lean eingeführt?		102
	3.3	Wie wurde Lean eingeführt?		104
		3.3.1	Erstes Pilotprojekt: Aus der Stand- in die Fließfertigung	104
		3.3.2	Zweites Pilotprojekt: Die Grenzen der Fließfertigung definieren	106
		3.3.3	Mitarbeiter mitnehmen = Mitarbeiter mitmachen lassen	107
		3.3.4	Aus der Komfort- in die Lernzone	108
	3.4	Was hat Lean gebracht?		110
		3.4.1	Erfolgskennzahlen nach zwei Jahren	110
		3.4.2	Erfolgsgeschichten nach zwei Jahren	112
	3.5	Was sind die heutigen Herausforderungen?		113
	3.6	Was kann man daraus lernen?		117
		3.6.1	Wenn der Prozess das Produkt schlägt	117
		3.6.2	Wenn Lean nicht selbstverständlich ist	117
		3.6.3	Wenn der Tatort im Fokus steht	118
	3.7	Interview mit Andreas Schwarz – Daimler AG		119
	3.8	Werkzeugkasten		134
		3.8.1	Wertschöpfungsanalyse und die 8W	134
		3.8.2	One-Piece-Flow	137
		3.8.3	Wertstromdesign	139

	3.8.4	Heijunka – Nivellieren und Glätten 140
	Literatur 141

4 Lufthansa Technik 143
	4.1	Um wen geht es? 143
	4.2	Warum wurde Lean eingeführt? 144
	4.3	Wie wurde Lean eingeführt? 147
		4.3.1	Der erste Leuchtturm 148
		4.3.2	Porsche inspiriert – Japan motiviert 148
		4.3.3	Den Erfahrungsschatz institutionalisieren 149
		4.3.4	Der Wissensmultiplikator Lean Academy 151
	4.4	Was hat Lean bisher gebracht? 153
		4.4.1	Erfolgskennzahlen nach zwölf Jahren 154
		4.4.2	Erfolgsgeschichten nach zwölf Jahren 154
	4.5	Was sind die heutigen Herausforderungen? 156
	4.6	Was kann man daraus lernen? 159
		4.6.1	Wenn es einen Paten gibt 159
		4.6.2	Wenn das Machen und nicht die Methode im Vordergrund stehen ... 160
		4.6.3	Wenn es genügend Verbündete gibt 161
	4.7	Interview mit Dr. Peter Belener – Miele & Cie. KG 162
	4.8	Werkzeugkasten 176
		4.8.1	A3-Report 176
		4.8.2	Go to Gemba 178
		4.8.3	RACI-Matrix 180
		4.8.4	Stakeholder-Analyse 182
	Literatur 184

Die Autoren

Markus H. Dahm ist Abteilungsleiter in der Beratungspractice „Digital Change Management" bei dem weltweitführenden IT Service- und Beratungsunternehmen IBM. Parallel ist er der Co-Lead der IBM Corporate Transformation & Inhouse Consulting Beratungseinheit und in der Rolle beauftragt, globale Transformations- und Produktivitätssteigerungsprojekte innerhalb der europäischen Organisation der IBM durchzuführen.

Er verfügt über mehr als 20 Jahre Beratungs- und Projektleitungserfahrung, die er in den verschiedensten Ländern Europas, in Nordamerika und in Asien sammeln konnte. Schwerpunktgebiete der Beratung umfassen die Strategie- und Organisationsentwicklung, das Organisational Change Management, die Performance-Verbesserung von Organisationen, insb. durch Lean Management und Six Sigma sowie Fragestellungen rund um die Digitalisierung.

Markus H. Dahm ist gelernter Bankkaufmann, studierte Betriebswirtschaftslehre mit dem Abschluss Diplom-Kaufmann und promovierte ebenfalls in Wirtschaftswissenschaften im Themenfeld Marketing. Ferner ist er MBA für International Management Consulting.

Er publiziert regelmäßig in einschlägigen wissenschaftlichen und populärwissenschaftlichen Fachmagazinen und Verbandsmagazinen zu aktuellen betriebswirtschaftlichen Fragestellungen, Management- und Leadership-Themen. Bücher von ihm sind bisher bei Erich Schmitt, Berlin und Springer Gabler, Wiesbaden erschienen.

Neben der Tätigkeit als Unternehmensberater engagiert sich Markus H. Dahm langjährig in der Lehre. Er fungiert als Gastredner und Lehrbeauftragter an Hochschulen und Universitäten. Seit 2007 ist er fest in der Forschung und Lehre an der FOM Hochschule für Management & Oekonomie, Essen/Hamburg verankert. Er unterrichtet Bachelor und Master-Studenten in den Fächern Project Management, Strategic Corporate Management und Process, Quality & Change Management. Von der FOM Hochschule hat er den Titel „Honorarprofessor" verliehen bekommen.

Aaron D. Brückner ist Geschäftsführer der Milestone Consultants, einem Netzwerk freiberuflicher Unternehmensberater. Die Schwerpunkte seiner Tätigkeit liegen auf der Verschlankung von administrativen Geschäftsprozessen und der damit einhergehenden Neugestaltung von Organisationsstrukturen und der Entwicklung von zukunftsfähigenStrategien. Zusätzlich steht er als Doktorand von Prof. Rudi Wimmer kurz davor, vom Wittener Institut für Familienunternehmen (WIFU) promoviert zu werden. In der Vergangenheit hat er regelmäßig Vorträge zu den Themen Strategisches Management, Operational Excellence und Change-Management an der FOM Hochschule für Ökonomie und Management in Hamburg gehalten. Er ist Autor zahlreicher Fachbeiträge zu den Themenkomplexen Lean Management, Six Sigma und Change-Management in verschiedenen Zeitschriften, wie beispielsweise „io new management", „Personalführung", und „Personalwirtschaft".

Philips Medical Systems

Das Schlüsselelement ist die Story hinter dem Lean Deployment. Warum machen wir das? Das gilt es, immer wieder in die Belegschaft zu transportieren.
(Justus von Richthofen, Fertigungsleiter Philips Medical Systems)

1.1 Um wen geht es?

„Innovation and you" ist der Markenclaim von Royal Philips, einem führenden Anbieter im Bereich der Gesundheitstechnologie. Ziel des Unternehmens mit Hauptsitz in den Niederlanden ist es, die Gesundheit der Menschen zu verbessern und sie mit entsprechenden Produkten und Lösungen in allen Phasen des Gesundheitskontinuums zu begleiten; während des gesunden Lebens, aber auch in der Prävention, Diagnostik, Therapie sowie der häuslichen Pflege. Die Entwicklungsgrundlagen dieser integrierten Lösungen sind fortschrittliche Technologien sowie ein tiefgreifendes Verständnis für die Bedürfnisse von medizinischem Fachpersonal und Konsumenten. Das Unternehmen ist führend in diagnostischer Bildgebung, bildgestützter Therapie, Patientenmonitoring und Gesundheits-IT sowie bei Gesundheitsprodukten für Verbraucher und in der häuslichen Pflege. Philips beschäftigt dafür etwa 70.000 Mitarbeiter in mehr als 100 Ländern und erzielte mit seinem Portfolio in 2015 einen Umsatz von 16,8 Mrd. €.

In 2016 spaltete der Konzern die 125 Jahre alte Beleuchtungssparte, mit Produkten von der Straßenlaterne bis zur beleuchteten Allianz Arena in München, als separates Unternehmen Philips Lighting ab. Es ist seit dem Frühjahr 2016 an der Börse notiert – Royal Philips hält daran gut 71 %. Royal Philips gliedert seine übrigen Aktivitäten in die zwei Geschäftsfelder Personal Health, mit Haushaltsprodukten, Kaffeemaschinen, Zahnbürsten und Rasierapparaten und Health Systems mit medizintechnischen Produkten wie Röntgensysteme, Computertomografen oder EKG-Geräte. Im Jahr 2025 soll auf diese Art das Leben von drei Milliarden Menschen gesünder, nachhaltiger und innovativer sein.

Ein Teil des Geschäftsfeldes Health Systems ist die Philips Medical Systems DMC GmbH, kurz Philips Medical Systems, eine Produktionsstätte für Röntgenröhren mit historischem Sitz in der Röntgenstraße in Hamburg-Fuhlsbüttel und seit Ende 2015 auch Sitz der DACH-Firmenzentrale. Dort werden rund 1200 Mitarbeiter in den Geschäftseinheiten DXR (Diagnostic X-Ray) und GTC (Generators, Tubes and Components) beschäftigt. In der Einheit DXR werden Systeme rund um radiografische Lösungen entwickelt, gefertigt und vermarktet. Im Mittelpunkt dieses Kapitels steht die zweite Hamburger Geschäftseinheit GTC, die Generatoren, Röhren und Komponenten für bildgebende Systeme basierend auf Röntgenstrahlen entwickelt und fertigt. Philips Medical Systems GTC beliefert mit seinen aus drei Fertigungslinien stammenden Bauteilen ausschließlich interne Kunden aus der Healthcare-Sparte.

Der Markenclaim „Innovation and you" steht in den GTC-Fertigungslinien für die anspruchsvolle Konzernrealität hinsichtlich Qualität, Zeit und Kosten. Unter der Schirmherrschaft des CEO Frans van Houten stieß Philips im Jahr 2011 ein umfangreiches Transformationsprogramm an, um die Zeit von der Produktidee bis zur Vermarktung zu verkürzen. Die Konzernzentrale in Amsterdam realisierte, dass wettbewerbsfähige Innovationen in der Zukunft auch auf eine schlanke Produktion angewiesen sind.[1]

1.2 Warum wurde Lean eingeführt?

Die ersten Gehversuche bei der Anwendung von Lean Management gehen im Hause Philips bis ins Jahr 2008 zurück. Vergleichsweise spät probierte sich die Sparte Consumer Lifestyle bei der Anwendung verschiedener Werkzeuge aus – damals noch ohne bereichsübergreifenden Erfolg. Bis die japanische Verbesserungsphilosophie einen festen Platz auf der Agenda des Topmanagements einnehmen konnte, brauchte es den Wechsel im Chefsessel im Jahr 2011. Frans van Houten ist ein Eigengewächs des niederländischen Konzerns und übernahm den Vorsitz in einer turbulenten Zeit. Philips stand vor großen Problemen und die Herausforderung war es, den verlorenen Erfindergeist wieder aufzuwecken und die im globalen Wettbewerb eingebüßte Profitabilität zurück zu gewinnen. Der Manager begann einen Transformationsprozess in fünf Akten:

1. Schrumpfkur im Produktportfolio

Van Houten setzte damit die Strategie seines Vorgängers fort und trennte sich systematisch und konsequent von unprofitablen Produkten und ganzen Geschäftsbereichen wie der Fernsehsparte, dem Geschäft mit Audio- und Videogeräten oder dem Bereich Lighting, an dem Philips weiterhin 71 % hält. Royal Philips fokussiert sich künftig mit seinen Sparten Health Systems und Personal Health (ehemals Consumer Lifestyle) auf die zukunftsträchtigen Bereiche Gesundheit und Medizintechnik.

---

[1] Die Erkenntnisse dieses Kapitels beruhen auf den Interviews mit Dieter Dude (General Manager GTC), Gunnar Düvel (Head of Continuous Improvement und Lean Expert) und Justus von Richthofen (Fertigungsleiter Materialversorgung/Mechanische Dienstleistung und Lean Expert).

2. Perspektivenwechsel in der strategischen Ausrichtung

Mit professionellen Lösungen unterstützt Philips Kliniken und Praxen dabei, die Qualität, Effizienz und Wirtschaftlichkeit der Patientenversorgung zu steigern. Chronisch kranke und ältere, multimorbide Menschen profitieren von Lösungen, die das Selbstmanagement ihrer Erkrankungen erleichtern und eine höhere Lebensqualität sowie mehr Selbstständigkeit und soziale Teilhabe im Alter ermöglichen. Darüber hinaus bietet Philips zahlreiche Produkte für Verbraucher, die dazu beitragen, Gesundheitskompetenz aufzubauen, und im Sinne der Prävention motivieren, langfristig einen gesunden Lebensstil zu führen.

3. Schlanksein in der Produktion

Mehr Produktivität, weniger Ausgaben für Ausschuss und Fehler sowie Einsparungen durch kleinere Lagerbestände sollten mit Methoden des Lean Managements erzielt werden. Van Houten sagte der Langsamkeit und dem Bürokratismus des Konzerns den Kampf an und wollte den Erfindergeist wiedererwecken. Lean war in diesem Zuge ein essenzieller Baustein, um Produkte schneller auf den Weg zu bringen und Mitarbeitern wieder Verantwortung zu übertragen.

4. Kooperation im Arbeitsalltag

Wo Ingenieure, Vertriebler und Fertigungsmitarbeiter früher gerne ihr eigenes Süppchen kochten, forderte der neue CEO eine intensivere horizontale Kommunikation ein – auf gut Deutsch: Teamwork. So wurden Arbeitsstandards aus Branchen wie der Automobilproduktion und des Flugzeugbaus eingeführt: Entwickler brüteten gemeinsam mit den Kollegen aus dem Vertrieb ausführlich über veränderte Kundenbedürfnisse und Ingenieure gingen auf ihre Kunden oder Zulieferer zu, um Produktverbesserungen zu diskutieren.

5. Paradigmenwechsel im Kundenverständnis

Um dem innovativen Anspruch gerecht zu werden, forcierte van Houten das Geschäft mehr aus Kundensicht zu betrachten. Demnach ging es nicht mehr darum, Geräte zu verkaufen, sondern Lösungen anzubieten. Diese Positionierung hatte direkte Auswirkungen auf die Anforderungen an interne Entwicklungs-, Fertigungs- und Serviceprozesse. Es wurde klar, dass die angestoßene Transformation des Traditionshauses auch einen Kulturwandel nach sich ziehen würde.

Hintergrundinformation: Die Entstehung des Toyota Produktionssystems

Der 2. Weltkrieg war verloren. Für die unterlegenen Japaner markierte der 15. August 1945 auch den Neubeginn für Toyota (vgl. Ohno 1993, S. 29). Japan war nicht besonders reich an Rohstoffen und ähnlich wie in Deutschland war ein Großteil der Infrastruktur und der Industrie nach den Geschehnissen des 2. Weltkrieges zerstört. Zusätzlich gab es kaum Kapital, keinen Marshall-Plan, wenig Fläche und eine verschwindend geringe Nachfrage nach Autos, so dass die japanischen Unternehmen die amerikanische Industriepolitik mit der damit einhergehenden Massenproduktion nicht einfach kopieren konnten, sondern sich auf kundenindividuelle Produkte konzentrieren mussten (vgl. Toepfer 2009, S. 138). Der ehemalige Präsident von Toyota, Eiji Toyoda, fand für die Situation deutliche Worte: „Wir müssen Amerika innerhalb von drei Jahren einholen. Sonst wird die Automobilindustrie Japans nicht überleben." (Ohno 1993, S. 29; vgl. Drew et al. 2005, S. 21 f.)

Eiji Toyoda reiste für drei Monate nach Detroit, um die damaligen modernsten Produktionsanlagen der Welt zu besuchen. Als er nach Japan zurückkehrte, begann er unter der Prämisse, aus den „Fehlern" der Amerikaner zu lernen, Toyota neu zu strukturieren. Dieser neue Ansatz aus Abb. 1.1, der unter der Begrifflichkeit „Toyota Produktionssystem (TPS)" Berühmtheit erlangte, beinhaltete fünf Grundsätze:

1. Prozesse synchronisieren: Die einzelnen Arbeitsschritte werden nur durchgeführt, wenn sie auch benötigt werden. So entstehen weder Leerlauf noch unfertige Produkte und die Verschwendung in den Prozessen wird minimiert.
2. Prozesse standardisieren: Für die Lagerung, Bereitstellung und Verarbeitung des Materials gibt es genaue „Spielregeln". Diese sind aber nicht in Stein gemeißelt, sondern können durch Verbesserungsvorschläge der Mitarbeiter geändert werden.
3. Fehler vermeiden: Jeder Mitarbeiter hat in jedem Schritt für absolute Qualität zu sorgen. Das heißt, nur „gute Teile" werden an den nächsten Prozessschritt weitergegeben.
4. Mitarbeiter trainieren und qualifizieren: Die Ideen und Verbesserungsvorschläge der Mitarbeiter werden ernst genommen. Je qualifizierter die Belegschaft ist, desto mehr Probleme werden erkannt und behoben.
5. Produktionsanlagen verbessern: Die Mitarbeiter in der Produktion sind in der Lage, Störungen weitestgehend selbst zu beheben. Im Rahmen von Kaizen[2] findet die Verbesserung der Produktionsanlagen kontinuierlich statt.

„Warum wir hier in Hamburg bei Philips Medical Systems seit 2013 Lean einführen? Das ist eine Konzernentscheidung und zwar eine sehr gute", befindet der Standortleiter und für die Geschäftseinheit GTC Verantwortliche Dieter Dude. „Früher gab es viele punktuelle Verbesserungsbemühungen. Da wurde hier mal an der Durchlaufzeit gearbeitet und dort 5S gemacht. Aber das waren einzelne Berührungspunkte. Es wurde nicht gemeinsam an einem Strang gezogen." Das hat sich seit dem Amtsantritt von van Houten geändert, denn der Zentralbereich in den Niederlanden entwickelte daraufhin mit Experten vom Kaizen Institut ein auf Philips zugeschnittenes Lean-Modell. „Letztlich ist

---

[2] Kaizen (s. Abschn. 1.8.3 für eine ausführliche Erläuterung) beschreibt eine japanische Arbeitsphilosophie und ein methodisches Konzept, in deren Zentrum eine schrittweise und kontinuierliche Verbesserung steht.

1.2 Warum wurde Lean eingeführt?

Abb. 1.1 Grundsätze des Produktionssystems von Toyota. (Quelle: Dahm und Brückner 2014, S. 17; in Anlehnung an Ohno 1993, S. 43 ff.)

das die Antwort auf einen massiven Marktdruck", ergänzt der zum ausgebildeten Vollzeit Continuous Improvement Manager Gunnar Düvel. „Wir können es nicht ändern, dass die Konkurrenz besser wird und wir mit sinkenden Stückzahlen zu kämpfen haben. Wir müssen auch damit leben, dass wir für einen börsennotierten Konzern arbeiten, dessen Shareholder eine klare Erwartungshaltung haben. Da steht einfach die Effizienz im Vordergrund und Lean ist dabei die beste Strategie."

Die marktgetriebene Top-down-Entscheidung des Vorstandsvorsitzenden ist jedoch nicht der einzige Grund für die Einführung von Lean Management bei Philips Medical Systems. Justus von Richthofen, Fertigungsleiter der Materialversorgung und Mechanischen Dienstleistung, ist sich sicher, dass es bei einem solchen Transformationsprozess nicht nur um die richtigen Tools, sondern auch um die passende Philosophie geht: „Lean besteht nicht nur aus Tools. Lean rückt den Mitarbeiter in den Fokus und das wurde in den letzten Jahren vernachlässigt. Bis zum Beginn der konzernweiten Lean-Aktivitäten mussten wir uns verbessern – heute wollen wir uns verbessern." Auch wenn man aus Teilen des Betriebsrates noch kritische Stimmen vernehmen kann, da der Konzern seit den 1990er-Jahren von einer Restrukturierung in die nächste fiel und es manchem in der Belegschaft schwerfällt zu glauben, dass die nächste besser wird, als die gescheiterten vorher, so fasst Dieter Dude die Motivlage folgendermaßen zusammen: „Der Konzern will es und Lean passt zu uns."

Insbesondere mit Rückblick auf den dritten Akt des von van Houten initiierten Transformationsprozesses (Schlanksein in der Produktion) ist das Verständnis und die Motivlage des Elektronikkonzerns von entscheidender Bedeutung: Der Wettbewerb fordert ein, schneller, höher und weiter zu springen – aber nicht auf Kosten der Belegschaft. Die Einbeziehung und Befähigung der Mitarbeiter, um wieder an vergangene Tage voller unternehmerischem Esprit anzuknüpfen, sind für Philips keine Worthülsen auf Vorstandsebene, sondern ein Schlüsselelement in der Umsetzung der Lean-Management-Aktivitäten. Das ist an der Basis angekommen. Personalentwicklung schlägt Personalabbau oder mit den Worten des Continuous Improvement Manager Düvel ausgedrückt: „Wir wollen hier an einem Strang ziehen. Die Mitarbeiter sollen nicht mit Angst vor dem Arbeitsplatzverlust hier sitzen, sondern Freude bei der Arbeit haben." Mit diesem Ansatz ist für den Hamburger Healthcare-Standort ein Kulturwandel eingeläutet worden, der für das Unternehmen gemäß Dieter Dude selbstverständlich sein muss: „Wenn wir im Jahr 2025 das Leben von 3 Mrd. Menschen auf der Welt verbessern wollen, müssen wir mit uns selbst anfangen."

1.3 Wie wurde Lean eingeführt?

Das 2012 mit Lean-Experten des Kaizen Instituts entwickelte und auf Philips zugeschnittene Lean-Einführungsmodell besteht aus fünf Phasen und repräsentiert den Reifegrad der Rahmenbedingungen eines Lean Deployments[3]. In diesem Rahmen sollen sich Standorte und Geschäftsbereiche hinsichtlich Qualität, Zeit und Kosten verbessern. Ein kurzer Abriss der fünf Phasen erläutert die Logik des Modells (siehe Abb. 1.2).

Für die Geschäftsbereiche wie Philips Medical Systems GTC stellt das Modell eine Landkarte zur Standortbestimmung und Definition des als nächst erstrebenswertesten Zielpunktes dar – wie genau der Geschäftsbereich diese Reise unternimmt, liegt größtenteils in lokaler Verantwortung: „Wir agieren grundsätzlich autark, aber innerhalb der Leitplanken des Fünf-Phasen-Modells", so Dude. „Es gibt klar definierte Kriterien, die durch ein zentrales Audit am Ende einer Einführungsphase überprüft werden. So schafft

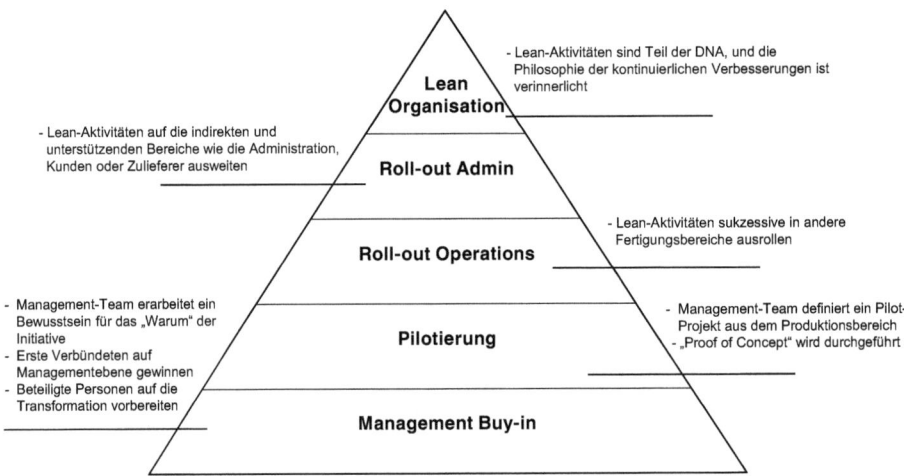

Abb. 1.2 Das Lean-Einführungsmodell von Philips

---

[3] In diesem Buch werden Lean Deployment, Lean-Einführung, Lean-Initiative und Lean-Implementierung synonym verwendet.

1.3 Wie wurde Lean eingeführt?

man es entweder in die nächste Phase oder nicht – es kann sogar vorkommen, dass man zurückgestuft wird."

Die zentrale Lean-Einheit in Amsterdam dient dabei als Schulungspartner und Feedbackgeber ganz getreu dem Motto „Think global, act local" und bündelt die Lean-Deployment-Erfahrungen aller Aktivitäten weltweit. „Beispielsweise hatten wir in der ersten Phase Probleme mit einem zweitägigen Management-Workshop, um das Buy-in der Führungskräfte sicherzustellen. Da haben sich viele beschwert, der Workshop sei zu lang und solle gekürzt werden, was wir im Team sehr kritisch sahen", bemerkt von Richthofen. „In dieser Situation bekamen wir guten Input, wie wir mit diesem Widerstand umgehen sollten. Schließlich haben wir uns durchgesetzt und die Veranstaltung verlief erfolgreich."

Neben punktueller fachlicher Unterstützung konsolidiert und veröffentlicht die Zentrale auch den aktuellen Entwicklungsstand eines jeden Standortes. Lediglich zwei Standorte befinden sich bereits in der fünften Phase und können sich Lean-Organisation nennen – der Weg dahin kann bis zu zehn Jahre dauern, schätzt Düvel: „Für uns geht es ohnehin weniger um die Zeit, die wir brauchen, um in die nächste Phase zu gelangen." „Wir empfinden es als unklug, Zeitziele für ein Lean Deployment auszugeben", ergänzt von Richthofen, „das führt nur zu Window Dressing – auf den ersten Blick sieht dann alles schön aus. Unser Verständnis des Lean Deployments ist, dass ein steter Tropfen den Stein höhlt. Fertig ist man ohnehin nie."

1.3.1 Erste Gehversuche einer Pilotlinie

Als im Jahr 2013 der in der Zentrale angestoßene Transformationsprozess den Hamburger GTC-Standort erreichte, startete das Lean-Team mit einem Workshop für das gesamte lokale Management-Team. Nachdem das Management Buy-in sichergestellt war, ging es um die inhaltliche Planung der zweiten Phase: „Die Entscheidung für das Pilotprojekt in der Fertigung von Hochspannungsgeneratoren für Röntgengeräte war einfach, denn dort war der Handlungsbedarf am größten", erklärt Dude. „Die Fertigungslinie brachte nur noch 50 % der Stückzahlen von vor fünf Jahren hervor. Das war eine gute Voraussetzung, um mit Blick nach Amsterdam zu beweisen, dass wir Lean können. Mit Blick auf den Shopfloor[4] wollten wir gleichzeitig der Belegschaft deutlich machen, dass die Methoden und Denkweisen zu mehr Wettbewerbsfähigkeit verhelfen. Von Anfang an ging es um nicht weniger als den gesamten Hamburger Produktionsstandort."

Startpunkt war Mitte 2013 die Analyse der innerbetrieblichen Wertschöpfungskette. „Wir haben durch eine Wertstromanalyse[5] früh erkannt, dass die komplette Abwicklung der Materialbereitstellung verbessert werden muss", sagt Düvel, „denn die drei Materi-

---

[4] Shopfloor bedeutet ins Deutsche übersetzt Werkstatt oder Fertigung.
[5] Die Wertstromanalyse (s. Abschn. 1.8.1 für eine genaue Beschreibung) ist eine schematische Darstellung aller Arbeitsschritte, Informations- und Materialflüsse, die ein Vorgang im Wertstrom vom Auslösen des Prozesses bis zur Fertigstellung und Übergabe an einen internen oder externen Kunden benötigt.

albereitsteller legten lange Transportwege zwischen unserem Zentrallager, dem Produktionslager und schließlich dem Ort des Verbrauchs zurück." Die Lean-Experten führten die Kanban-Karten[6] ein und sparten durch ein bedarfsgerechtes Nachschubsystem schnell Transport- und Wegzeiten ein. Von Richthofen freut sich darüber, „dass die freigestellten Materialbereitsteller jetzt an anderer Stelle den Produktionsprozess unterstützen können."

Früh im ersten Lean-Projekt begann das Team auf Basis des Pull-Prinzips[7] auch Teile der übergeordneten Wertschöpfungskette, also externe Kunden und Zulieferer, miteinzubeziehen. Mit Hilfe eines IT-Systems kann der externe Zulieferer die Produktionsplanung der nächsten zwölf Monate einsehen. „Unser Lieferant kann selbst entscheiden, wie viel er produziert", betont Düvel. „Wir haben mit ihm nur Minimal- und Maximalbestände definiert und die Materialien befinden sich dort noch so lange in seinem Eigentum, bis wir sie hier in unsere Produkte einbauen."

Im Geschäftsbereich der Medizintechnik ist das Primat der Qualität vorherrschend, erläutert der Standortleiter Dude: „Philips legt Wert auf eine qualitativ hochwertige und sichere Patientenversorgung. Die Einhaltung von internen Qualitätsvorgaben ist für uns aus Sicht der Wertschöpfung erfolgskritisch." Im Lehrbuch steht dazu gewöhnlich, dass Wertschöpfung die Erfüllung des Kundenbedürfnisses ist. So sieht man es auch in Hamburg, denn dort wird die Theorie mit Hilfe von abgewandelten A3-Reports[8] – den sogenannten 8D-Fehlerreports – in die Praxis umgesetzt. Fehler werden systematisch von der Qualitätsabteilung analysiert, die Ursache gefunden und im Prozess korrigiert – auch ein interner Kunde ist König.

Der Umgang mit Fehlern ist für den Lean-Deployment-Verantwortlichen Düvel bei der Durchführung der Pilotphase ohnehin maßgeblich gewesen: „Noch vor einigen Jahren war der Produktionsleiter ein klassischer Chef im Anzug und separatem Büro. Aufgrund dieser Distanz fiel es den Mitarbeitern schwer, Fehler mitzuteilen, geschweige denn Verbesserungsvorschläge zu machen." Da keiner auffallen wollte, wurden Fehler nur oberflächlich behandelt und die Fehlerursache selten beseitigt. Das Ergebnis: Verschwendung in Form von unnötigen Wartezeiten, Ausschuss und den nicht gehobenen Potenzialen, die in den Mitarbeitern schlummern. Mittlerweile sieht das gemäß Düvel ganz anders aus: „Dieter Dude fordert täglich Informationen zum Leistungsgrad, zur Zielerreichung und zum Verbesserungswesen ein. Er macht Gemba Walks[9] und zeigt dadurch Präsenz, er nimmt

---

[6] Kanban (siehe Abschn. 2.8.1 für eine ausführliche Erläuterung) ist eine Methode der Produktionsprozesssteuerung, wobei sich das Vorgehen ausschließlich am tatsächlichen Verbrauch von Materialien am Bereitstell- und Verbrauchsort orientiert.

[7] Das Pull-Prinzip ist ein „ziehendes" System, bei dem der Kunde bzw. der nachfolgende Prozessschritt den Impuls gibt, wann was in welcher Menge produziert bzw. geliefert werden soll.

[8] Der A3-Report ist eine formularartige Dokumentenvorlage, die zur Unterstützung einer strukturierten Problemlösung im Rahmen des kontinuierlichen Verbesserungsprozesses dient (s. Abschn. 4.8.1 für eine genaue Beschreibung).

[9] Gemba Walks ersetzen theoretische Annahmen durch ungefilterte Echtzeitinformationen am Gemba (jap. für „Tatort" oder „Ort des Geschehens"), um bessere Entscheidungen zu treffen (s. Abschn. 4.8.2 für eine genaue Beschreibung).

1.3 Wie wurde Lean eingeführt?

an Stand-up-Meetings[10] teil und fordert dadurch den Fortschritt ein, er besucht Lean-Trainings und wirkt dadurch authentisch und er hört sich am Ende von größeren Verbesserungsprojekten die Abschlusspräsentation an, stellt kritische Rückfragen und beweist dadurch ehrliches Interesse."

Den entscheidenden Beitrag zur Veränderung leistet der Mitarbeiter vor Ort. „Sie können schlank und schnell sein – richtig rund läuft es nur, wenn für den einzelnen Mitarbeiter verständlich ist, was für ihn dabei herausspringt", sagt Dude. Gerne erinnert er sich dabei daran, dass die Mitarbeiter früh begannen, Verbesserungsvorschläge zu machen. Philips implementierte anschließend einen kontinuierlichen Verbesserungsprozess. Im sogenannten „QEK-Programm" (Quick and Easy Kaizen ist ein Bereich auf dem Shopfloor Board) hat jeder Mitarbeiter die Aufgabe, seinen individuellen Arbeitsschritt fortlaufend zu analysieren und zu verbessern. Hat der Fertigungsmitarbeiter einen Verbesserungsvorschlag, nimmt er sich einen Vordruck vom QEK-Board und bringt diesen zu Papier. „Wir haben eine Polaroid-Kamera ans Board gehangen, weil Bilder mehr sagen als tausend Worte", führt Dude aus. „Das macht es für den Mitarbeiter so einfach wie möglich, denn nicht jeder fühlt sich in der Lage, ein Problem anschaulich schriftlich festzuhalten." Die Hürden, am kontinuierlichen Verbesserungsprozess teilzunehmen, sind genommen und durch das Aufhängen von erfolgreich umgesetzten Verbesserungsideen am QEK-Board, wird die Wertschätzung der Mitarbeiter für alle greifbar.

Dank des zentralen Lean-Deployments-Know-how aus den Niederlanden konnte man bereits in der Pilotphase auftretende Probleme antizipieren. „Natürlich gibt es bei uns auch Mitarbeiter, die das alles kritisch sehen", gesteht von Richthofen. „Sie können nicht jeden auf dieser Reise mitnehmen, aber wir wollten von Anfang die unterstützen, die gemeinsam mit uns verbessern wollten, um dadurch irgendwann auch die anderen zu gewinnen." Ein zentraler Baustein der zweiten Phase war die Installation von vier Teamleads. „Besonders veränderungswillige und -fähige Mitarbeiter haben wir als ‚Veränderungstreiber' zwei Wochen lang in Lean-Methoden, Change-Management und Führung trainiert – für einen Teamleiter ist das Training verpflichtend", erklärt Dude. „Im Verlauf der Projekte hat für unsere Teamleads Gunnar Düvel die Rolle eines Coachs eingenommen. Zusätzlich wird er von externen Coaches zu den Themen Rhetorik, Konflikt- und Zeitmanagement unterstützt." Auch die einzelnen Fertigungsmitarbeiter bekamen anfangs ein Einsteigertraining in die Lean-Grundlagen. „Bis heute frischen wir diese Trainingsinhalte vor jedem Verbesserungsworkshop wieder auf", fügt Düvel hinzu. „Wenn wir ein neues Prinzip oder Werkzeug von Lean lehren, setzen wir es sofort am Shopfloor mit den Mitarbeitern um. Da wir dann auch noch die englischen Begriffe des Lean-Baukastens so weit wie möglich mit deutschen Äquivalenten ersetzen, gibt es nahezu keine Hürden für die Mitarbeiter, um Lean aktiv mitzugestalten." Mit Rückblick auf die ersten Gehversuche und Erkenntnisse der Pilotphase fügt der GTC-Verantwortliche Dude abschließend hinzu: „Lean erfordert Lean Leadership. Wir haben eine neue Führungsstruktur installiert und das zieht auch

---

[10] Stand-up-Meeting sind zentraler Bestandteil des Shopfloor-Managements (s. Abschn. 1.8.2 für eine genaue Beschreibung).

Tab. 1.1 Die Lean-Excellence-Verhaltensprinzipien von Philips. (Quelle: Philips 2013)

	Traditionelle Arbeitsweise	Lean-Arbeitsweise
1	Fokus auf kurzfristige (finanzielle) Ziele	Fokus auf langfristige Ziele
2	Batch und Warteschlangen	Kontinuierlichen Fluss nutzen, um Problem sichtbar zu machen
3	Push-System (Fokus auf Kapazitätsauslastung)	Pull verwenden, um Überproduktion zu vermeiden
4	Hohe Variation in der Arbeitsbelastung	Ausgeglichene Arbeitsbelastung
5	Wir können es uns nicht leisten, die Produktion zu stoppen, um ein Problem zu lösen	Produktion stoppen und das Problem lösen
6	Standards schränken Kreativität ein	Standards ermöglichen kontinuierliche Verbesserung
7	Probleme verstecken	Probleme mit visueller Steuerung sichtbar machen
8	Blindes Vertrauen auf Technologien	Verlässliche Technologie nutzen, die Menschen und Prozessen dient
9	„Management by Adrenalin" (MBA)	Führungskraft als „Lehrer"
10	Mensch als Kostenfaktor	Respekt gegenüber Kollegen zeigen
11	Machtspielchen, Nullsummenspiel	Respekt gegenüber Partnern und Lieferanten
12	Am Schreibtisch oder im Meeting sitzen	Informationsbeschaffung vor Ort (Gemba)
13	Schnell planen, langsam handeln	Sorgfältig planen, schnell handeln
14	Dieselben Fehler immer wieder machen	Selbstreflexion (Hansei)

neue Verhaltensweisen nach sich – sonst ist ein Kulturwandel nicht möglich." Zu den in Tab. 1.1 abgebildeten Lean-Excellence-Verhaltensprinzipien haben sich alle Mitarbeiter der Pilotlinie verpflichtet.

1.3.2 Ein zentraler Härtetest der Pilotphase

Bevor weitere Produktionslinien in die Lean-Initiative eingebunden und so die Transformation nach der 18-monatigen Pilotphase ausgerollt werden konnten, galt es, sich dem prüfenden Blick der zentralen Lean-Einheit aus Amsterdam zu unterziehen. Im Folgenden werden zehn Prüfkriterien hervorgehoben, die im Herbst 2014 über das grüne Licht für den Einstieg in die dritte Phase des Lean-Einführungsmodells entschieden.

1. **Kaikaku Tour**
   Als Wendelin Wiedeking Lean bei Porsche einführte, präsentierte er keine aufwendige PowerPoint-Präsentation, sondern flog im Schlepptau mit seiner ganzen Gruppe von Managern zu Toyota nach Japan und wählte die Überzeugungskraft der Emotionen. Kaikaku ist eine Benchmark-Tour, um sich von branchenführenden Unternehmen mit allen Sinnen inspirieren zu lassen. Dieter Dude reiste zwar nicht nach Japan, aber besuchte mit Mitarbeitern aus unterschiedlichsten Bereichen des Hamburger Standortes,

darunter u. a. Fertigungsmitarbeiter, Betriebsratsmitglieder, Personalverantwortliche und Lean-Verantwortliche, drei Best-Practice-Unternehmen in Deutschland.

2. **Lean Leadership**
Der Standort entwickelt und dokumentiert eine 100-wöchige strategische Planung und einen 25-wöchigen „Sprintplan" mit konkreten Projektaktivitäten, die in die lokale Strategie integriert werden. Ein SMARTes Ziel[11] wird für die aktuelle Phase formuliert und die Lean-Aktivitäten mit den Zielen der Lean-Verantwortlichen verzahnt.

3. **Team-Design und Team-Leader-Auswahl**
Der Lean-Verantwortliche bestimmt gemeinsam mit dem Standortleiter fähige Teamleiter für die Pilotlinie und prüft, inwiefern die Teamstrukturen den anstehenden Lean-Aktivitäten entsprechen.

4. **Standortspezifischer Kommunikationsplan**
Die Verantwortlichen entwickeln einen Regelkommunikationsplan und definieren, wer informiert und für die Initiative gewonnen werden soll, was die zu kommunizierende Botschaft ist, wer die Verantwortung für die Übermittlung der Botschaft trägt, wer bei kritischen Fällen miteinbezogen wird und was der richtige Zeitpunkt zur Ansprache ist. In Hamburg liegt die Fortschrittskontrolle in der Verantwortung des Lean-Steuerungskreises, der sich aus dem Managementteam, dem Betriebsrat, Human Resource und Vertretern aus jeder Fertigungslinie sowie dem Head of Continuous Improvement zusammensetzt. Dieser trifft sich alle zwei Wochen für einen Gemba Walk und die Besprechung und Planung aktueller Aktivitäten.

5. **Pilotlinie Kaizen**
Die Einführung von Kaizen wird erfolgreich abgeschlossen und fungiert als Leuchtturmprojekt. Damit wird ein „Proof of Concept" kreiert und auf Vorher-Nachher-Fotos festgehalten. Die Ergebnisse – in Hamburg von zwölf Kaizen-Events – werden in der sogenannten PSQDCC-Matrix festgehalten: Welche Auswirkung haben die Kaizen-Aktivitäten auf People, Safety, Quality, Delivery, Cost und Cash gehabt?

6. **Rollen und Verantwortlichkeiten**
Die Teamleiter, Gruppenleiter und Fertigungsleiter werden in ihren Verantwortlichkeiten trainiert und üben diese Rollen im operativen Alltagsgeschäft aus. In Hamburg wurden zusätzlich zu den vier Teamleitern, die ein achttägiges Training erhielten, 15 Mitarbeiter der Pilotlinie ausgebildet und als Lean Practicioner (eintägiges Grundlagentraining) zertifiziert. Ein anschließendes und regelmäßiges Coaching ist durch den Lean-Deployment-Verantwortlichen sichergestellt. Alle rund 60 bis 70 Mitarbeiter der Pilotlinie nahmen an einem fünfstündigen Lean-Awareness-Training teil.

7. **Standardisierte Führungsarbeit**
Alle Mitarbeiter der Pilotlinie mit Führungsverantwortung entwickeln einen Führungsstandard und praktizieren diesen. Der in Hamburg entwickelte Standard für den Tagesablauf ist in Abb. 1.3 dargestellt.

---

[11] SMART dient im Projektmanagement zur eindeutigen Definition von Zielen. Das Akronym steht für die Kriterien spezifisch, messbar, akzeptiert, realistisch und terminiert.

Abb. 1.3 Standardisierter Tagesablauf einer Führungskraft. (Quelle: Philips Medical Systems GTC)

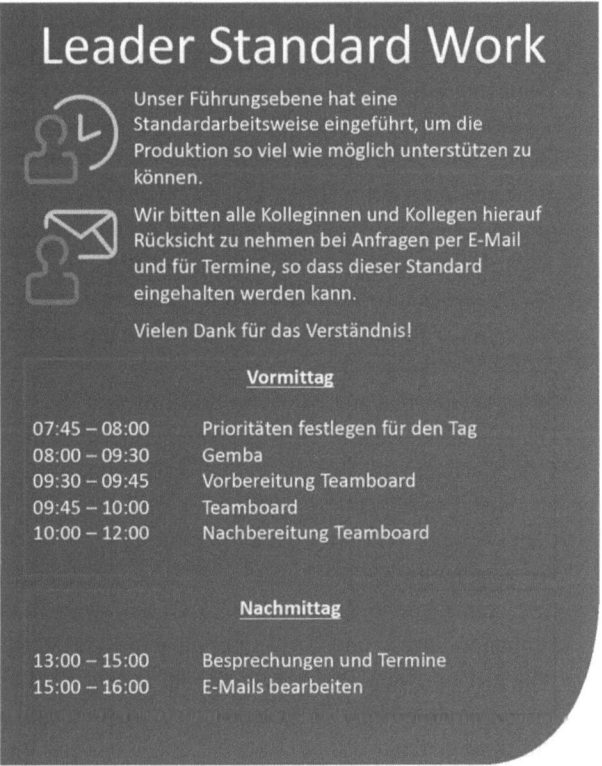

8. **6S[12] Einführung**
   Die Pilotlinie ist ein vollständig 6S-zertifizierter Bereich. Dies beinhaltet, dass alle beteiligten Mitarbeiter in 6S trainiert sind (zweitägiges Training) und dass regelmäßige 6S Audits durchgeführt werden.

9. **End-to-End-Lean-Führungskultur**
   Der lokale Lean-Deployment-Verantwortliche hat am zentral aus den Niederlanden ausgerichteten „E2E Lean Leadership Training" teilgenommen und ist erfolgreich auf dem Lean Advanced Level zertifiziert – am Standort in Hamburg war das Gunnar Düvel. Für alle anderen Mitglieder des Lean-Deployment-Teams war zumindest die Teilnahme an dieser Schulung ebenfalls verpflichtend.

---

[12] Die 6S sind eine Abwandlung der 5S, die mitunter bekannteste Methode des Lean-Baukastens (s. Abschn. 2.8.4 für eine genaue Beschreibung). Sie zielt auf Ordnung und Sauberkeit ab, um ein leistungsfähiges und sicheres Arbeitsumfeld zu schaffen, bei dem alle notwendigen Materialien und Gebrauchsgegenstände am Arbeitsplatz eine zugewiesene Position haben – alles andere wird entfernt. Die fünf S stehen für: Sortieren, sichtbar machen, säubern, standardisieren und stabilisieren.

10. Sicherheitskultur

Die Anforderungen an eine sich kontinuierlich verbessernde Sicherheitskultur sind klar definiert. Seit der Pilotphase werden in Hamburg jährliche verpflichtende Sicherheitstrainings durchgeführt. Insbesondere in den 6S Audits und im Alltag wird ein besonderes Augenmerk auf sicherheitsrelevante Vorkommnisse gelegt und der Umgang an einem zentralen Board dokumentiert. In allen Bereichen der Fertigungslinie sind Mitarbeiter als Sicherheitsverantwortliche definiert.

1.3.3 Die Bestimmung des Reifegrades

„Ein klarer und vor allem smarter Fahrplan ist für ein erfolgreiches Lean Deployment essenziell", sagt Dieter Dude und bezieht sich dabei auf die Art und Weise, wie Philips den Reifegrad einer Initiative bestimmt. „Es werden an einem Tag 14 Dimensionen überprüft und mit Werten von eins bis fünf versehen." Sein Continuous Improvement Manager Düvel fügt hinzu: „Wo das Ganze in der ersten Phase noch auf einer Selbsteinschätzung beruht, gibt es spätestens nach der zweiten Phase und dem ersten Pilotprojekt keine Ausreden mehr. Unabhängige Lean-Experten aus der Zentrale prüfen unseren Fortschritt auf Herz und Nieren – sie suchen auf Gemba Walks nach praktischen Belegen in der Linie und fragen weitere Themen in anschließenden Meetings ab." Im Folgenden wird auf die zugrunde gelegten Prüfkriterien je Reife-Dimension detailliert eingegangen.

1. **Führungskultur**
   Ist eine langfristige Denkweise operativ verankert – beispielsweise mit Blick auf die Vorräte? Ist die Strategie des Standortes mit den Lean-Aktivitäten verzahnt? Wird die Dringlichkeit der Initiative gelebt – beispielsweise durch die Präsenz der Führungskräfte am Shopfloor?
2. **Aus- und Fortbildung**
   Existieren verständliche und detaillierte Jobanweisungen für jeden Arbeitsplatz? Wird das Lean-Training systematisch geplant und durchgeführt? Nehmen die Führungskräfte die Verantwortung eines Lehrers, Coach oder Mentors wahr?
3. **Kunden- und Prozessfokus**
   Ist die Materialversorgung gemäß dem Pull-Prinzip ausgerichtet? Wurde der „One-Piece-Flow"[13] eingeführt? Wird die Takt-Zeit gemessen, beispielsweise mit Hilfe eines Yamazumi-Diagramms?

---

[13] Die nach One-Piece-Flow ausgerichtete Produktion (flussoptimierte Fertigung) gibt die Teile von der einen Maschine zur nächsten Maschine ohne Zwischenablage weiter (die extremste Form der Durchlaufzeitreduzierung). Als Teilmenge wird immer nur ein Teil weitergegeben.

4. **Heijunka und Lastausgleich**
   Wird Heijunka[14] zur Nivellierung der Produktion eingesetzt? Wird das Order Management entsprechend angepasst?
5. **Visuelles Management**
   Wird 6S regelmäßig auditiert und die Ergebnisse öffentlich visualisiert? Wurden visuelle Kontrolllinien eingeführt, beispielsweise für die Stapelhöhe von Boxen? Besteht eine visuelle Übersicht über die aktuelle Performance für die Team- und Gruppenleiter?
6. **Verantwortlichkeit**
   Nimmt der Teamleiter seine Verantwortung wahr und involviert alle seine Team-Mitglieder in die Lean-Aktivitäten? Gibt es Führungsstandards für die Team- und Gruppenleiter? Geht das Managementteam mit gutem Beispiel voran und zeigt Präsenz auf dem Shopfloor?
7. **„Built in Quality"**
   Werden Fehler mit Hilfe der Poka-Yoke-Prinzipien[15] aufgedeckt und vermieden? Sind die Teamleiter in der Lage, kurzfristig den Prozess zu stoppen, den Fehler zu beheben, den Hergang am Teamboard zu dokumentieren, um ihn später zu kommunizieren?
8. **Problemlösung**
   Werden Probleme am Ort des Geschehens oder in den Büroräumen gelöst? Werden die 5W[16] zur Ursachenforschung, die Kaizen-Prinzipien zur Problemlösung und der PDCA-Prozess[17] zum Lernen eingesetzt?
9. **Mitarbeiterbefähigung und Respekt vor den Menschen**
   Werden alle Aktivitäten zur Steigerung der Arbeitssicherheit unternommen? Sind die Teams neu strukturiert und mit passenden Teamleitern besetzt? Werden Maßnahmen zum Team Building und zum Coaching des Teamleiters unternommen?

---

[14] Heijunka ist eine Methode zur Nivellierung und Glättung des Produktionsflusses. Mit Hilfe von „häppchenweisen Tagesrationen" (nivellieren) werden die Produktionsaufträge so in weitere Teilaufträge zerlegt (glätten) und in die Fertigung eingesteuert, dass diese weder über- noch unterausgelastet ist (s. Abschn. 3.8.4 für eine genaue Beschreibung).

[15] Poka Yoke bezeichnet ein aus mehreren Elementen bestehendes Prinzip, welches technische Vorkehrungen bzw. Einrichtungen zur sofortigen Fehleraufdeckung und -verhinderung umfasst (s. Abschn. 1.8.4 für eine genaue Beschreibung).

[16] 5W ist eine Methode im Bereich des Qualitätsmanagements zur Ursachenbestimmung. Durch fünfmaliges „Warum?"-Fragen ist es möglich, die Ursache für einen Defekt oder ein Problem zu bestimmen (s. Abschn. 2.8.3 für eine genaue Beschreibung).

[17] Der PDCA-Zyklus (Akronym für Plan, Do, Act Check) ist die historische Basis für moderne Lern- und Verbesserungsprozesse (z. B. DMAIC, Kaizen, A3-Reports), die im Verlauf des Buches ausführlich erläutert werden. Im Zuge der vier Phasen werden Verbesserungspotenziale erkannt und ein Lösungskonzept erarbeitet (Plan). Dieses wird auf seine Wirksamkeit getestet (Do), die resultierenden Erfolge überprüft (Check) und bei einer positiven Beurteilung wird das Lösungskonzept als Standard etabliert (Act).

10. **System zur kontinuierlichen Verbesserung**
    Wird das Lean Awareness Training flächendeckend durchgeführt? Wird Kaizen umgesetzt und die Erfolge sichtbar gemacht? Wurde die Wertstromanalyse durchgeführt und liegt der Fokus dabei auf der Vermeidung der sieben Verschwendungsarten?
11. **Interne Logistik**
    Ist die Materialversorgung auf Basis von Kanban-Karten optimiert? Werden die logistischen von wertschöpfenden Prozesse entkoppelt, beispielsweise mit Hilfe eines Mizusumashi[18]? Werden die Logistikprozesse wöchentlich mit den Bedarfen der Produktion abgestimmt?
12. **Schnelle Umrüstung und Flexibilität**
    Ist die Rüstzeit optimiert, beispielsweise mit Hilfe von SMED[19], um die Fertigung zu flexibilisieren?
13. **Gerätemanagement**
    Werden die Elemente der Total Productive Maintenance umgesetzt? Werden gemäß LCIA (Akronym für Low Cost Intelligent Automation) Arbeits- und Produktionsprozesse optimiert, um Produktionsmittel verschiedener Wertströme leichter umzustellen oder neu kombinieren zu können?
14. **Entwicklung neuer Produkte**
    Arbeiten die Funktionsbereiche der Fertigung, der Forschung und Entwicklung miteinander, um Qualitätsansprüche zu erfüllen und Produktionsprozesse auch mit Hilfe von Kreativitätstechniken zu vereinfachen?

Die Abb. 1.4 vervollständigt diesen Abschnitt und zeigt die im Jahr 2013 vorgenommene Selbstbewertung, die zentrale Beurteilung Ende 2014 und den Idealzustand für einen Standort nach Abschluss der ersten Pilotlinie der zweiten Phase.

---

[18] Der Mizusumashi ist eine Schlüsselfigur in der Logistik. Er übernimmt sämtliche Transportaufgaben der Produktion. Er entlastet die Mitarbeiter, welche sich den wertschöpfenden Tätigkeiten widmen.
[19] Single Minute Exchange of Die (SMED, schneller Produktionswechsel) ist der Begriff für das Umrüsten einer Maschine in weniger als zehn Minuten vom letzten guten Teil einer Serie bis zum ersten guten der neuen Serie.

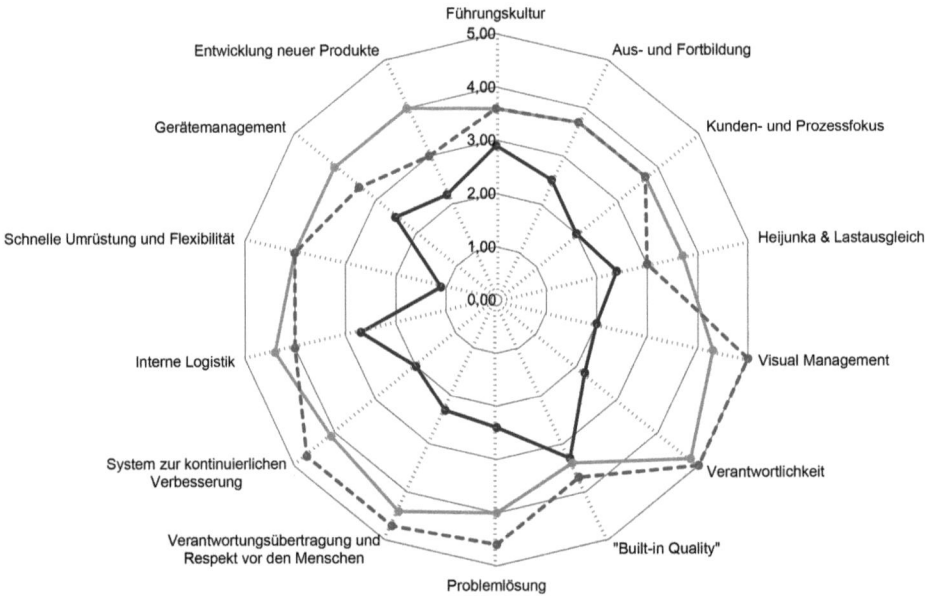

Abb. 1.4 Vor und nach der zweiten Phase des Lean-Einführungsmodells. (Quelle: In Anlehnung an Philips Medical Systems GTC)

1.4 Was hat Lean bisher gebracht?

Nach Abschluss der zweiten Phase des Lean-Deployment-Einführungsmodells von Philips zeichneten sich im Herbst 2014 die ersten Ergebnisse ab. Im Zuge der Auditierung durch die niederländischen Kollegen wurden sowohl quantitative als auch qualitative Veränderungen festgehalten. Diese werden in den nächsten zwei Abschnitten getrennt voneinander diskutiert.

1.4.1 Erfolgskennzahlen nach drei Jahren

Auf Basis einer Wertschöpfungsanalyse wurden zu Beginn der Initiative die Kanban-Karten in der Materialbereitstellung eingeführt – die freigestellten Materialbereitsteller können den Produktionsprozess nun an anderer Stelle unterstützen, da unnötige Transport- und Wegzeiten vermieden werden. Durch diese und weitere Maßnahmen konnten insgesamt 23 % der Produktionsfläche eingespart werden. Als damit einhergehender Nebeneffekt wurden die Bestände von Januar 2012 bis Mai 2014 um 14 % reduziert. Die

Effizienz der Pilotlinie stieg allein in den ersten drei Quartalen im Jahr 2014 um 18 % und die Liefertreue belief sich zum Zeitpunkt der Reifegrad-Auditierung auf 98,1 % – Zielwert war 98 %. Besonders hervorgehoben werden die Erfolge des Quick and Easy Kaizen: „Wir haben heute 81 % mehr Verbesserungsvorschläge als vor dem Lean Deployment", bemerkt von Richthofen. „Das ist ein klares Indiz dafür, dass die Mitarbeiter mitmachen. Unsere Aufgabe ist es aber, die Durchlaufzeit der Vorschläge zu verkürzen. Wenn wir einen Vorschlag von den Mitarbeitern pro Monat erwarten, dann müssen wir auch unsere Hausaufgaben machen und sicherstellen, dass die Machbarkeit schneller geprüft wird. Das ist nicht so einfach, weil wir hier kein Spielzeug bauen, sondern Medizintechnik mit hohen Ansprüchen an die Patientensicherheit und die unterliegt starken regulatorischen Anforderungen." Zuletzt hebt Dude noch den Erfolg des Insourcings hervor: „Wir konnten rund zehn Arbeitsplätze halten, da wir mit freigewordenen Kapazitäten Arbeitsschritte wieder ins Haus geholt haben, die wir früher abgegeben haben. Lean macht unseren Produktionsstandort sicherer. Das war ein mächtiges Signal und das merken auch die Mitarbeiter."

1.4.2 Erfolgsgeschichten nach drei Jahren

„Manche Veränderungen können Sie einfach nicht messen, das macht es aber nicht schlechter", sagt Düvel und weist dabei auf die neuen Teamstrukturen hin. „Früher war ein Meister teilweise für 35 Mitarbeiter zuständig und war ein Getriebener der Auftragslage. Das haben wir glücklicherweise aufgebrochen und können heute beobachten, wie der Meister mit seinen Teamleitern darüber diskutiert, wie sie gemeinsam die Arbeitsweise noch besser gestalten können. Das ist für uns eine krasse Kulturveränderung – wie wollen Sie messen, wenn Verantwortung übernommen wird?" Sein Vorgesetzter bekräftigt diesen Aspekt: „Die Mitarbeiter wissen endlich, was gut ist und was schlecht ist. Jeder hat die Gewissheit, dass das, was er in seiner Schicht erarbeitet, auch von einem Kunden gebraucht wird", sagt Dude, „das ist ein anderes Bewusstsein für die Arbeit als früher. Es wird an einem Strang gezogen."

Nicht ganz so einfach ist die Veränderung des Alltages, wenn nach einer tayloristischen Arbeitsorganisation gearbeitet wird. Wo früher ein Mitarbeiter einen Generator von Anfang bis Ende gefertigt hat, sind die Arbeitsschritte nun verkleinert worden. „Das ist für viele echt schwer zu verdauen; wir sind hier durch ein Tal der Tränen gegangen", gesteht Düvel. „Es gibt nicht mehr das eigene Werkzeug und es kann keiner mehr seine Pausen festlegen, wie er es will. Diese Ineffizienzen können wir uns nicht mehr leisten." Mittlerweile sind die Betroffenen zufrieden mit der neuen Arbeitsweise, denn eines haben die Lean-Verantwortlichen gelernt: „Sie müssen bei solchen Veränderungen die Mitarbeiter mitnehmen. Wie das geht? Erklären Sie ihnen das Warum und lassen sie mitgestalten", betont der Standortleiter Dude. „Wir sind sehr gut mit einem einfachen Flipchart gefahren, welches auf dem Shopfloor als Problemparkplatz genutzt werden konnte. So haben wir alle Bedenken und Probleme aufgegriffen, was zu viel Akzeptanz geführt hat." Schließlich haben die Mitarbeiter die Grundidee verstanden und sehen auch ihre Vorteile:

„Entscheidend war die Rotation", so von Richthofen, „jeder ist flexibler einsetzbar und die Vielfalt wird für den einzelnen aufrechterhalten." Das Argument, dass eine tayloristische Arbeitsorganisation den Menschen ersetzbar macht, will er so nicht gelten lassen: „Der Mitarbeiter kann an mehreren Stationen eingesetzt und ausgebildet werden – seine Fachkompetenz steigt und dabei berücksichtige ich noch nicht die vielen Schulungsaktivitäten des Lean Deployments. Deswegen erleben wir sogar, dass sich die Betroffenen stolz über die entwickelten Prozesse äußern und sich unersetzbarer fühlen."

Die positive Stimmungsentwicklung in der Belegschaft gewinnt auch durch die halbjährliche Lean-Zufriedenheitsbefragung an Haptik. „Zu Beginn hatten wir eine sehr geringe Beteiligung und auch schlechte Ergebnisse", so Düvel. „Das ist aber normal." Von Richthofen hebt die Verbesserung hervor: „Seitdem wir das eine oder andere Missverständnis ausräumen konnten und die Mitarbeiter durch das Lean Deployment ihr Entwicklungspotenzial erkennen, werden die Ergebnisse deutlich besser." Die Befragung dauert nicht länger als fünf Minuten und wird anonym in einer Box gesammelt – mittlerweile liegt die Beteiligung bei 80 %.

Mit Blick auf die nächsten Phasen des Einführungsmodells (Phase 3: Roll-out auf andere Fertigungslinien und Phase 4: Roll-out auf indirekte Bereiche, Kunden und Lieferanten) freut sich Dieter Dude besonders über eine Entwicklung in der Belegschaft: „Wir generieren einen regelrechten Pull aus der Fertigung. Mitarbeiter aus der Produktion haben zum Teil keine Lust mehr auf Meetings in anderen Bereichen, weil die denen sagen, kommt einfach zu uns, bei uns steht alles am Board." Dude & Co. nennen das die „Graswurzelbewegung", denn die Lean-Denkweise scheint schon bald die ersten Früchte hervorzubringen.

1.5 Was sind die heutigen Herausforderungen?

Mit der erfolgreichen Auditierung im Herbst 2014 befindet sich der Hamburger Medical Systems Standort seit Januar 2015 in der dritten Phase „Roll-out Fertigungslinien/Operations" und bindet sukzessive die anderen Fertigungslinien ein. Die im letzten Kapitelabschnitt skizzierte positive Erfolgsaussicht soll nicht darüber hinwegtäuschen, dass es in den letzten 18 Monaten auch kritische Themenfelder gegeben hat. Als nächstes werden deshalb die wichtigsten Herausforderungen des Deployment-Teams geschildert.

„Ich bin ehrlich", beginnt Dude, „es kann wirklich anstrengend sein, jeden Tag ein 15-minütiges Stand-up-Meeting am Shopfloor durchzuführen." Die Lean-Verantwortlichen konnten bisweilen beobachten, dass sich die Mitarbeiter schwer mit der täglichen Durchführung taten. Das wirkt sich nicht immer positiv auf die Stimmung in der Belegschaft aus. Einmal, so berichtet Dude, stellten die Mitarbeiter die tägliche Wiederholung der Meetings wieder in Frage. Sie vermuteten dabei, dass dem Standortleiter die täglichen Stand-up-Meetings ohnehin erspart blieben. „50 % des Erfolges ist, dass wir auf der Managementebene genau das machen, was wir von unseren Mitarbeitern erwarten", hebt Dude hervor, „die Kollegen staunten nicht schlecht, als ich sie in mein Büro führte und

1.5 Was sind die heutigen Herausforderungen?

mein umfangreiches täglich aktualisiertes visuelles Management zeigte." Das wirkte. Als der Chef dann auch noch erläuterte, wie ein beim ersten Stand-up um sechs Uhr morgens auftretendes Problem spätestens um zwölf Uhr mittags bei seinem Stand-up auf dem Board landen kann, waren die kritischen Geister beruhigt. Geduld, Überzeugungskraft und Beharrlichkeit sind die Schlüsselprinzipen aus Sicht der Hamburger Deployment-Verantwortung.

Jedoch sind Geduld, Überzeugungskraft und Beharrlichkeit Eigenschaften, die nicht jede Führungskraft für sich beanspruchen kann. Dude entwickelte deshalb in den letzten zwei Jahren gemeinsam mit seinem Deployment-Verantwortlichen Düvel und der Personalabteilung ein aufwendiges Leadership-Assessment, um den „Lean-Fit" seiner Mitarbeiter mit Führungsverantwortung zu validieren – selbstverständlich in enger Abstimmung mit der Führungsphilosophie des Konzerns. Das Ergebnis war wenig überraschend: „Bei vielen war klar, dass das passt. Bei einigen wurde das Entwicklungspotenzial bestätigt und mit gezielten Trainingsmaßnahmen und Coaching-Angeboten adressiert. Bei manchen wurde aber auch deutlich, dass sie nicht in der Lage sind, in einer Lean-Kultur zu arbeiten." Dude hebt hervor, dass niemand deswegen entlassen wurde. Es wurden in Einzelgesprächen neue Aufgaben gesucht, damit ein anderer Mitarbeiter in die Lean-Verantwortung hineinwachsen kann. Das Ergebnis führte zu einigen Rotationen in der Belegschaft mit dem positiven Nebeneffekt, dass sich ein Entwicklungspfad für Lean-Führungskräfte auftat: „Wir konnten kürzlich zwei Positionen auf Gruppenleiterebene mit Mitarbeitern besetzen, die einen sehr guten Job als Teamleiter gemacht haben", verkündet Düvel. Die Entwicklung des Assessments war eine Eigeninitiative vom Hamburger GTC-Standort und ist kennzeichnend für die dezentrale Deployment-Verantwortung bei Philips.

Möglicherweise repräsentiert die verfügbare Führungsqualität aber auch eine für den Standort Hamburg spezifische Problematik, denn auch in einem anderen Zusammenhang steht die Führungskultur im Rampenlicht. „6S ist die Grundlage für schlanke Prozesse", so von Richthofen, „aber für meinen Geschmack ist der Stellenwert von Sicherheit, Sortierung, sichtbarer Ordnung, Sauberkeit, Standardisierung und der Einhaltung von Standards noch nicht weit genug verbreitet." Einerseits führt er das auf ein Missverständnis zurück: „Einige Mitarbeiter denken, auch der letzte Bleistift muss in die richtige Himmelsrichtung zeigen. Darum geht es natürlich nicht, aber das frustriert manche." Andererseits sehen das die Lean-Verantwortlichen selbstkritisch und stellen infrage, ob jede Führungskraft, sie selbst mit eingeschlossen, die 6S-Methodik immer überzeugend genug vorlebt. „Die Veränderung im Denken, weg von meinem Werkzeug hin zu unserem Werkzeug, ist aber in jedem Fall Führungsverantwortung", betont Düvel, „wir müssen da noch Überzeugungsarbeit leisten und forcieren insbesondere im Rahmen der Lean-Trainings eine umgehende Anwendung des Gelernten. Aus dem Schulungsraum geht es direkt auf den Shopfloor und dann wird aufgeräumt." Vor Kurzem hat man einen Flohmarkt organisiert, auf dem ausrangierte Werkzeuge und Arbeitsmaterialien verkauft wurden. Die 5000 €, die schließlich für den guten Zweck zusammenkamen, kann man in Geld ausdrücken – die errungene Überzeugung und die gewonnene Stimmung in der Belegschaft dagegen leider nicht.

Wenn es um die Messbarkeit von Erfolgen geht, drückt der Schuh in Hamburg auch noch an anderer Stelle. „Wir müssen noch stärker den Fortschritt unserer Maßnahmen tracken", sagt Düvel, „vieles kann man nicht messen, das ist klar. Aber wir haben bei einigen Aktivitäten den Ist-Status nicht erhoben, wo es möglich gewesen wäre – eine Erfolgsmessung ist anschließend nicht möglich." Es gilt die Fragen zu beantworten, was das Ziel einer Maßnahme ist und was die Umsetzung bringt, behaupten die Verantwortlichen in Hamburg einstimmig. Aktuell erkundigt sich auch der Betriebsrat nach greifbaren Ergebnissen. Dieser setzte sich zwar nach einer Betriebsvereinbarung, dass im Zuge des Lean Deployments kein Personal abgebaut werden darf, intensiv für einen positiven Verlauf der Maßnahmen ein, aber am Ende wirkt er auch aktiv am Lean-Steuerungskreis mit und fordert früher oder später Resultate ein. Dude & Co. sind sich bewusst, dass sie die bisher so wertvolle Unterstützung der Arbeitnehmervertretung nicht riskieren können.

Dies macht abschließend das Spannungsfeld deutlich, in dem sich Standortleiter Dude gemeinsam mit seinen Mitstreitern befindet. Erstens gilt es, seinem eigenen Anspruch gerecht zu werden – das Team spricht sich ausdrücklich für ein qualifiziertes und damit nachhaltiges Lean Deployment aus. Zweitens gilt es, den Stakeholdern vor Ort gerecht zu werden – der Steuerungskreis inklusive Betriebsrat erwartet messbare Ergebnisse und die Mitarbeiter setzen ihre Hoffnung auf sichtbare Verbesserungen im operativen Arbeitsalltag. Drittens gilt es, dem von Reifegrad zu Reifegrad ansteigendem Anspruch der niederländischen Zentrale gerecht zu werden – diese kommunizierte bereits die Vorgabe, dass der Standort schon Ende 2016 die vierte Phase des Einführungsmodells erreichen soll. „Diese Geschwindigkeit sehen wir, offen gesagt, kritisch. Wir haben noch nicht das Gefühl, dafür bereit zu sein", gesteht Düvel vorsichtig. Sein Vorgesetzter sieht das ähnlich: „Wir müssen erst einmal unsere Standards halten und die zahlreichen angestoßenen Maßnahmen vernünftig auf die Straße bringen", sagt Dude und ergänzt, „den Spagat hinzubekommen, schnell Ergebnisse zu liefern und eine langfristig angelegte Kulturänderung zu erreichen, liegt klar in meiner Verantwortung."

1.6 Was kann man daraus lernen?

> Die reinste Form des Wahnsinns ist es, alles beim Alten zu lassen – und gleichzeitig zu hoffen, dass sich etwas ändert.

Von Albert Einstein sind viele Weisheiten überliefert, doch hat diese Aussage mehr mit einem Lean Deployment gemein, als sich zunächst vermuten lässt. Während wir im Westen nach dem erfolgreichen Abschluss eines Projektes feiern und auch mal gemeinsam anstoßen, finden in japanischen Lean-Kulturen die sogenannten 反省会 „Hanseikai" statt. „Hansei" wird übersetzt mit Selbstkritik, Selbstprüfung oder Reflexion und „kai" bedeutet Meeting. Bei einem „Hanseikai" treffen sich alle Projektbeteiligten und tauschen sich mit Blick auf das abgeschlossene Projekt darüber aus, wer etwas gemacht hat, was jeder Einzelne gemacht hat, warum man es so gemacht hat, wie man es gemacht hat und auch wann es gemacht wurde. Diese reflektierende Praxis ist ein kontinuierlicher Lernprozess mit dem Ziel, Probleme im vergangenen Projektverlauf aufzudecken, um sie zukünftig zu vermeiden – alles andere wäre auch wahnsinnig.

Dieser Kapitelabschnitt beansprucht den Raum für einen kritischen Blick auf das Wesentliche: Worauf kam es wirklich an? Was kann man daraus lernen? Anschließend beurteilt ein objektiver Experte die geschilderten Ereignisse.

1.6.1 Wenn Führungskräfte vorleben, was sie von ihren Mitarbeitern erwarten

„Sie können Mitarbeiter trainieren, Tools implementieren, Workshops noch und nöcher veranstalten und nach dem Lehrbuch alles richtigmachen", verdeutlicht Dieter Dude, „wenn die Führungskräfte nicht exakt vorleben, was von den Mitarbeitern auf der Fläche erwartet wird, brauchen Sie mit einem Lean Deployment gar nicht anzufangen." Nach den Aussagen der Lean-Verantwortlichen in Hamburg macht dieser Faktor 50 % einer positiven Erfolgsaussicht aus. Lean Leadership findet demnach nicht am Flipchart im Büro, sondern an der Werkbank auf dem Shopfloor statt. „Nur, wenn wir mit der Veränderung anfangen, die Lean-Prinzipien vorleben und unsere Verantwortung als Führungskraft wahrnehmen, zieht die Belegschaft ernsthaft in Erwägung, mitzumachen", bestätigt der Head of Continuous Improvement Gunnar Düvel. Dieses Wissen ist weit verbreitet – aber nicht das notwendige Bewusstsein, denn bei vielen Unternehmensinitiativen lässt sich beobachten, dass die Mitarbeiter schnell als Schuldige ausgemacht werden, wenn sie nicht sofort mitziehen und sich nicht intensiv genug an Projektaktivitäten beteiligen. Der entscheidende Schritt zurück, um zu klären, ob die Führungskraft ihre Verantwortung vollumfänglich wahrnimmt, wird gerne übersprungen. Die Aussage, dass es keine schlechten Mitarbeiter, sondern nur schlechte Chefs gibt, scheint einen wahren Kern in sich zu tragen. Die persönlichen Eindrücke bei Philips in Hamburg bestätigen, dass sich das Lean-Team und allen voran der Standortleiter dies zu Herzen genommen haben.

Auch wenn flankierende Maßnahmen wie das Einbinden aller Betroffenen, motivierendes Team Building und ein gesundes und kooperierendes Miteinander innerhalb des Lean-Teams Bausteine für ein stabiles Lean Deployment am Hamburger Healthcare-Standort sind, so bleibt man selbstkritisch: „Wir müssen uns schon fragen, ob wir aus allen Fehlern immer gelernt haben", erkennt Düvel. „Es kam vor, dass wir zu hastig auf entstandene Probleme reagiert haben. Die Ruhe zu bewahren, um trotz Zeitdruck die Sinnhaftigkeit und die Erwartung an eine Maßnahme zu klären, ist eine große Herausforderung."

1.6.2 Wenn das Warum bekannt ist

Justus von Richthofen ist sich sicher, „dass sich die Wirksamkeit von Lean erst richtig entfaltet, wenn sie in der ganzen Organisation angewandt wird." Davon, dass alle Fertigungslinien, sämtliche indirekte Bereiche und auch Kunden und Lieferanten involviert sind, ist man in der dritten Phase des Einführungsmodells noch weit entfernt. Wenn schon die Überzeugungsarbeit von verhältnismäßig wenigen Mitarbeitern einer pilotierten Fertigungslinie viel Energie beansprucht, traut man sich kaum, an den unternehmensweiten Roll-out zu denken. Von Richthofen sieht das aber ambitioniert: „Das Schlüsselelement ist die Story hinter dem Deployment. Warum machen wir das? Das gilt es immer wieder in die Belegschaft zu transportieren." Die Verantwortlichen in Hamburg hinterfragen sich in diesem Zusammenhang selber und stoßen auf die Erkenntnis, dass dieser Austausch nicht immer beharrlich genug gesucht wurde. „Uns ist das klar, wir sehen die Vorteile des Deployments auf einer anderen Ebene als ein Fertigungsmitarbeiter, für den sich die Arbeitswelt radikal verändert, selbst wenn er einen Handgriff weniger machen muss", bemerkt Dude. „Wenn der nicht abgeholt wird und ihm verständlich erläutert wird, warum Lean gemacht wird, was das Ziel der Veränderungen ist und welche Erwartungen bestehen, dann wird er weder die Grundidee einer schlanken Produktion verstehen noch die Veränderung als Chance begreifen." Das Team ist sich einig – diesen Lerneffekt können sie abhaken.

1.6.3 Wenn Lean kein Selbstzweck ist

„Lean ist kein Selbstzweck", betont Düvel. So sind sich die Lean-Verantwortlichen einig, dass man Lean nicht wegen der japanischen Kultur, sondern ausschließlich aus wirtschaftlichen und unternehmerischen Gründen implementiert. Konkret erfordert das, die Deployment-Aktivitäten mit den Unternehmenszielen zu verknüpfen. „Deshalb ist unsere Hoshin-Planung erfolgsentscheidend", hebt Dude hervor.

Mit Hilfe dieser Planungs- und Steuerungssystematik gelingt es den Hamburgern, alle Führungskräfte und Mitarbeiter in einem Kaskadierungsprozess einzubinden. So findet sich die Vision der Business Unit GTC in Form von heruntergebrochenen Strategien, Zielen und Kennzahlen auch auf den täglich besprochenen Boards am Shopfloor wieder. „Kürzlich haben wir deswegen alle Boards noch einmal überarbeitet und die Inhalte angepasst. So stellen wir sicher, dass wir alle an einem Strang ziehen", stellt Dude die aktuelle Entwicklung heraus. Der Head of Continuous Improvement Düvel fasst abschließend zusammen: „Manche machen ihr Geschäft und wenn sie Zeit haben ein bisschen Lean. Das ist der falsche Ansatz. Wir erreichen unsere Ziele, indem wir Lean machen."

1.7 Interview mit Thomas Schlösser – Staufen AG

Über die Staufen AG

Als „Partner auf dem Weg zur Spitzenleistung" unterstützt die Staufen AG (www.staufen.ag) Unternehmen dabei, ihre Wertschöpfungs- und Managementprozesse zu optimieren sowie Innovations- und Produktentstehungsprozesse effizient zu machen. Darüber hinaus entwickeln die Berater als Turnaround- oder Interim-Manager Konzepte zur Bewältigung von Krisensituationen. Mit der Staufen-Akademie bietet das Beratungsunternehmen zudem zertifizierte, praxisorientierte Schulungen an. Mehr als 260 Mitarbeiter betreuen die Kunden an den Standorten Deutschland, Schweiz, Italien, Polen, Tschechische Republik, Slowakei, Ungarn, China, Brasilien und Mexiko. Das international operierende Consultinghaus ist laut der aktuellen Branchenstudie „Hidden Champions" Deutschlands beste Lean-Management-Beratung. 2016 wurde die Staufen AG gleich mit zwei renommierten Preisen ausgezeichnet. So konnte sich das Consulting-Unternehmen bei den Wettbewerben „Beste Berater" (Brand eins Wissen) und „Best of Consulting" (Wirtschaftswoche) in die Siegerlisten eintragen.

Spitzenleistung ist das Ziel – Lean Transformation ist der Weg.

Erfolgreiche Unternehmenstätigkeit ist untrennbar verknüpft mit dem Prozess der Verbesserung. Wir nennen diesen kontinuierlichen Verbesserungsprozess in Unternehmen „Lean Transformation". Seine Eckpfeiler sind schnell sichtbare Ergebnisse, eine wettbewerbsdifferenzierende Performance in Bezug auf Qualität, Kosten und Lieferzeit, eine branchenüberdurchschnittliche Profitabilität und Liquidität sowie qualifizierte Führungskräfte und Mitarbeiter. Dabei liegt ein Fokus auf handlungsorientierten Führungsansätzen. Denn wer Unternehmen an die Spitze führt, muss Spitzenleistung sichtbar, verstehbar und messbar machen: Durch Sehen, Lernen, Handeln, Leben.

Sehen: Wir öffnen die Werkstore exzellenter Unternehmen und geben gemeinsam mit 54 Best-Practice-Partnern Einblick in hervorragende Lean Transformationen.

> Lernen: Mit Lean-Know-how entwickeln Sie Ihr Unternehmen. Dafür qualifizieren wir pro Jahr mehr als 1500 Fach- und Führungskräfte in unserer Akademie und in unternehmensspezifischen Schulungsinitiativen.
> Handeln: Jede dauerhafte Veränderung braucht ein klares Konzept zur Zielerreichung – wir erzielen mit Ihnen Projekterfolge, ganzheitliche Konzepte und messbare, nachhaltige Ergebnisse.
> Leben: Am Ort der Wertschöpfung identifizieren wir Verschwendung und zeigen die Ansätze zur Problemlösung auf. Durch Shopfloor-Management, dem täglichen Führen vor Ort, sichern Sie damit Leistung und Erfolg.
> Wir verstehen Ihre Herausforderungen – Und liefern Ergebnisse.

Autoren: Herr Schlösser, danke, dass Sie sich die Zeit für dieses Gespräch nehmen. Lassen Sie uns mit Ihrer Vorstellung beginnen: Wer sind Sie und wie sind Sie der geworden, der Sie sind?

Thomas Schlösser: Ich bin Senior Partner bei der Staufen AG und leite die Business Unit Operational Excellence Industrial Goods mit dem Schwerpunkt auf Unternehmen aus der Branche Maschinenbau und der Zulieferindustrie. Im Fokus steht dabei die Verbesserung der Prozessperformance aller operativen Prozesse für die Auftragserfüllung. Wir gehen Partnerschaften mit unseren Kunden ein und begleiten sie auf dem Weg zur funktionsübergreifenden Spitzenleistung. Hierbei ist Spitzenleistung das Ziel und die Lean Transformation der Weg. Sobald wir in angrenzende Bereiche, wie die Produktentwicklung oder den Vertrieb kommen, ziehen wir unsere Kollegen aus anderen Business Units hinzu. In meiner Business Unit arbeiten 35 Berater und wir machen knapp über zehn Mio. € Umsatz.

In der Beratung bin ich seit sieben Jahren und hätte früher nie für möglich gehalten, einmal als Unternehmensberater zu arbeiten. Nach einer praktischen Ausbildung zum Maschinenschlosser, habe ich anschließend Maschinenbau studiert mit dem Schwerpunkt Produktion. In Summe habe ich 20 Jahre Industrieerfahrung gesammelt, u. a. als Fabrikplaner, Fertigungs- und Werksleiter. Als Führungskraft in der Industrie habe ich mich schon Anfang der 90er mit Lean Management beschäftigt und in den Jahren danach erfolgreich implementiert. Dadurch kannte ich die Staufen AG schon länger aus Sicht des Betroffenen auf der Kundenseite und irgendwann hat es mich interessiert, andere Unternehmen auf dem Weg der Lean-Reise zu begleiten. So bin ich dann zur Beratung gekommen.

Autoren: Wofür werden Sie bezahlt?

Thomas Schlösser: Ich werde dafür bezahlt, unsere Kunden in ihrer Leistungsfähigkeit zu entwickeln. Dazu gehört die Begleitung unserer Kunden auf dem Weg der Lean

Transformation. Allerdings auch punktuelle Unterstützungsprojekte wie z. B. eine Fabrikplanung oder Projekte in der Produktion, Logistik oder auch zur Verbesserung der Führungsleistung gehören dazu. Sicherlich gehört auch die Entwicklung der Business Unit und die Gewinnung von Kunden zur Antwort – unsere Reise zu Spitzenleistungen ist auch nie zu Ende. Teilweise unterstütze ich auch unsere Akademie oder halte wie vor Kurzem einen Vortrag auf einem Maschinenbaukongress.

Autoren: Wann und wo sind Sie das erste Mal mit Lean Management in Berührung gekommen?

Thomas Schlösser: Meine erste Anstellung in einem Industrieunternehmen nach dem Studium war bei Wolf Garten. Meine Erfahrungen dort haben mich nachhaltig geprägt. Anfang der 90er-Jahre ist der damalige Gesellschafter auf das Thema Lean aufmerksam geworden. Ich erinnere mich noch gut daran, wie aufgrund des Buches „Die zweite Revolution in der Autoindustrie" von James Womack Lean angestoßen wurde. Der Gesellschafter selbst besuchte in Japan Kawasaki und erkannte, dass wir viel effizienter arbeiten können, wenn wir die Lean-Prinzipien auf unser Unternehmen übertragen. Wolf Garten hat dann erste Lean-Versuche mit der Beratung Price Waterhouse unternommen, die damals die Rechte hatten, das Produktionssystem von Kawasaki zu vermarkten. Es kam aber der Punkt, wo die angestoßenen Veränderungen bei Wolf Garten begannen, einzuschlafen und da wurde ich gefragt, ob ich nicht Lean bei Wolf Garten weitertreiben möchte. Da habe ich Ja gesagt und wurde als erstes in die USA geschickt, um an einer mehrwöchigen Expertenausbildung von Kawasaki teilzunehmen. Dort habe ich verstanden, was Lean wirklich ist und kam begeistert und regelrecht infiziert zurück nach Deutschland.

Ich habe mir dann einen Unternehmensbereich gesucht, um die Wirksamkeit von Lean zu beweisen. Innerhalb eines Jahres habe ich die Mitarbeiter des Montagebereiches trainiert, viel Wissen weitergegeben und konnte prozentuale Verbesserungen im zweistelligen Bereich vorweisen. Das gab uns den Antrieb, Lean in alle Werke und später in die indirekten Bereiche auszurollen. Lean wirkte sich bis auf unsere Lieferanten aus, die zum Teil über Kanban eingebunden wurden. Auch haben wir Führungsprozesse und Organisationsstrukturen verändert. Für mich persönlich war das auch eine Weiterentwicklung, denn ich wurde Werksleiter des Unternehmens mit der Verantwortung für vier Produktionsstandorte. 2006 wurde das Unternehmen leider verkauft und das neue Management wollte von Lean nichts wissen – das war für mich der Grund, das Unternehmen zu verlassen.

Autoren: Dann lassen Sie uns in die Fallstudie springen. Wo sehen Sie den Unterschied zwischen einer Lean-Einführung in einem KMU und einem Konzern?

Thomas Schlösser: Das sind schon unterschiedliche Vorgehensweisen. Sie müssen sich ja bei einem Konzern der Herausforderung bewusst sein, dass viele Standorte parallel entwickelt werden müssen. Ich brauche also nicht nur eine dezentrale Lean-Kompetenz am Standort, sondern auch eine zentrale Lean-Organisation. Die zentrale Lean-Organisation unterstützt die Standorte und stellt sicher, dass Synergien gezielt genutzt werden und nicht jeder Standort seinen eigenen Weg geht. In den meisten KMUs ist das nicht notwendig, auch wenn sie mehrere Standorte haben. Da haben Sie entweder eine zentrale Einheit, die alles steuert oder Sie setzen auf die Kompetenz vor Ort.

Im Unterschied zu KMUs zeichnen sich Konzerne durch lange Entscheidungswege und eine hohe Trägheit aus – da sehe ich ganz klar den Vorteil im KMU. Gleichzeitig sind Konzerne strategisch besser aufgestellt und haben den Performance-Anspruch in der Unternehmensstrategie verankert. Das gibt es in einem KMU nicht so häufig. Aus Sicht eines Beraters haben also beide Unternehmensformen ihre Vor- und Nachteile.

Autoren: Gemäß dem Lean-Verantwortlichen von Philips Medical Systems in Hamburg sei Lean die beste Strategie, um Effizienz zu erreichen. Wie bewerten Sie diese Aussage?

Thomas Schlösser: Das sehe ich genauso. Lean Management ist dafür geeignet, die Performance eines Unternehmens zu entwickeln. Wir sagen immer: Funktionsübergreifende Spitzenleistung ist das Ziel und die Lean Transformation ist der Weg. Was heißt Spitzenleistung? Sie wird vom Kunden wahrgenommen und zeichnet sich aus durch: hohe Zuverlässigkeit in Bezug auf Qualität und Termineinhaltung, Schnelligkeit durch kurze Durchlaufzeiten, hohe Flexibilität bei der Generierung von Kundenlösungen bei oftmals geringer Komplexität, innovative Produktlösungen mit kurzen Produktentwicklungszeiten. Zudem agieren diese Unternehmen sehr oft partnerschaftlich mit ihren Kunden. Wenn das beim Kunden ankommt, steigt die Nachfrage und es ergibt sich eine positive Umsatzentwicklung. Wir sind bei Staufen auch der Meinung, dass eine positive Umsatzentwicklung und -rentabilität nicht das Ziel, sondern die Wirkung von Spitzenleistung sind.

Autoren: Die Verantwortlichen berichten, dass in den 90er-Jahren der Konzern von einer Restrukturierung in die nächste fiel, worunter in der Belegschaft die Glaubwürdigkeit von Verbesserungsprogrammen wie Lean stark gelitten hat. Was könnten die Vorteile sein, wenn die Mitarbeiter auf diese Weise skeptisch sind?

Thomas Schlösser: Eine Restrukturierung verstehe ich so, dass es um das Überleben des Unternehmens geht. Wenn wir Kunden auf dem Weg der Restrukturierung begleiten, verstehen wir uns eher als Notärzte – da ist ein schnelles Handeln gefordert, bei dem weniger darauf geachtet wird, dass die Mitarbeiter mitgenommen werden. Eine Lean Transformation zielt dagegen darauf ab, dass der Fall einer Restrukturierung nicht eintritt – da geht es um Vertrauen schaffen, Nachhaltigkeit sicherstellen und Mitarbeiter einbinden. Der Vorteil ist also, dass man durch eine vernünftige Lean Transformation bei Philips den Mitarbeitern beweisen kann, dass es auch Verbesserungsprogramme gibt, bei denen sie eine entscheidende Rolle spielen und den Verlauf mitgestalten können. Wenn es also ums Leben und nicht ums Überleben geht, dann kann die anfängliche Skepsis gut in Unterstützung gedreht werden.

1.7 Interview mit Thomas Schlösser – Staufen AG

Autoren: Philips hat das sogenannte Einführungsmodell entwickelt, das in fünf Phasen den Reifegrad eines Standortes bestimmt. Inwiefern sehen Sie eine solche „Schablone" kritisch?

Thomas Schlösser: Ein solches Modell gibt eine klare Orientierung und ich kann in regelmäßigen Abständen überprüfen, wo ich stehe. Es hilft dabei, mir den Fortschritt der Lean-Initiative bewusst zu machen. Ich sehe das nicht kritisch. Eine Lean Transformation lässt sich grob in zwei Phasen teilen: 1. Change – also den Umbruch in die Wege leiten und 2. KVP – die kontinuierlichen Veränderungen leben und damit die Leistungsfähigkeit des Unternehmens weiterentwickeln. Worauf ich also immer achten würde, sind die acht Change-Erfolgsfaktoren von John Kotter. Wenn diese nicht ausreichend berücksichtigt sind, wird das Unternehmen die zweite Phase der Transformation nicht erfolgreich erreichen:

1. Handlungsnotwendigkeit und Dringlichkeit erzeugen: Anfangs muss klargemacht werden, warum der Weg der Lean Transformation gegangen werden muss. In diesem Zuge kann ich gezielt reflektieren, wie mich meine Kunden sehen, wie sieht meine Lieferperformance aus, wo stehe ich im Vergleich zum Wettbewerb, also wie sehen unsere Kennzahlen im Benchmark aus. Das gilt es ins Unternehmen zu tragen, denn nur so gewinne ich die Kooperationsbereitschaft bei meinen Führungskräften. Ich sage gerne: Wer kein Problem hat, braucht keine Lösung. Bei Philips lese ich als zentrales Motiv, dass der Konzern es will – ich bin mir nicht sicher, ob das langfristig ausreicht.
2. Führungskoalition bilden: Es muss einen Change-Agent geben, der um sich herum ein Führungsteam schart, das ein einheitliches Lean-Verständnis hat und gemeinsam im Unternehmen die Überzeugung für den Weg der Lean Transformation vertreten. Das scheint mit Herrn Dude und seinen Kollegen der Fall zu sein – das Verhalten des General Managers ist vorbildlich.
3. Vision und Zielzustand aufbauen: Ich muss der Transformation eine Orientierung geben, also wo wollen wir in fünf oder zehn Jahren stehen? Ich muss in der Lage sein, diesen Weg grob zu beschreiben, denn nur so wird die Transformation „führbar". Ich kann dann meine Entscheidungen immer hinsichtlich des Zielzustandes überprüfen und feststellen, ob ich auf dem richtigen Weg oder vom Kurs abgekommen bin. Diese Orientierung fehlt mir ein wenig in der Fallstudie. Aus der Distanz ist das aber auch schwer zu beurteilen, zumal die Verantwortlichen stark mit Hoshin Kanri arbeiten – dort müssten sich ja durchaus die langfristigen Unternehmensziele wiederfinden.
4. Die Vision kommunizieren: Werden alle Kommunikationskanäle benutzt? Die üblichen sind Internet, Weihnachtsfeier und Sommerfest. Aber auch im Alltag gilt, dass ich das vorlebe, was ich später von meinen Mitarbeitern verlange. Es heißt ja häufig „walk the talk". Das trifft es. Das ist bei Philips gegeben: Herr Dude fordert Informationen vom Shopfloor ein, macht Gemba Walks, nimmt an Stand-up-Meetings teil und hört sich die Abschlusspräsentationen von größeren Verbesserungsprojekten an.

5. Befähigung auf breiter Front: Wenn ich meine Mitarbeiter und Führungskräfte nicht ausbilde, werde ich zeitnah mit Widerstand konfrontiert. Wenn Führungskräfte etwas machen sollen, was sie nie gelernt haben, entsteht automatisch Widerstand. Die verstehen nicht, wovon ich spreche und was ich vorhabe – das Ergebnis ist dann die Verweigerung. Dem scheint Philips entgegenzuwirken, denn die Teamleiter wurden acht Tage ausgebildet, 15 Mitarbeiter einen Tag mit anschließendem Coaching und alle anderen haben immerhin ein Lean Awareness Training bekommen.
6. Kurzfristige Erfolge planen und erreichen: Ich muss innerhalb der ersten sechs bis acht Monate zeigen, was Lean bewirken kann. Ich brauche sichtbare Erfolge, die meiner Transformation Rückenwind geben. Nur so kann ich den Sog erzeugen, um den nächsten Erfolgsfaktor zu erfüllen. In der Fallstudie wird das Insourcing hervorgehoben – das wäre ein Paradebeispiel für einen sichtbaren Erfolg.
7. Der systematische Roll-out: Wenn ich genug Rückenwind habe, kann ich die Transformation auf die anderen Unternehmensbereiche ausrollen. Da orientiert sich Philips natürlich an seinem Einführungsmodell, aber da empfinde ich die Integration der indirekten Bereiche als sehr spät – das ist für mich der einzige Kritikpunkt an deren Einführungsmodell.
8. Leben und Führen: Schließlich geht es bei einer Lean Transformation nicht nur um Prozesse, sondern auch um Führung. Auf der Lean-Reise muss sich die Kultur des Unternehmens und damit die Art und Weise der Zusammenarbeit von Führungskraft und Mitarbeiter verändern, denn sonst werden die zahlreichen Projekte und Maßnahmen nicht nachhaltig sein. Die Lean-Verantwortlichen von Philips beobachten erste Anzeichen einer „Graswurzelbewegung" und erleben, wie Mitarbeiter aus der Produktion keine Lust mehr auf Meetings in anderen Bereichen haben, weil der Input, den die anderen brauchen, in der Produktion bereits am Shopfloor Board steht. Das ist eine positive Entwicklung und eine gute Grundlage für kulturelle Veränderung.

Autoren: In der Fallstudie heißt es: „Für uns geht es ohnehin weniger um die Zeit, die wir brauchen, um in die nächste Phase zu gelangen." „Wir empfinden es als unklug, Zeitziele für ein Lean Deployment auszugeben", ergänzt von Richthofen, „das führt nur zu Window Dressing – auf den ersten Blick sieht dann alles schön aus. Unser Verständnis des Lean Deployments ist, dass ein steter Tropfen den Stein höhlt. Fertig ist man ohnehin nie." Bitte nehmen Sie zu dieser Aussage Stellung.

Thomas Schlösser: Lean endet nie. Das stimmt. Das beschreibt die zweite Phase der Lean Transformation – die kontinuierliche Verbesserung. Wenn Lean Leadership gelebt wird, also auch der achte Erfolgsfaktor von John Kotter erfüllt ist, dann befindet sich das Unternehmen in dieser Phase, wo es die Lean-Philosophie immer tiefer in der Organisation verankert. Jedoch bin ich, was die Ziele angeht, anderer Meinung. Aus meiner Sicht ist ein Ziel ohne zeitliche Dimension kein richtiges Ziel. Gerade zu Beginn einer Transformation braucht es sowohl inhaltliche als auch zeitliche Ziele – alles andere sind gut gemeinte Absichtserklärungen, die den Fortschritt der Aktivitäten in Gefahr bringen.

Autoren: Bei Philips soll Lean den „unternehmerischen Esprit" der Mitarbeiter fördern – gleichzeitig sollen Fehler systematisch vermieden werden. Wie passt das zueinander? Gehören Fehler nicht zu Unternehmertum? Zum Beispiel steht im Headquarter von Facebook an den Wänden: „Macht mehr Fehler!"

Thomas Schlösser: Das passt in meinen Augen dennoch zusammen. Kein Mitarbeiter macht gerne oder freiwillig Fehler. Das Problem ist, dass die Mitarbeiter in der Vergangenheit sich selbst überlassen wurden, sich dadurch Fehler verschleppt haben oder nicht an der eigentlichen Ursache gelöst wurden und Symptombekämpfung betrieben wurde. Im Zuge einer Lean Transformation bildet die Führungskraft seine Mitarbeiter darin aus, Fehler systematisch zu erkennen und die eigentliche Ursache zu beheben. Das ist ein Lernprozess und durch die erfolgreiche Verbesserung entsteht „unternehmerischer Esprit". Gleichzeitig bin ich der Meinung, dass man das schnell falsch verstehen kann. Ein Mitarbeiter ist kein Unternehmer. Mitarbeiter bringen sich ein und gestalten die Transformation mit. Ich würde also kein Schild in einer Montagehalle aufhängen, wo drauf steht „Macht mehr Fehler!" – ich würde stattdessen ein Schild mit „Mache einen Fehler nur einmal" aufhängen.

Autoren: Philips definiert Verhaltensprinzipien und ruft Lean Leadership aus – welche Rolle spielen solche Prinzipien bei der „Einführung" einer neuen Führungskultur?

Thomas Schlösser: Die alleinige Definition von Verhaltensprinzipen wird die Kultur eines Unternehmens nicht verändern. Natürlich wird die Kultur dadurch beeinflusst, wie man zusammenarbeitet. Entscheidend ist aber wie man tatsächlich zusammenarbeitet und nicht wie es auf einem Blatt Papier steht. Traditionell arbeiten die Mitarbeiter der Führungskraft zu – im Kontext von Lean dreht sich dieses Bild und es ergibt sich eine umgekehrte Pyramide, weil die Führungskraft ihre Mitarbeiter bei der Entwicklung der Wertstromleistung unterstützt. Es kommt also auch darauf an, wer mit wem zusammenarbeitet – das ist eine Frage der Führungsstruktur und Arbeitsorganisation. Herr Dude hat das ja richtigerweise erkannt und zuerst die Strukturen umgebaut. Mit der Installation der Teamleads macht er es richtig, denn die richtigen Führungsspannen sind elementar für den kontinuierlichen Verbesserungsprozess. Eine Führungskraft, die 35 Mitarbeiter verantwortet, kann keinerlei Führungsleistung erbringen.

Ein Kulturwandel erfordert Geduld und Beharrlichkeit. Das ist kein einfacher Veränderungsprozess und neue Kulturelemente müssen erst einmal Wurzeln schlagen. Wenn das Topmanagement das vorlebt, was es von seinen Führungskräften erwartet, ist ein wichtiger Schritt getan. Wenn das Topmanagement dann noch sicherstellt, dass es die richtigen Führungskräfte coacht, fallen die Veränderungen auf fruchtbaren Boden. Aus diesem Grund war das Lean-Assessment eine gute Entscheidung, denn es hat die Führungskräfte entlarvt, die nicht in der Lage sind, in einer Lean-Kultur zu arbeiten.

Autoren: Wie sollte man mit Mitarbeitern umgehen, die sich der Veränderung verweigern? Welche Erfahrungen haben Sie in diesem Kontext gesammelt?

Thomas Schlösser: Ich muss zunächst einmal unterscheiden, um welche Art von Widerstand es sich handelt. Der Einfachheit halber möchte ich Widerstand in zwei Ausprägungen teilen.

1. Der normale Widerstand: Der kommt vor, wenn eine Führungskraft beispielsweise noch nicht über ein ausreichendes Lean-Verständnis verfügt. Die Führungskraft beschäftigt sich intensiv mit Lean, hat aber den Kern der Philosophie noch nicht verstanden. Da kann sich schnell eine Abwehrhaltung entwickeln. Genauso schnell kann ich aber solch eine Führungskraft abholen, ihre offenen Fragen klären und dafür sorgen, dass sie mit im Boot sitzt und in die richtige Richtung rudert.
2. Der extreme Widerstand: Das ist kritisch, denn oftmals sind das Blockierer, die eine Lean Transformation behindern und sogar zunichtemachen können, wenn sie eine wichtige Stelle im Unternehmen besetzen. Der größte Fehler ist dabei das Prinzip Hoffnung – wer als Lean-Verantwortlicher darauf hofft, dass sich eine blockierende Führungskraft von selbst ändert, riskiert die gesamte Transformation. Widerstände darf man nicht ignorieren. Was würde ich also unternehmen? Erstens würde ich der Führungskraft klar kommunizieren, was ich von ihr erwarte und würde mir ihre Position, ihre Argumente und ihre Erwartungen genau anhören. Zweitens würde ich mit ihr Maßnahmen definieren, wie es weitergehen oder wie sich die Führungskraft auf ihrer jetzigen Position weiterentwickeln kann. Wenn das nicht funktioniert würde ich als Drittes dafür sorgen, dass die Führungskraft eine neue Aufgabe im Unternehmen übernimmt. Wenn das wiederum nicht hilft, stellt man fest, dass man nicht mehr zusammenpasst. Dann muss ich mich von dieser Führungskraft trennen. Ein guter Arbeitgeber hilft dabei, dass derjenige eine neue Arbeitsstelle findet.

Autoren: Ihr Eindruck: Wie viel „Konzernbürokratie" und wie viel Prozent „unternehmerische Freiheit" stecken bei Philips hinter dem Lean Deployment?

Thomas Schlösser: Auch wenn Konzerne sich manchmal in ihrer Bürokratie verlieren, habe ich hier überhaupt nicht den Eindruck, dass das bei der Lean-Einführung von Philips Medical Systems der Fall ist. Das Leadership-Assessment ist ein gutes Beispiel, denn das war die Initiative des Hamburger Standortes. Das zeigt, dass nicht alles vom Konzern vorgegeben wird und dass auch ein Rückfluss an Informationen und Erkenntnissen in die Zentrale stattfindet. Die Verantwortlichen scheinen hier ein gesundes, sinnvolles und unterstützendes Verhältnis gefunden zu haben. In einem Konzerngeflecht sind gewisse Vorgaben notwendig – wenn jeder Standort seine eigenen Schulungsunterlagen erstellt, würde man die verfügbaren Synergien nicht nutzen. Hin und wieder kann der Blick von außen auch gut tun – das kommt bei Philips durch das Einführungsmodell ja ebenfalls regelmäßig vor.

1.7 Interview mit Thomas Schlösser – Staufen AG

Autoren: Auf einer Skala von eins bis zehn: Wie erfolgreich führt Philips Lean ein?

Thomas Schlösser: Die Erfolgsgeschichten und Erfolgskennzahlen hinsichtlich der Pilotlinie, der Liefertreue, der Flächenproduktivität und der Bestände sprechen eine eindeutig positive Sprache. Das ist eine durchweg positive Entwicklung. Das geht ja mit den von mir geschilderten Erfolgsfaktoren von John Kotter einher – ob den Lean-Verantwortlichen das bewusst ist oder nicht, sie erfüllen bereits fast alle acht Kriterien. Zwei Sachen gefallen mir besonders gut: Das ist zum einen die Insourcing-Initiative, denn das signalisiert den Mitarbeitern, dass es hier um die Weiterentwicklung des Unternehmens geht und nicht um irgendeine leblose Effizienzmaßnahme. Zum anderen ist das die parallele Entwicklung von Wertschöpfungs- und Führungsprozessen. Das erkennt man daran, dass in der Fallstudie beschrieben wird, wie ein Problem aus dem Shopfloor Meeting um sechs Uhr morgens spätestens um zwölf Uhr beim General Manager landet. Diese Kaskade ist vorbildlich und zeigt den Mitarbeitern, wie ernst es ihr Chef meint. Ich würde der Lean-Einführung acht oder neun Punkte geben. Das einzige was mir fehlt – das hatte ich schon kurz erwähnt – ist die Vision. Wo will das Unternehmen mit Lean hin? Wie sieht Philips Medical Systems in fünf bis zehn Jahren aus?

Autoren: Haben Sie „No-Gos" entdeckt?

Thomas Schlösser: Nein, absolut nicht. Die Führungskultur macht mir einen guten Eindruck. Das ist das Wichtigste.

Autoren: Wie wichtig sind aus Ihrer Erfahrung die Zahlen, Daten und Fakten einer Lean-Einführung?

Thomas Schlösser: Eine Lean Transformation wird nicht zum Selbstzweck durchgeführt und muss nachweisliche positive Effekte in der G&V erbringen. Aus diesem Grund ist es von enormer Bedeutung, Veränderungen messbar zu machen. So kann ich auch die Beweisführung antreten, dass Lean die richtige Antwort auf die Fragen des Unternehmens ist. Bei Philips erkundigt sich berechtigterweise der Betriebsrat nach „greifbaren Ergebnissen" – ohne valides Zahlenmaterial können Sie eine Lean Transformation in einem so großen Unternehmen mit zahlreichen Stakeholdern nicht nachhaltig umsetzen.

Die Erfolgskennzahlen sollten immer die Bereiche Qualität, Kosten und Lieferperformance abdecken. Bezüglich der Qualität habe ich nichts gelesen – aber vermutlich kann die Fallstudie auch nicht den Anspruch auf Vollständigkeit hegen. In jedem Fall sind die drei Bereiche gleichwertig zu berücksichtigen.

Autoren: Wenn Sie die angesprochenen Herausforderungen der Lean-Verantwortlichen auf sich wirken lassen: Die richtigen Führungskräfte finden mit Hilfe des Lean Assessments, das Verständnis von 6S verbreiten, die Messbarkeit der Erfolge erhöhen und das Spannungsfeld mit dem Konzern aushalten. Was fällt Ihnen positiv auf?

Thomas Schlösser: Positiv ist die Einbindung des Betriebsrates – das zeigt, dass die Verantwortlichen bereit sind, sich kritisch mit ihren Lean-Aktivitäten auseinanderzusetzen. Ebenfalls positiv bewerte ich den Top-down-Ansatz.

Autoren: Wie meinen Sie das?

Thomas Schlösser: Viele Unternehmen starten Lean und überlassen die Verantwortung den einzelnen Bereichen. Das klingt in der Theorie gut, aber in der Realität kann dann vielleicht ein einzelner Bereich Erfolge vorzeigen, aber von einer funktionsübergreifenden Spitzenleistung kann man nicht sprechen. Damit die Bereiche sich gegenseitig unterstützen, braucht es die Koordination „von oben" – die ist für mich wiederum gleichbedeutend mit einem Top-down-Ansatz. Diesen Drive braucht es, um eine höhere Wertschöpfung zu erzielen.

Positiv sehe ich auch, dass die Verantwortlichen rund um Herrn Dude erkannt haben, dass an der Messbarkeit gearbeitet werden muss. Wenn die Lean-Projekte später auf die indirekten Bereiche ausgerollt werden, sind Erfolgskennzahlen wichtig – da reichen einfache Slogans nicht mehr. Da hat man es mit einer anderen Zielgruppe zu tun, die man auf andere Art und Weise überzeugen muss. Greifbare Ergebnisse, die in Zahlen, Daten und Fakten ausgedrückt werden können, sind in diesem Kontext unerlässlich.

Autoren: Welche Herausforderung würden Sie anders angehen?

Thomas Schlösser: Die 6S-Aktivitäten haben „verbrannte Erde" hinterlassen. Ich empfinde es als risikoreich, dort das Augenmerk darauf zu legen. Viele Unternehmen starten mit 5S und das geht häufig in die Richtung „unser Dorf soll schöner werden" und das ist völlig falsch. Keiner hat nachher begriffen, wofür Lean im Kern steht und die ersten fangen schon an, es sich wieder bequem zu machen. Als punktuelle Verbesserungen ist das ok, aber echten Fortschritt erreiche ich nur durch systematische Verbesserung – was meine ich damit? Systematische Verbesserungen orientieren sich immer an den vier Lean-Merkmalen: Störungsfreiheit, Fluss, Rhythmus und Sog. Die eingesetzten Methoden müssen also diese Merkmale unterstützen – dann gelingt es mir auch, Prozesse und Wertströme zu verschlanken und gestützt mit den erreichten Ergebnissen ein adäquates Lean-Verständnis in der Belegschaft zu verankern.

Das angesprochene Spannungsfeld zum Konzern ist nicht unkritisch. Bislang ist die Zentrale ja durchweg als positive Unterstützung aufgefallen – es gibt Trainings, Audits werden durchgeführt und es gibt sicherlich noch den einen oder anderen Support. Ich kann nicht einschätzen, wie die Zentrale von Philips konkret agiert, aber wenn Druck durch Zielvorgaben ausgeübt wird, dann geht der Schuss nach hinten los. Das geht in der Regel zulasten der Zufriedenheit und der Einsatzbereitschaft am Standort. Ich kann dem General Manager nur empfehlen, das ausgegebene Ziel anzunehmen, solange es anspruchsvoll und nicht unrealistisch ist. Im Idealfall definiert eine zentrale Einheit solch ein Ziel aber gemeinsam mit dem Standort – beide Parteien müssen mit dem zukünftigen Weg einverstanden sein.

Autoren: Kommen wir zu allgemeineren Fragen – was ist für Sie Lean? Beschreiben Sie das doch bitte in so wenigen Sätzen wie möglich.

Thomas Schlösser: Lean ist ein Ansatz zur Effizienzsteigerung mit Blick auf Effektivität – das heißt, dass die Ressourcen so eingesetzt werden, dass Wertschöpfung und keine Verschwendung entsteht. Für mich orientiert sich Lean an der Durchlaufzeit und nicht an der Auslastung. Das ist ein klarer Unterschied.

Autoren: Was sind denn die zentralen drei Erfolgsfaktoren einer Lean-Einführung?

Thomas Schlösser: Abgesehen von den bereits diskutierten acht Erfolgsfaktoren von John Kotter, kann ich drei Aspekte noch einmal hervorheben:

1. Der Top-down-Ansatz. Es braucht nicht nur das Commitment, sondern auch die Führung des Topmanagements. Lean ist eine Herkules-Aufgabe und in weiten Teilen ist Lean ein innovativer Ansatz – Innovation zu ermöglichen, ist die Kernaufgabe des Topmanagements.
2. Das Idealbild als Referenz. Eine Lean Transformation braucht eine Vision, ein Zielbild. Wie sieht unser Unternehmen orientiert an dem Idealbild mit Lean aus? Was bedeutet Null-Störung, 100 % Wertschöpfung, durchgängiger Fluss im One-Piece-Flow auf Abruf (Just-in-Sequence) und Arbeitsplatzsicherheit für uns und wie sieht die Ausprägung oder das Realbild in fünf bis zehn Jahren aus?
3. Die parallele Entwicklung von Prozess- und Führungsleistung. Hinter Prozessen stehen bekanntlich Personen und die können nicht optimiert, sondern müssen geführt werden.

Autoren: Wie viel Lean-Know-how muss denn das Topmanagement dafür besitzen?

Thomas Schlösser: Das müssen keine ausgebildeten Lean-Experten sein, auch wenn dies sicherlich von Vorteil ist. Es reicht, wenn das Management ein Grundverständnis von Lean besitzt und sprachfähig ist, warum, wie und mit welchem Ziel Lean eingeführt wird. Ich habe schon Führungskräfte erlebt, die Lean ohne Ausbildung tiefgreifender verstanden hatten, als diejenigen, die zu Experten ausgebildet wurden – es gibt einen Unterschied zwischen fachlicher Expertise und Lean-Spirit.

Autoren: Warum und wann sollte ein Unternehmen Lean nicht implementieren?

Thomas Schlösser: Da fällt mir nur die Notsituation ein und die bevorstehende Restrukturierung. Auch da können natürlich Prozesse optimiert werden, aber das hat nicht viel mit Lean zu tun – die Mitarbeiter einzubinden, steht in einer solchen Situation auch nicht im Fokus.

Autoren: Ist Lean denn ein Allheilmittel?

Thomas Schlösser: Nein, das ist Lean nicht. Ein erfolgreiches Unternehmen benötigt eine klare Unternehmensstrategie, also Mission, Vision und Strategie. Meinen Anspruch an Perfektion und Performance verankere ich dann in der Strategie und erreiche diesen mit der Umsetzung der Lean-Philosophie. Lean wird Mittel zum Zweck und ist damit ein Baustein eines erfolgreichen Unternehmens.

Autoren: Welches Ereignis ist Ihnen im Zuge Ihrer Lean-Erfahrung am stärksten in Erinnerung geblieben?

Thomas Schlösser: Da gibt es sicherlich viele positive und negative Beispiele. Besonders positiv erinnert man sich natürlich an die Unternehmen, die Lean erfolgreich einführen und man ist manchmal noch selbst überrascht, was für wahnsinnige Veränderungen auch in der Unternehmenskultur erreicht werden. Bei diesen Unternehmen spüren Sie beim Betreten des Geländes regelrecht, was für ein konstruktiver Spirit dort herrscht. Interessant ist, dass es in diesen Unternehmen keinen Stress gibt. Da wird in Ruhe gearbeitet und wenn man genau hinsieht, erkennt man eine hohe Wertschöpfung und geringe Verschwendung in den Prozessen.

Negative Erinnerungen habe ich an die Fälle von einzelnen Personen, die Transformation derart blockiert haben, dass die Philosophie sich nicht entfalten konnte. Das ist insbesondere dann ernüchternd, wenn die Verantwortlichen des Unternehmens darüber hinwegsehen und die Hoffnung haben, dass sich das Problem von selbst löst. Diese Inkonsequenz rächt sich in den meisten Fällen.

Autoren: Wie viele Jahre braucht es, um einen kulturellen Wandel herbeizuführen?

Thomas Schlösser: Das hängt stark von der Größe des Unternehmens ab – eine Lean Transformation betrifft ja auch alle Unternehmensbereiche, wie den Vertrieb oder die Produktentwicklung. Ich schätze mal, dass man frühestens ab sieben Jahren von einem durchgängigen Kulturwandel sprechen kann. Entscheidend ist dabei die erste Phase der Transformation – die Change-Phase. Der Change-Agent hat dann seine Arbeit getan, wenn eine kritische Masse der Führungskräfte infiziert ist. Dafür müssen aus meiner Erfahrung mindestens 70 % der Führungskräfte für Lean brennen. Der Zug ist dann nicht mehr aufzuhalten und dann entwickeln sich diese Unternehmen von alleine weiter.

Autoren: Was sind die Schwächen der Methodik?

1.7 Interview mit Thomas Schlösser – Staufen AG

Thomas Schlösser: Die Methodik hat keine Schwächen. Wenn es Schwierigkeiten gibt, ist das ein Anwenderproblem – aber die Methode ist daran nicht schuld.

Autoren: Stellen wir uns die folgenden Szenarien vor: Ein betroffener Mitarbeiter eines Lean Deployments sagt Ihnen, dass er Lean kritisch gegenübersteht, weil er seinen Arbeitsplatz behalten möchte. Was entgegnen Sie ihm?

Thomas Schlösser: Als Unternehmer habe ich die Verantwortung Arbeitsplätze zu erhalten und zu schaffen. Bei Lean geht es um Wertschöpfung und wer sein Unternehmen auf Spitzenleistung trimmt, lässt Arbeitsplätze entstehen. Das würde ich dem Mitarbeiter sagen und wäre dann in der Verantwortung, auch den Beweis dafür zu erbringen. Ich greife noch einmal das Insourcing von Philips auf, denn das zeigt, wie die gewonnene Effektivität genutzt wird, um nicht in erster Linie die Finanzkennzahlen zu steigern, sondern um zu wachsen. Ich erinnere mich gut an ein Zitat von Wendelin Wiedeking: „Wer nur aus Lohnkostengründen ins Ausland geht, hat Lean nicht verstanden!"

Autoren: Ein anderer Mitarbeiter eines Lean Deployments sagt Ihnen, dass er Angst hat, in Zukunft immer dieselben Arbeitsschritte auszuführen. Was entgegnen Sie ihm?

Thomas Schlösser: Ich würde ihm deutlich machen, dass die Lean Transformation eine Bereicherung für ihn ist. Mit Lean steigt die Flexibilität, was die Qualifizierung und Jobrotation angeht. Wenn er einen Arbeitsschritt gut beherrscht, dann perfektioniert er den nächsten. Ziel ist es, so viele Schritte wie möglich zu beherrschen und dabei so wenig wie möglich Fehler zu machen. Gelingt dies, darf er so viel Schritte ausführen wie er möchte. Gelingt dies nicht, führt er nur diejenigen aus, welche er sicher beherrscht. Lean zielt darauf ab, das Potenzial der Mitarbeiter abzurufen – wenn ich sehe, dass ein Mitarbeiter mehr kann, werde ich dafür sorgen, dass er das auch zeigen kann.

Autoren: Ein weiterer Mitarbeiter sagt Ihnen, dass er Lean super findet, aber einfach keine Zeit dafür hat. Was entgegnen Sie ihm?

Thomas Schlösser: Ich nehme mal an, dass das von einem Mitarbeiter auf Teamleiter-Ebene kommt – auf der Ebene gibt es auch die größten Veränderungen und es kann zur Überlastung kommen. Ich würde mit ihm analysieren, was für eine Leistung derjenige erbringt und wie er arbeitet, um Verbesserungspotenziale zu identifizieren. Ziel muss es sein, dass auf der Teamleiter-Ebene in einem ausgewogenen Verhältnis proaktiv und reaktiv gearbeitet wird. Was heißt das? Proaktiv arbeiten im Lean-Kontext heißt, Prozesse und Teammitglieder weiterzuentwickeln und den Verantwortungsbereich zu verbessern. Reaktiv arbeiten heißt, auf Störungen zu reagieren.

Autoren: Würden Sie bei der Implementierung von „Lean" sprechen oder gibt es gute Gründe, die Begrifflichkeit zu vermeiden?

Thomas Schlösser: Lean ist Lean. Das ist ein gesetzter Begriff. Ich würde immer mit dem Begriff arbeiten.

Autoren: Und angenommen Sie würden in einem Unternehmen anfangen zu arbeiten, wo mit „Lean" historisch bedingt negative Assoziationen verbunden werden – würden Sie dann auch von Lean sprechen?

Thomas Schlösser: Das Problem ist dann nicht die Begrifflichkeit, sondern das Verständnis. Führungskräfte dürfen keine Angst vor dem Begriff haben und müssen ihn erklären können. Wer Lean verstanden hat, wird kein Problem mit dem Begriff haben. Wer Lean vermeiden will, versucht nur zu vermeiden, dass er die Begrifflichkeit und die Philosophie erklären muss.

Autoren: Eine abschließende Frage, Wenn Sie an Ihre Lean-Erfahrung denken: Wie stellen Sie sicher, dass Lean „gesund" eingeführt wird und die Einführung nicht dem Schlankheitswahn verfällt?

Thomas Schlösser: Ich greife da gerne die Aussage von Gunnar Düvel aus der Fallstudie auf: Lean ist kein Selbstzweck. Lean muss unter der Prämisse eingeführt werden, sichtbare Veränderungen in der Zusammenarbeit hervorzubringen und klare Ergebnisse in der G&V zu erzielen. Das wiederum ist nur über einen kulturellen Wandel möglich, für den die acht Erfolgsfaktoren von Kotter erfüllt sein müssen – ich orientiere mich immer an diesen acht Faktoren.

Autoren: Wir bedanken uns für dieses Gespräch.

1.8 Werkzeugkasten

1.8.1 Wertstromanalyse

Was ist das?
Ein Wertstrom bezeichnet zunächst alle Aktivitäten, die notwendig sind, um ein Produkt oder eine Dienstleistung herzustellen. Die Wertstromanalyse (auch Value-Stream-Mapping genannt) ist ein Werkzeug, das theoretisch mit Papier und Bleistift auskommt, um alle involvierten Prozesse der Wertschöpfungskette mit Hilfe von Symbolen schematisch darzustellen. Die Darstellung aus der Vogelperspektive zeigt den Ist-Zustand aller zusammenhängender Arbeitsschritte, Informations- und Materialflüsse und gibt Aufschluss über die Durchlaufzeit – die Zeit, die ein Vorgang im Wertstrom vom Auslösen des Prozesses bis zur Fertigstellung und Übergabe an einen internen oder externen Kunden benötigt (Prozesszeit + Wartezeit = Durchlaufzeit). Dafür „setzt" man sich gedanklich auf das Werkstück oder die Dienstleistung und begleitet den gesamten Herstellungsprozess. Auf

1.8 Werkzeugkasten

Basis des visualisierten Ist-Zustandes können Verschwendungen und Verbesserungsansätze erkannt werden und in ein Wertstromdesign (s. Abschn. 3.8.3) überführt werden. Der Unterschied zwischen Ist-Zustand und dem Design des zukünftigen idealen Wertstroms definiert die Handlungsfelder zur Prozessverbesserung.

Wie funktioniert das?

Die Anwendung erfordert Lean-Erfahrung, denn die Kenntnis der zu benutzenden Symbole liefert noch keine Ideen für einen idealen Wertstrom. Zur Durchführung der Schwachstellenanalyse braucht es Fachwissen und Urteilsvermögen – für die Erstellung des Soll-Zustandes ist Wissen über die dem idealen Wertstrom zugrunde liegenden Prinzipien nötig und ein Gefühl für die Machbarkeit der Verbesserungen hilfreich. Die in Abb. 1.5 dargestellte Kartierung des Wertstroms wird anhand von acht Schritten durchgeführt:

1. Kundendaten festlegen: Wie viele und welche Produkte erwartet der Kunde in welchem Zeitraum?
2. Beteiligte Funktionen einzeichnen: Welche anderen Bereiche des Unternehmens sind bei der Herstellung der Produkte oder Dienstleistung beteiligt?
3. Auslöser des Prozesses festlegen: Bei welchen Funktionen löst der Kunde den Prozess aus? Wenn es mehrere sind: Wie ist es prozentual verteilt?
4. Prozessschritte aufnehmen: Welche Arbeitsschritte folgen nach dem Auslösen des Prozesses? Wie werden Informationen verarbeitet? Wie hoch sind die Bestände vor den einzelnen Schritten?

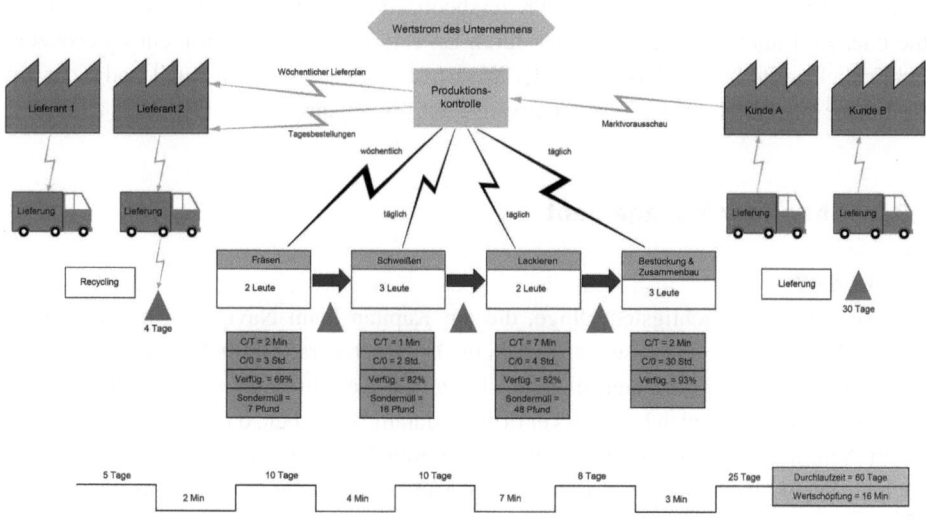

Abb. 1.5 Die Erarbeitung der Wertstromanalyse

5. Prozessschritte bewerten: Wie ist die Bearbeitungszeit (PZ = Prozesszeit)? Wie ist die Systemzeit (SZ)? Wie ist die Rückfragezeit (RZ)? Wie sind Liege- und Transportzeiten zwischen den Prozessschritten (Übergabezeit = ÜZ)?
6. Externe Material- und Dienstleistungsflüsse aufnehmen: Handelt es sich um eine Material- oder Dienstleistung? Wie hoch ist der prozentuale Anteil der Geschäftsvorfälle, bei denen externe Leistung notwendig ist? Wie lang dauert die Lieferung der externen Leistung?
7. Prozess- und Durchlaufzeit einzeichnen: Wie ist die Durchlaufzeit des Wertstroms? (Addition aus den unter 5. erfassten Zeitfenstern)
8. Handlungsfelder ableiten: Wo sind Schwachstellen? Wo ist Verschwendung erkennbar? Diese werden mit den sogenannten „KVP-Blitzen" eingezeichnet.

Worauf muss man achten?
Bevor man die ganzheitliche Perspektive einer Wertstromanalyse einnimmt und den Wertstrom in seiner ganzen Komplexität analysiert, lohnt es sich zunächst, einen groben Überblick über die Prozesse zu schaffen. Für eine gröbere Momentaufnahme ist die SIPOC-Analyse ein passendes Werkzeug (s. Abschn. 2.8.5).

Die Anwendung einer Wertstromanalyse macht nur dann Sinn, wenn sie sich auf homogene Produkte mit konstruktiver Ähnlichkeit bezieht. Wenn die Fertigungswege einer anderen Produktgruppe oder Teilefamilie zu stark abweichen, ist eine weitere Wertstromanalyse durchzuführen. Eine Produktfamilie erkennt man daran, dass Arbeitsschritte und Prozesszeit ähnlich sind.

Die Praxis zeigt, dass eine selbstständige Aufnahme von Zeiten und Sichtung von Dokumenten ratsam ist. Die eigene Prozessbeobachtung, wie durch Zeit-Wegediagramme oder Multimomentaufnahmen, ist durch Erzählungen von Dritten nicht zu ersetzen. Schließlich sollte bei der Erstellung der Wertstromanalyse immer manuell und nicht am Computer gearbeitet werden – beispielsweise auf Metaplanwänden.

1.8.2 Shopfloor Management

Was ist das?
Was sind die drei wichtigsten Dinge, die ein Kapitän beim Navigieren eines Schiffes braucht? Erstens muss er wissen, an welchem Ort er sich gerade befindet. Ohne die Standortbestimmung kann er zweitens nicht den kürzesten Weg zum Ziel planen. Sobald er sich für eine Route entschieden hat, muss er drittens darauf achtgeben, dass das Schiff auf Kurs bleibt. Vereinfacht gesagt verbirgt sich hinter diesem Tool des Shopfloor Managements – auch als Daily Management bekannt – nichts Anderes als in der maritimen Welt: Standort bestimmen, Ziel planen und Fortschritt kontrollieren.

Die Wirksamkeit der Führung am Ort des Geschehens charakterisiert sich durch unterschiedliche Merkmale: Auf Basis der transparenten Visualisierung von Kennzahlen werden Abweichungen sichtbar gemacht. Probleme werden nicht mehr hinter dem Schreibtisch, sondern vor Ort gelöst. Mitarbeiter bauen dadurch ihre Problemlösungskompetenz aus und lernen Verantwortung zu übernehmen. Sie profitieren von einer spürbaren Führungsleistung: Entscheidungen werden schneller getroffen und der Informationsaustausch ist sowohl „Top-down" als auch „Bottom-up" sichergestellt.

Wie funktioniert das?
Bei der Entwicklung der Boards muss darauf geachtet werden, dass diese verständlich und zugänglich sind und manuell aktualisiert werden. Für das Layout eines Boards gibt es keine „Schema F"-Lösung – die Abb. 1.6 zeigt ein mögliches Layout und die Häufigkeit der Aktualisierung.

Team: Ein kurzer Überblick über die Mitarbeiter und ihre Funktionen kann das Commitment steigern. Besonders lebhaft sind Fotos oder im besten Fall ein Gruppenfoto.

Ziel: Was ist die Zielsetzung des Bereiches? Gibt es eine Vision? Nach welchen Prinzipien möchte das Team zusammenarbeiten? Hier kann die Führungskraft sowohl quantitative als auch qualitative Aspekte mit dem Team erarbeiten und anbringen.

Krankheit: Wer fehlt? Wer wird im Krankheitsfall von wem vertreten? Eine grafische Übersicht zeigt das auf einen Blick.

Zahlen, Daten, Fakten: Hier können Führungs-, Leistungs- oder Zustandskennzahlen bezüglich SQCDP gezeigt werden (Safety, Quality, Cost, Delivery und People). Prozesskennzahlen sind die Grundlage für ein effizientes Abweichungsmanagement. Die Granula-

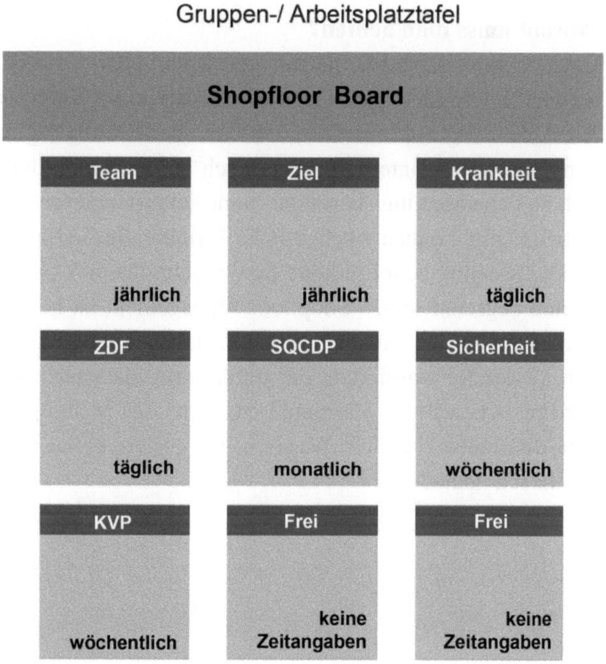

Abb. 1.6 Ein exemplarisches Shopfloor Board

Gruppen-/ Arbeitsplatztafel

Shopfloor Board

Team	Ziel	Krankheit
jährlich	jährlich	täglich
ZDF	SQCDP	Sicherheit
täglich	monatlich	wöchentlich
KVP	Frei	Frei
wöchentlich	keine Zeitangaben	keine Zeitangaben

rität der ZDF hängt vom Geschäft des Unternehmens, dem Bereich und der Beschaffenheit der IT-Systeme ab.

Sicherheit: Die transparente Nachverfolgung von Arbeitsunfällen und den daraus abgeleiteten Maßnahmen ist besonders im produzierenden Bereich von Bedeutung.

KVP: Aktuelle Herausforderungen (z. B. die Top-5-Baustellen des Tagesgeschäftes) können besprochen, Lösungen gesucht, Maßnahmen definiert und Verantwortlichkeiten festgelegt werden. Damit sitzen die Mitarbeiter nicht länger auf dem Beifahrersitz, sondern können die Fahrtrichtung mitgestalten.

Individuelle Bereiche: Es kommt gut an, wenn die Mitarbeiter ein bis zwei Bereiche kreativ nutzen dürfen. Dem Board sind keine Grenzen gesetzt: Der Zwischenstand der Fußball-Wettgemeinschaft, die Erfolge des gestrigen Tages, Fotos von Idolen der Mitarbeiter, ein Stimmungsbarometer oder Auszeichnungen, wie der Mitarbeiter des Monats, können ihren Platz auf dem Board finden.

Schließlich soll jeder Mitarbeiter in der Lage sein, die folgenden Fragen nach der Durchführung des Shopfloor Meetings zu beantworten:

- Was ist unser Ziel?
- Welche Kennzahlen sind für uns relevant?
- Wie ist der aktuelle Abweichungsstand zwischen Ist- und Soll-Zustand?
- Was sind unsere aktuellen Herausforderungen/Probleme?
- Mit welchen Maßnahmen wollen wir die Herausforderungen/Probleme meistern?

Worauf muss man achten?
Ein Shopfloor Board sollte mit den Mitarbeitern vor Ort als „Team-Effort" entwickelt werden. So können gute Ideen der Experten am Shopfloor aufgegriffen und das Risiko der Ablehnung minimiert werden. Ob das Meeting täglich oder wöchentlich stattfindet, hängt vom u. a. Unternehmensbereich ab. In der Produktion und Administration haben sich tägliche Meetings bewährt – in projektorientierten Bereichen, wie der Forschung und Entwicklung, können wöchentliche Termine für die Regelkommunikation ausreichen.

Das Meeting benötigt klare Spielregeln: Damit es nicht ausufert, sollte es zeitlich auf 15 min begrenzt sein – Shopfloor Management ist keine „Laberei". Das Meeting sollte immer am selben Ort, zur selben Zeit, im Stehen und mit einem festen oder rotierenden Moderator stattfinden, der dafür sorgt, dass nacheinander gesprochen wird. Ein in der Praxis bewährter Startpunkt ist, wenn das Meeting mit dem Statement jedes einzelnen Mitarbeiters beginnt: Was habe ich gestern gemacht? Was gab es für Probleme? Was mache ich heute?

1.8.3 Kaizen

Was ist das?

Kaizen (auch KVP = Kontinuierlicher Verbesserungsprozess genannt) beschreibt das Grundverständnis von Lean Management und die Vorgehensweise, wie fließende und verschwendungsfreie Prozesse erreicht werden können – es ist die Veränderung (Kai) zum Besseren (Zen). Kaizen ist weder eine Methode noch ein klassisches Werkzeug, sondern eine zu verinnerlichende Denkweise. Wer Kaizen lebt, ist davon überzeugt, dass der eigene Arbeitsplatz und die Qualität von Abläufen und Produkten stetig verbessert werden kann. Der „Fortschritt zum Besseren" passiert nicht in innovativen Quantensprüngen. Das japanische Prinzip, welches in Abb. 1.7 visualisiert ist, setzt ganz auf das Motto, das schon der Naturforscher Louis Agassiz im 19. Jahrhundert erkannt hatte: „In the confrontation between the river and the rock, the river always wins. Not by strength, but by perseverance."

Wie funktioniert das?

Kaizen beruht auf Prinzipien, die im Folgenden kurz umrissen werden:

1. Prozessorientierung: Um Verbesserungen vorzunehmen, ist die Transparenz über die Prozesse im Ist-Zustand essenziell. Eine umfängliche Prozessdokumentation, wie durch eine Wertstromanalyse (s. Abschn. 1.8.1), ist notwendig. Es gibt keine Begrenzungen in der Anwendung: Produkte, Dienstleistungen, technische Abläufe und der Arbeitsplatz selbst können verbessert werden.
2. Kundenorientierung: Kunden gewinnen ist teurer als Kunden zu binden. Aus diesem Grund unterteilt das Prinzip die Kunden eines Unternehmens in interne und externe Kunden und provoziert das Feedback des Kunden. So können Kundenbefragungen (extern) durchgeführt werden oder interne Kunden-Lieferanten-Beziehungen aufge-

Abb. 1.7 Der Ansatz von Kaizen

baut werden, bei dem die internen Kunden in der Lage sind, ihre Anforderungen und Mängel mitzuteilen.
3. Qualitätsorientierung: Als Ergänzung zu transparenten Prozessen ist auch die Messbarkeit der Qualität zu nennen. Neben umfangreichen Messverfahren und Mechanismen zur Erkennung von Abweichungen gilt der Grundsatz, dass die Situation immer „vor Ort" (Go Gemba) betrachtet werden muss (s. Abschn. 4.8.2).
4. Kritikorientierung: Kaizen lebt davon, dass die Arbeitsweise infrage gestellt wird, um jede Verschwendung von Material, Zeit und Geld zu vermeiden. Jeder Mitarbeiter trägt die Verantwortung Verbesserungsvorschläge zu machen. Inwiefern diese monetär prämiert oder auf andere Art und Weise wertgeschätzt werden, ist von Unternehmen zu Unternehmen unterschiedlich. Bei Philips Medical Systems wird einmal im Monat ein Verbesserungsvorschlag per Los gezogen und prämiert.
5. Standardisierung: Durch die stetige Verbesserung werden immer höhere Standards gesetzt. Die Standards werden zur Regel und ermöglichen, Abweichungen zu erkennen und den Qualitätsanspruch aufrechtzuerhalten.

Bei der Umsetzung von Kaizen werden Werkzeuge wie 5S (s. Abschn. 2.8.4), die 8W (s. Abschn. 3.8.1) oder die 7W-Checkliste häufig benutzt. Letzteres ist ein Hilfsmittel, um Verbesserungen im Unternehmen durch tägliches Hinterfragen der Arbeit zu erreichen:

- Was ist zu tun? (Was sollte getan werden?)
- Wer macht es? (Wer könnte es noch machen?)
- Warum macht er es? (Warum macht er es nicht anders?)
- Wie wird es gemacht? (Wie könnte es noch gemacht werden?)
- Wann wird es gemacht? (Wann könnte es noch gemacht werden?)
- Wo soll es gemacht werden? (Wo sollte es gemacht werden?)
- Wieso wird es gemacht? (Wieso wird es nicht anders gemacht?)

Worauf muss man achten?
Im Betriebsverfassungsgesetz ist die Organisation des Vorschlagwesens mitbestimmungspflichtig. Um den Mitarbeitern die Angst vor dem Arbeitsplatzverlust zu nehmen, schließen viele Unternehmen Betriebsvereinbarungen mit der Arbeitnehmervertretung, in denen der Umgang mit Vorschlägen und die Konsequenzen eindeutig geregelt sind.

Die Umsetzung lebt von der Transparenz. Häufig ist Kaizen – wie das Quick and Easy Kaizen von Philips (QEK Programm) – ein Bestandteil eines Shopfloor Boards (s. Abschn. 1.8.2), damit die Mitarbeiter den Überblick über wichtige Kennzahlen sowie den Bearbeitungsstand der eingereichten Vorschläge haben. Die Benutzung einer Polaroid-Kamera ist ein gutes Beispiel dafür, wie Leben in ein häufig verstaubtes Vorschlagswesen gebracht werden kann.

Es ist aufschlussreich, den „Puls" der Belegschaft zu fühlen. Philips erkundigt sich im Zuge einer Mitarbeiterbefragung auch gezielt danach, ob die Mitarbeiter sich ermutigt fühlen, Vorschläge zu erarbeiten und inwiefern sie sich beim QEK-Programm einbringen konnten. Schließlich gibt die Frage, ob die Ideen aus Sicht des Einzelnen auch umgesetzt werden, Hinweise darauf, wo möglicher Widerstand oder eine trübe Stimmung in der Belegschaft entstehen können.

1.8.4 Poka Yoke

Was ist das?
Poka Yoke ist ein Prinzip zur Fehlervermeidung und ist ein zentraler Bestandteil der japanischen Qualitätsphilosophie und Betriebssicherheit. Fehler entstehen, weil der Mensch nicht fehlerfrei ist – das wussten die Japaner schon lange. Der weit verbreitete Ruf nach ausgeklügelten Kontrollmechanismen greift zu kurz, denn mehr Kontrolle entdeckt die Fehler nur früher – vermieden werden sie nicht. Da Fehler auf Dauer eine Menge Geld kosten können, gilt es, die „dummen Fehler" (poka) von Anfang an zu vermeiden (yoke).

Um die Fehlerursache zu eliminieren, setzt das japanische Prinzip dabei auf einfache technische Vorkehrungen und verwechslungssichere Vorrichtungen, die auch im Alltag vorkommen und in Abb. 1.8 beispielhaft dargestellt sind: So unterscheiden sich die Durchmesser der Zapfpistolen an Tankstellen, um das versehentliche Tanken des falschen Kraftstoffes zu vermeiden. Die sogenannten Totmannschalter an Kettensägen, Zügen oder

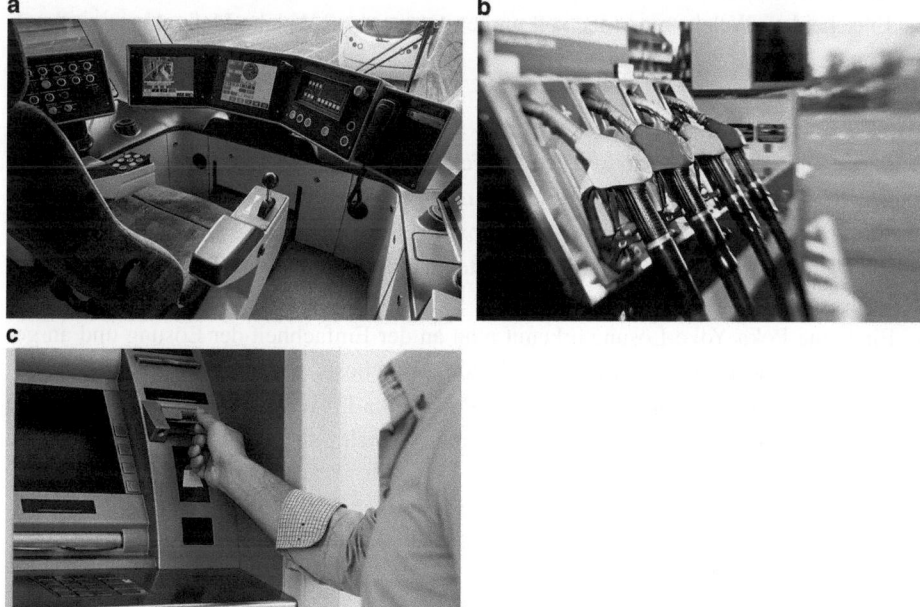

Abb. 1.8 Beispiele für Poka Yoke im Alltag. (Quellen: © ymgerman/Getty Images/iStock; © sanjagrujic/Getty Images/iStock; © mauro_grigollo/Getty Images/iStock)

Rasenmähern stoppen das Gerät, sobald man den Griff loslässt – ein unkontrollierter Gebrauch ist so nicht möglich. Bankautomaten geben erst dann das Geld frei, sobald die Karte entnommen wurde – niemand vergisst so seine Bankkarte.

Wie funktioniert das?

Es lassen sich präventive und reaktive Ansätze zur Anwendung von Poka Yoke unterscheiden. Der erste Ansatz (auch hartes Poka Yoke genannt) integriert Gestaltungsmaßnahmen am Produkt oder an den Betriebsmitteln, um einen Fehler nicht entstehen zu lassen. Die drei zuvor aufgeführten Beispiele gehören in diese Kategorie. Der reaktive Ansatz (auch weiches Poka Yoke genannt) läuft auf ein kontrolliertes Warnsystem hinaus. Durch im Prozess integrierte Prüfungen oder Hilfsmittel wird der Fehler so nah wie möglich an der Ursache entdeckt. Die Hinweislampe für einen zu niedrigen Ölstand oder die unterschiedlichen Farben von den in der Industrie verwendeten CEE-Steckern, reduzieren das Risiko der Verwechslung. Doch wie kommt man auf diese Lösungen?

Der Weg zu einer Poka-Yoke-Lösung besteht aus vier Schritten:

1. Fehler analysieren: Was ist die Ursache? (s. Abschn. 2.8.3)
2. Ideenfindung: Mit wem kann man ein Brainstorming durchführen, um zehn Ideen zu sammeln? (s. Abschn. 1.8.5)
3. Bewertung: Welche zwei bis fünf Ideen sind aus technischer, zeitlicher und wirtschaftlicher Sicht machbar?
4. Entscheiden: Welche eine Idee soll umgesetzt werden? Welche Maßnahmen sind notwendig?

Worauf muss man achten?

Durch den präventiven Ansatz werden die Fehler zu 100 % eliminiert (Zapfpistole an der Tankstelle) – der reaktive Ansatz erreicht mit großer Wahrscheinlichkeit eine Null-Fehler-Qualität beim Endprodukt (Hinweislampe bei niedrigem Ölstand). Es bietet sich an, die Ansätze zur Fehlervermeidung bei Tätigkeiten anzuwenden, die sich häufig wiederholen und eine konstante Wachsamkeit benötigen.

Eine gute Poka-Yoke-Lösung erkennt man an der Einfachheit der Lösung und an geringen Investitionskosten – getreu dem Motto: „Mind beats money".

Der beste Zeitpunkt zur Integration von Poka-Yoke-Lösungen ist bei der Entwicklung von neuen Prozessen. Eine 60 %-Lösung bringt so mehr, als eine aufwendige und teure Lösung in ferner Zukunft.

1.8.5 Kreativitäts-Tools

Was ist das?

Das gezielte Erzeugen von Ideen ist eine Wissenschaft für sich und der in diesem Abschnitt unternommene Exkurs wird einer adäquaten Beleuchtung des Themas nicht gerecht. Der flüchtige Blick über den Tellerrand ist dennoch lohnenswert, weil es genügend Probleme bei der Einführung von Lean Management gibt. Was schadet es also, das Repertoire an projektbegleitenden Werkzeugen zu erweitern?

6-3-5 Methode
Diese Methode benötigt sechs Teilnehmer, die jeweils ein Blatt Papier mit 18 Kästchen (drei Spalten und sechs Zeilen) ausgeteilt bekommen. Nachdem das Ziel des Brainstormings definiert wurde, hat jeder Teilnehmer die Gelegenheit – im Rahmen eines individuell festgelegten Zeitfensters – seine erste Idee in die erste Zeile zu schreiben. Im Anschluss wird das Papier im Uhrzeigersinn weitergegeben. Nun greift jeder die Idee des Vorgängers auf und entwickelt diese weiter. Wenn die Blätter Papier fünf Mal weitergereicht werden, entstehen bei einer Bearbeitungszeit von jeweils fünf Minuten bis zu 108 Ideen in einer halben Stunde.

Anti-Lösung-Brainstorming
Diese Methode (auch Kopfstandtechnik genannt) setzt auf die Logik: „Wenn ich genau weiß, was ich nicht will, hilft mir das beim Definieren dessen, was ich will." Mit dem Fokus auf das Gegenteil des zu untersuchenden Problems, öffnen sich Perspektiven, Ideen und Lösungen, die sonst nicht gesehen wurden. So wird „Wie überzeugen wir die Mitarbeiter von 5S?" zu „Wie gelingt es uns, dass alle Mitarbeiter 5S ablehnen?".

Was müsste dafür passieren? Welche Aktivitäten müssten unternommen werden? Welche Konsequenzen – sowohl positiv als auch negativ – ergäben sich daraus? Schließlich werden die „negativen Ideen" wieder ins Positive gedreht: Was muss unternommen werden, um diese negative Entwicklung zu verhindern? Dieser Perspektivenwechsel lebt davon, dass wir schnell wissen, was und warum etwas nicht funktioniert – Fehler, Stolpersteine und Probleme sehen wir viel klarer als Lösungen.

Alphabetische Technik
Bei dieser Methode werden zunächst in einer Spalte die Buchstaben des Alphabets notiert. Während sich die Frage- oder Problemstellung vor Augen geführt wird, wird zu jedem Buchstaben ein Begriff geschrieben, das mit dem Buchstaben beginnt. Die Begriffe sollten im weitesten Sinne mit der Thematik zu tun haben. Aus heiterem Himmel verspricht man sich so neuen Input und Ideen.

Sechs Hüte
Die Methode des kreativen Vordenkers Edward de Bono basiert auf sechs farbigen Hüten, die unterschiedliche Denkrichtungen symbolisieren. Wenn keine Hüte vorhanden sind, reichen auch farbige Karteikarten aus. Diese werden mit den jeweiligen Überschriften versehen:

- Weiß: Objektiv und neutral – Welche Daten sind relevant? Was sagen die Fakten?
- Rot: Subjektives Empfinden, persönliche Meinung – Was sagt das Bauchgefühl?

- Schwarz: Kritisch, zweifelnd – Was könnte schlecht oder falsch laufen?
- Gelb: Positiv, optimistisch – Was ist das Gute daran? Angenommen, das Problem ist gelöst, was wäre dann anders?
- Grün: Querdenken, neue Ideen – Was könnte man anders machen, wenn es nochmal von vorne gemacht werden würde?
- Blau: Lösungsorientiert – Welche Maßnahmen machen Sinn? Was sind auf Basis der unterschiedlichen Denkrichtungen die nächsten Schritte?

Ideen-Evaluierung

Bei dieser Methode handelt es sich nicht um eine Kreativitätstechnik, sondern eine Checkliste, um die mit Hilfe von anderen Tools generierten Ideen zu validieren. Forscher der Universität Princeton haben die in Abb. 1.9 dargestellten Fragen dafür entworfen.

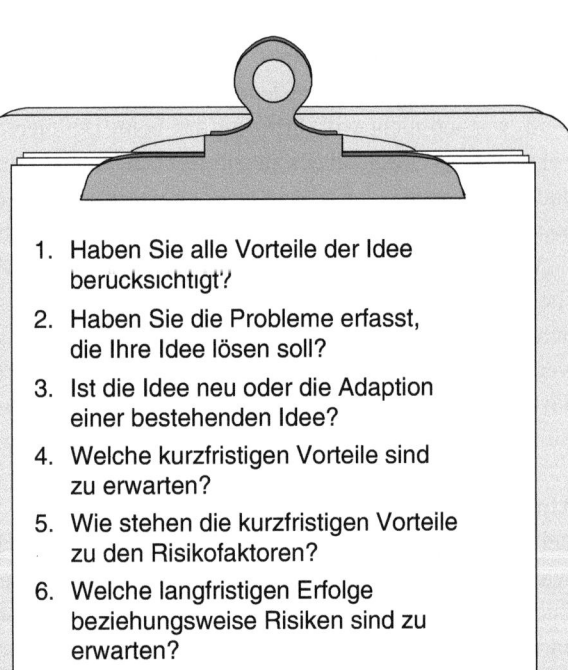

Abb. 1.9 Checkliste zur Evaluierung von Ideen. (Quelle: In Anlehnung an Andler 2015, S. 218)

1. Haben Sie alle Vorteile der Idee berücksichtigt?
2. Haben Sie die Probleme erfasst, die Ihre Idee lösen soll?
3. Ist die Idee neu oder die Adaption einer bestehenden Idee?
4. Welche kurzfristigen Vorteile sind zu erwarten?
5. Wie stehen die kurzfristigen Vorteile zu den Risikofaktoren?
6. Welche langfristigen Erfolge beziehungsweise Risiken sind zu erwarten?
7. Was sind die Limitationen der Idee?
8. Verursacht die Idee möglicherweise Probleme an anderen Stellen?
9. Wie einfach ist die Umsetzung der Idee?
10. Gibt es mehrere Variationen der Idee?

1.8.6 Hoshin Kanri

Was ist das?

Hoshin (Kompass) Kanri (Kontrolle) ist ein Planungs- und Steuerungssystem, das darauf abzielt, die wichtigsten Ziele einer Organisation umzusetzen, indem es alle Mitarbeiter mit und ohne Personalverantwortung in einen Kaskadierungsprozess einbindet. Bei Philips in Hamburg hat man die Erfahrung gemacht, dass sieben von zehn Unternehmensstrategien zwar richtig sind, aber nicht umgesetzt werden. Nur 14 % der Manager, heißt es in einer Philips-Präsentation zu Hoshin Kanri, glauben daran, dass die Umsetzung ihrer Strategie erfolgreich sein wird – ein ernüchternder Wert.

Wie funktioniert das?

Das System basiert auf drei Schritten:

1. Der Kapitän eines Schiffes instruiert – abhängig von den Bedingungen auf hoher See – Kurs und Geschwindigkeit eines Schiffes. Gleiches gilt für ein Unternehmen – die Vision und Fahrtrichtung des Unternehmens wird vom Topmanagement entwickelt, indem es sich die Frage beantwortet: Wohin wollen wir? Die Vision wird daraufhin in die sogenannten „durchschlagenden Ziele" übersetzt: Was wollen wir erreichen? Diese sind mittel- bis langfristige Ziele, die zwischen drei bis fünf Jahre in Anspruch nehmen können. Diese werden wiederum auf Jahresziele heruntergebrochen.
2. Um den Kurs des Schiffes beizubehalten, müssen die unterschiedlichen Funktionsbereiche eines Schiffes zusammenarbeiten. So müssen sich der Maschinenraum mit dem Oberdeck und dem Ausguck abstimmen. Um ein Unternehmen in sicherem Gewässer zu halten, braucht es ähnliche Abstimmungswege. Deshalb werden die „Durchbruchsziele" über alle Ebenen und Funktionsbereiche vertikal und horizontal vernetzt, indem jeder Bereich – von der Produktion über den Vertrieb bis hin zur Logistik – die Frage beantwortet: Was müssen wir tun, um unsere Ziele zu erreichen? Zur grafischen Übersicht dieser komplexen Vernetzung dient die X-Matrix.
3. Für die eigentliche Arbeit in den Funktionsbereichen eines Schiffes sind Anweisungen des Kapitäns nicht mehr notwendig. Jeder hat seine Aufgabe zuverlässig zu erfüllen. Um dies im Tagesgeschäft umzusetzen, wird das „Daily Management" der Mitarbeiter immer an der funktionsspezifischen Zielerfüllung ausrichten. Methoden wie die Shopfloor Boards bei Philips (s. Abschn. 1.8.2) dienen dabei als Werkzeug zur Selbstkontrolle. Mit Hilfe von messbaren Zielvorgaben hinsichtlich QDIP (Quality, Delivery, Inventory und Productivity) machen die Hamburger die Fahrtrichtung ihres Schiffes farblich sichtbar.

Die Abb. 1.10 stellt die Inhalte der X-Matrix dar. Sowohl der Standortleiter Dude als auch seine Führungskräfte und deren Mitarbeiter am Shopfloor nutzen dieses Werkzeug mit heruntergebrochenen Inhalten, um eine einheitliche Richtung zu verfolgen.

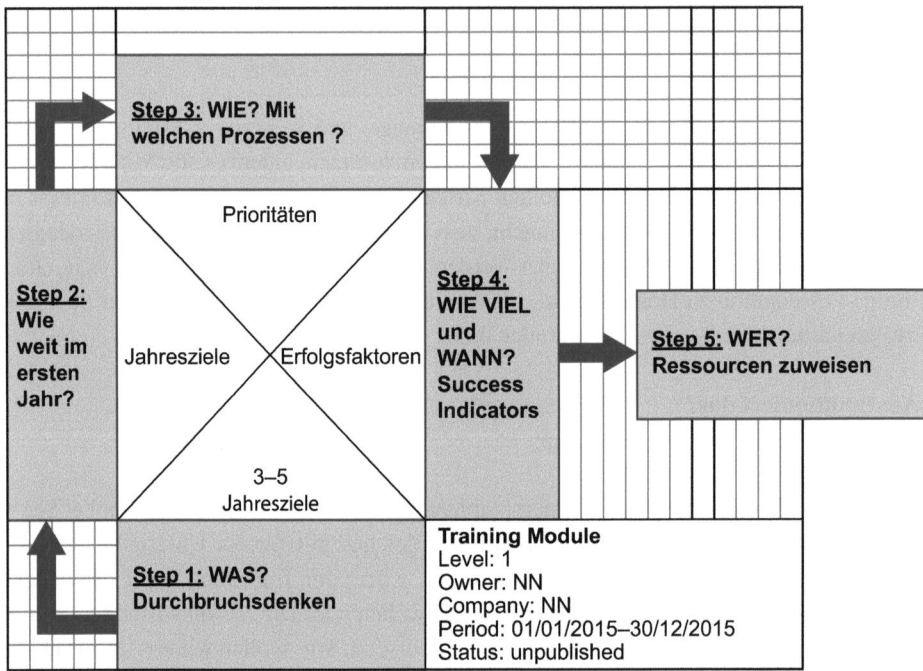

Abb. 1.10 Hoshin Kanri: Die X-Matrix. (Quelle: Philips)

Worauf muss man achten?
Um Hoshin Kanri Leben einzuhauchen, bedarf es methodischer Hilfsmittel und die nötige Qualifizierung der Mitarbeiter. Tools wie A-3-Reports (s. Abschn. 4.8.1), Kaizen (s. Abschn. 1.8.3), PDCA oder Fischgräten-Diagramme (s. Abschn. 2.8.3) gehören zum täglichen Handwerkszeug.

Vor der Einführung des Planungs- und Steuerungssystems können sich die Verantwortlichen darauf einstellen, dass manche Führungskräfte nicht mitmachen wollen: „Wir machen das ja schon", „so weit in die Zukunft können wir nicht planen" und „wir haben keine Zeit dafür" sind beliebte Ausreden. Der Mehrwert ist herauszuarbeiten: Dieser liegt in der nachvollziehbaren Stringenz, dem cross-funktionalen Netzwerk und der systematischen Einbindung und Ausbildung der Mitarbeiter.

Literatur

Andler, N. (2015). *Tools für Projektmanagement, Workshops und Consulting*. Erlangen: Publicis.

Dahm, M., & Brückner, A. (2014). *Operational Excellence mittels Transformation Management. Nachhaltige Veränderung im Unternehmen sicherstellen – Ein Praxisratgeber*. Wiesbaden: Springer Gabler.

Literatur

Drew, J., McCallum, B., & Roggenhofer, S. (2005). *Unternehmen Lean – Schritt zu einer neuen Organisation*. Frankfurt am Main: Campus.

Ohno, T. (1993). *Das Toyota Produktionssystem*. Frankfurt am Main: Campus.

Toepfer, A. (2009). *Lean Six Sigma: Erfolgreiche Kombination von Lean Management, Six Sigma und Design for Six Sigma*. Heidelberg: Springer.

Raytheon Anschütz

2

> *Nach zwei Jahren haben wir gemerkt, dass wir keinen mehr brauchen, der uns erklärt, wie Lean funktioniert. Wir brauchten jemanden, der den Veränderungsprozess begleiten kann – unser Lean Coach ist heute die Seele der Lean-Implementierung.*
> (Dr. Andreas Mues, Director Engineering Raytheon Anschütz)

2.1 Um wen geht es?

„What we really like about the stars is that they are fixed. Because that is what you need in Navigation. Something fixed you can rely on when there is nothing but an Ocean around you. Something to determine where you are and where you heading."

Das traditionsreiche Geschäftsmodell von Raytheon Anschütz lebt zu gleichen Teilen von den Wundern der Natur und den Wundern des menschlichen Gehirns – 1905 gründete der geniale Tüftler Dr. Hermann Anschütz-Kaempfe die Firma Anschütz in Kiel. Seine Erfindungen wie der Kreiselkompass oder der Kugelkompass (dessen Grundprinzip bis heute Anwendung findet) profitierten vom Bedarf der Rüstungsindustrie zu Beginn des 20. Jahrhunderts. Als der Zweite Weltkrieg ausbrach, waren alle Kriegsschiffe der Welt – bis auf die der Alliierten – mit Anschütz-Kompassen ausgestattet. Anschütz, der bei seinen Erfindungen teilweise von seinem Freund Albert Einstein unterstützt wurde, übertrug 1930 seine Firmenanteile der Carl-Zeiss-Stiftung – am 6. Mai 1931 starb Hermann Anschütz. Das starke Aufrüsten der Nationalsozialisten führte anschließend zunächst zu starkem Wachstum, bis Bomben zum Ende des Krieges sämtliche Produktionsstätten schwer trafen oder völlig zerstörten. Erst 1955 erreichte man mit 250 Mitarbeitern wieder den Vorkriegsstand. Der Fokus der Carl-Zeiss-Stiftung lag, als exklusiver Zulieferer für die Carl Zeiss AG, jedoch auf der Verwaltung der Vergangenheit. Um die Zukunft wieder zu gestalten, brauchte es 1995 den Rüstungsriesen Raytheon. Die Amerikaner – als Erfinder der Mikrowelle und als Vorreiter von Flugabwehrsystemen ähnlich einfallsreich – kauften die verstaubte deutsche Ideenschmiede. 1999 initiierte man in Übersee eine konzernweite Six-Sigma-Implementierung[1], um eingefahrene Strukturen, unflexible Prozesse und eklatante Qualitätsmängel aufzubrechen. Inmitten des um die Jahrtausendwende herrschenden Six-Sigma-Hypes, der vor allem durch die spektakuläre Erfolgsgeschichte von General Electric und (Neutronen) Jack Welch verursacht wurde, gelang es im Zuge von Raytheon6Sigma das Ruder bis 2005 auch in Kiel herumzureißen: Aus Jahresfehlbeträgen wurde eine operative Gewinnmarge von sechs Prozent, der Umsatz stieg um 50 % und die Schulden wurden getilgt. Betriebswirtschaftlich konnte sich Raytheon Anschütz wieder selbstbewusst präsentieren.

Heute betreibt die Raytheon Anschütz GmbH Forschung, Entwicklung, Herstellung, Vertrieb sowie anwendungstechnische Beratung auf dem Gebiet von nautischen Navigations- und Steuerungsinstrumenten. Das Kieler Unternehmen ist seit über einem Jahrhundert in der maritimen Welt für Qualität „Made in Germany" bekannt und bewährt. Mehr als 30.000 Schiffe aus den Bereichen Commercial (wie Container-, Fracht- und Versorgungsschiffe oder Megayachten) und Defense (wie Marineschiffe, Küstenwache, U-Boote oder die Hafenpolizei) nutzen die Produktpalette, die von Kompassen, elektronischen Seekarten und Funkanlagen über komplett integrierte Navigations- und Brückensysteme bis hin zu Lösungen für die Überwachung von Küsten, Häfen und Offshore-Plattformen reicht. Aber seit ein paar Jahren spüren der Firmensitz mit mehr als 500 Mitarbeitern und die an den weltweit entlang aller wichtigen Schifffahrtsrouten positionierten über 200 Servicestellen eine Veränderung des Marktes und seiner Kunden – die Marinen, Reedereien und Werften dieser Welt. Es fällt Raytheon Anschütz immer schwerer, das Kundenversprechen „Where you navigate – we are with you" bei gleichzeitiger „Made in Germany-Qualität" sicherzustellen – seit 2015 hat der Seegang stark zugenommen. Was ist passiert?[2]

2.2 Warum wurde Lean eingeführt?

Raytheon Anschütz blickt auf zwei erfolgreiche Jahresergebnisse in 2014 (115 Mio. €) und 2015 (120 Mio. €) zurück. Wo man noch im Jahr 2014 die Nachfrage des Marktes kaum bedienen konnte, so war eine Veränderung zur Mitte des Jahres 2015 spürbar – die Stückzahlen gingen bis zu 30 % zurück, da der globale Schiffsmarkt in den letzten Jahren erhebliche Überkapazitäten aufgebaut hatte. Um ein Gefühl für die Dimensionen zu bekommen: In guten Jahren kamen pro Monat bis zu 250 Schiffe auf den Markt – in den Monaten Februar und März 2016 waren es zusammen lediglich sechzehn Neu-Bestellungen.

---

[1] Six Sigma (6σ) ist ein Managementsystem zur Prozessverbesserung, statistisches Qualitätsziel und zugleich eine Methode des Qualitätsmanagements. Im Kern geht es um die Beschreibung, Messung, Analyse, Verbesserung und Überwachung von Geschäftsvorgängen mit statistischen Mitteln.

[2] Die Erkenntnisse dieses Kapitels beruhen auf den Interviews mit Ralf-Peter Lauck (Director Operations), Dr. Andreas Mues (Director Engineering), Thomas Harlander (Director Raytheon Six Sigma) und Aydin Arpacioglu (Head of Industrial Engineering).

2.2 Warum wurde Lean eingeführt?

„Die Überkapazitäten entstanden, weil nicht mehr die Reedereien bestellen, sondern spekulierende Schiffsfonds, die sich scheinbar nicht ausführlich genug mit den Bedarfen des Marktes beschäftigt haben", erläutert Director Operations Ralf-Peter Lauck. Der Rückgang der Stückzahlen ist demnach ein natürlicher Bereinigungsprozess, was es aber nicht besser macht. Erschwerend kommt hinzu, dass das Geschäft mit den Chinesen schwächelt und der niedrige Rohölpreis das Nischengeschäft im Offshore-Markt verhagelt. In Summe beläuft sich die Umsatzprognose auf 106 Mio. € in 2016. „Diese Delle war für uns absehbar", sagt Dr. Andreas Mues, der die Entwicklungsaktivitäten in Kiel leitet. „Wenn ein Schiff kontrahiert wird, dauert es 15 bis 18 Monate bis wir einen Auftrag bekommen." Lauck ergänzt: „Genauso werden wir die 16 kontrahierten Schiffe aus Februar und März 2016 erst in eineinhalb Jahren spüren." Für gewöhnlich stellen die beiden Geschäftsfelder Commercial und Defense eine negative Korrelation dar – so wie es sich jetzt darstellt, wird dies im Jahr 2018 nicht mehr der Fall sein. „Auch die Aufträge im Defense-Bereich haben nicht mehr die Steigerungsraten wie in der Vergangenheit", sagt Lauck, der seit 32 Jahren im Unternehmen arbeitet, „wenn beide Werte in 2018 im Keller sind, ist das eine neue Situation für uns. Das könnte stürmisch werden."

Nachdem die 1999 eingeführte Six-Sigma-Initiative im Jahr 2005 als erfolgreich abgeschlossen galt, schliefen die Verbesserungsaktivitäten mehrheitlich ein – die komfortablen Wachstumsraten im Schiffmarkt taten ihr Übriges. Dennoch treibt die Kieler Konzerntochter nicht naiv auf offenem Meer herum, sondern antizipierte die aufkommenden Gewitterwolken frühzeitig. Die Antwort auf die veränderten Marktbedingungen setzt sich seit einigen Jahren aus vier Teilen zusammen:

1. Organisation umbauen: Die Geschäftseinheit Commercial wurde zur Stärkung des Produktgeschäftes neu strukturiert. Fokus lag dabei auf den Produkten für Megayachten.
2. After Sales forcieren: Da mittlerweile ein Drittel des Geschäfts durch Serviceleistungen generiert wird, wurden an wichtigen Standorten für die Schifffahrt Servicekapazitäten aufgebaut. In Shanghai, Singapur, Brasilien und Panama entstanden Verkaufsbüros und Serviceeinheiten.
3. Innovation fördern: Um die Zielsicherheit der Investitionen zu erhöhen, wurde das „Road Mapping" der Forschung und Entwicklung überarbeitet. Ein Investitionsvolumen von 16 Mio. € soll zukunftsgerechter geplant werden – die erste Hälfte ist eigenes Forschungsinvestment und die zweite wird durch kundenspezifische Auftragsentwicklung generiert.
4. Raytheon6Sigma wiederbeleben: Die Konzernführung und die Geschäftsführung in Deutschland haben sich 2013 mit einer „Qualifizierungswelle" noch einmal neu zum Optimierungsprogramm verpflichtet. Das Zielbild ist ein verschwendungsarmes Geschäftsmodell, das als Führungskultur in der Organisation verankert werden soll. Die Konzernführung lässt den methodischen Schwerpunkt der Initiative offen. Lauck und Mues, die jeweils die Initiativen in ihren Bereichen verantworten, sind begeisterte Lean-Praktiker und definieren Raytheon6Sigma (R6S) als Steigerung der Wertschöpfung durch die japanische Verbesserungsphilosophie.

Hintergrundinformation: Wertschöpfung versus Verschwendung

Das Bekenntnis zur Reduktion von Verschwendung bildet das Fundament des Toyota-Produktionssystems. Mit einem Bündel aus Grundsätzen, Methoden und Werkzeugen wird ein systematischer Ansatz zur Beseitigung von nicht-wertschöpfenden Faktoren (auch „muda" genannt – jap. für Verschwendung) verfolgt, um einen kontinuierlichen Fluss von Materialien und Informationen zu ermöglichen. Kaum ein produzierendes Unternehmen hat es nicht versucht, Teile der Toyota-Philosophie umzusetzen – in zahlreichen Statistiken belegt Toyota hinsichtlich der Kriterien Qualität, Zuverlässigkeit und Preis-Leistungsverhältnis erste Plätze.

Definition Wertschöpfung: Aktivitäten oder auch Nutzleistungen genannt, die aus Sicht des Kunden schon bei erstmaliger Ausführung zu einer Wertsteigerung des Produktes führen. Diese Aktivitäten sind geplant und stetig zu optimieren, damit die Kundenanforderung vollständig und wirtschaftlich erfüllt werden kann. Beispiele für wertschöpfende Tätigkeiten: Konstruktion, Montage oder Maßnahmen zur Erhöhung des ideellen Wertes des Produktes (Marketing).

Definition Offensichtliche Verschwendung: Aktivitäten oder auch Blind- und Fehlleistungen genannt, die ungeplant und weder direkt noch indirekt zu einer Wertsteigerung des Produktes führen. Ein Kunde erachtet diese Tätigkeiten als nicht wesentlich und ist nicht bereit, dafür zu zahlen. Im Rahmen der Prozessoptimierung sind diese Aktivitäten auf ein Minimum zu reduzieren. Beispiele sind Zwischenlagerung, Mehrfacharbeit, Fehler in der Produktion oder Nacharbeit.

Definition Verdeckte Verschwendung (indirekte Wertschöpfung): Aktivitäten oder auch Stützleistungen genannt (im engl. value-enabling), die nur indirekt zur Wertsteigerung des Produktes führen, indem sie wertschöpfende Tätigkeiten unterstützen. Diese Aktivitäten sind auf das für die Organisation notwendige Minimum zu reduzieren. Beispiele sind Rüstzeiten oder das Erstellen von Statistiken im Unternehmenscontrolling.

„Muda" ist, wenn mehr produziert als tatsächlich gebraucht wird, wenn Mitarbeiter auf ihren Einsatz warten und dabei untätig sind, wenn überflüssige Tätigkeiten ausgeführt werden oder wenn im Nachhinein Nacharbeiten anfallen. Die sieben Arten der Verschwendung, die den Produktionsfluss stören können, werden in der Literatur und Praxis mittlerweile um eine achte Art ergänzt: die nicht genutzte geistige Kapazität der Mitarbeiter. Man stellte immer häufiger fest, dass Teile der Belegschaft an der Basis schon lange wissen, was falsch läuft und wie man das Problem lösen kann. Wenn dieses Wissen nicht genutzt wird, wird eine Menge an potenzieller Wettbewerbsfähigkeit verschwendet und der Folgeschaden durch frustrierte Mitarbeiter unterschätzt. Die Abb. 2.1 gibt einen Überblick über die acht Arten der Verschwendung.

2.2 Warum wurde Lean eingeführt?

Intellekt	Überproduktion	Wartezeiten
Den intellektuellen Beitrag/geistige Ressourcen der Mitarbeiter nicht nutzen	Mehr produzieren, als der Kunde nachfragt	Mitarbeiter sind untätig, während sie auf ihren Einsatz im Prozess warten

Nacharbeit		Bewegung
Nachbearbeiten oder Korrekturen ausführen		Überflüssige körperliche/mentale Bewegung, die keinen Mehrwert bietet

Lager	Ausschuss	Transport
Herstellen und lagern von Dienstleistungen/Produkten, die der Kunde nicht bestellt hat	Produkte weichen in der Qualität zu stark vom vorgegebenen Standard ab	Produkte mehrfach von Ort zu Ort hin- und hertransportieren

Abb. 2.1 Verschwendung. (Quelle: Dahm und Brückner 2014, S. 20)

Lean im Engineering – warum?

Andreas Mues ist Doktor der Physik und seit 2012 im Unternehmen tätig. In seine Verantwortung fallen 130 Mitarbeiter aus den sechs Abteilungen zivile Softwareentwicklung, militärische Softwareentwicklung, zwei militärische Systemabteilungen, Konstruktion und Elektronikentwicklung. „Ich merkte, dass wir das Arbeiten grundsätzlich infrage stellen müssen, bevor wir einen nachhaltigen Anspruch auf kontinuierliche Verbesserung haben können, um die zukünftigen Herausforderungen meistern zu wollen.", sagt Mues. Sein Fokus lag dabei auf dem Umgang mit ein- bis zweijährigen Projekten, insbesondere in einem von Vorgaben und zu erfüllenden Richtlinien dominierten Defense-Geschäft. „Wir müssen die Projekte nach vorgegebenen Prozessen bauen, sonst bekommen wir keine Aufträge." Hinzu kommt, dass bei sogenannten „Supplier Assessments" der großen Rüstungshersteller – Raytheon produziert nur wenige Produkte für den Mutterkonzern in Massachusetts – Lean-spezifische Fragen eine immer stärkere Bedeutung gewinnen. „Ich habe mich über eineinhalb Jahre auf Seminaren und Fachkongressen herumgetrieben und kam zu dem Schluss, dass viele Teile von Lean gesunder Menschenverstand sind. Die Methode passte am besten zu unserer Herausforderung, die Arbeitsweisen in der Entwicklung zu hinterfragen."

Lean in den Operations – warum?

Ralf-Peter Lauck ist Six Sigma Black Belt und hat das frühere Raytheon6Sigma-Programm am Standort Deutschland federführend mitgestaltet. Als Director Operations führt er 220 Mitarbeiter in den vier Abteilungen Einkauf und Beschaffung, Logistik, Supply Chain und Produktion. „Ich verfolge nicht den klassischen Produktivitätsansatz und finde heraus, wie die Leute noch schneller schrauben können. Ich frage uns, was hält uns denn überhaupt von Produktivität ab?" Die Fragestellung bestimmt das Denken. Thomas Harlander, Abteilungsleiter Supply Chain und offiziell für die Umsetzung von R6S verantwortlich, hebt die Ernsthaftigkeit des Wettbewerbs hervor: „Der Markt drückt, unsere Margen erodieren, also müssen wir runter mit den Herstellungskosten." Der Ruf nach Verschwendungsvermeidung wird damit lauter und die Lean-Methode adressiert, gemäß Lauck, einen weiteren relevanten Aspekt: „Wenn die Mitarbeiter nicht verstehen, was sie tun, dann irren sie durch die Gegend. Verbesserung ist dann nicht möglich." Es geht darum, dass Führungskräfte und Mitarbeiter Verständnis für die Arbeit in ihrer Funktion entwickeln: „Was mache ich den ganzen Tag? Was passiert um mich herum? Warum machen wir das so? Wie könnte es anders aussehen?", sind die Fragen, die Lauck mit Lean beantworten und auf diese Weise die Belegschaft „empowern" will. Mit dieser Verantwortung und Klarheit kann Komplexität reduziert und Störungen gelöst werden – Fähigkeiten, die es in Zukunft auf offener See braucht.

Hintergrundinformation: Six Sigma: Der Krieg gegen Fehler
Bei Lean (Six) Sigma trifft der eher philosophische Ansatz mit fernöstlichen Wurzeln zur Verschwendungsvermeidung Lean Management auf das quantitative Konzept zur „Null-Fehler-Qualität" Six Sigma. Die methodische Überzeugung: Durch eine Synthese können die Konzepte voneinander profitieren – durch Six Sigma wird die Qualität der Prozesse erhöht und durch Lean Management ihre Geschwindigkeit. Im Folgenden (siehe auch Tab. 2.1) soll ein Blick auf das methodische Leistungsversprechen von Six Sigma und die Unterschiede zum Lean Management geworfen werden.

Das Kernelement aller Six-Sigma-Projekte ist eine Prozessoptimierung, die zum Ziel hat, dass nur noch 3,4 Fehler pro einer Million Fehlermöglichkeiten (Defects per Million Opportunities – DPMO) auftreten. Dies entspricht einer Qualität von 99,997 %. Dieses sogenannte 6σ-Niveau würde auf dem Golfplatz bedeuten, dass nur 3,4 von einer Million Abschläge nicht mit einem Schlag eingelocht werden. Die methodische Grundhaltung geht auf Bill Smith, einen Produktionsingenieur des US-Technologie Unternehmens Motorola und das Jahr 1986 zurück: Fehler sollen nicht während des Prozesses behoben, sondern erst gar nicht gemacht werden (vgl. Dahm und Brückner 2014, S. 30).

Durch die flächendeckende und öffentlichkeitswirksame Einführung bei General Electric im Jahre 1996 gelang die Methodik zu breiterer Bekanntheit. Der damalige CEO des US-Konzerns Jack Welch brachte Six Sigma als Instrument des strategischen Managements zur Perfektion (vgl. Dahm und Brückner 2014, S. 31; Toepfer 2009, S. 48 f.). GE erreichte bilderbuchartige Rekordergebnisse, steigerte den Un-

2.2 Warum wurde Lean eingeführt?

ternehmensgewinn um drei Mrd. US-Dollar und brachte durch den „Krieg gegen Fehler" ein operatives Wachstum von 15 % zustande (vgl. Kroslid 2003, S. 24; Dahm und Haindl 2011, S. 80; Toepfer 2009, S. 50 f.).

Das zentrale Werkzeug innerhalb eines Six-Sigma-Projektes ist der sogenannte DMAIC-Zyklus (Akronym für Define, Measure, Analyze, Improve und Control). Durch dieses Vorgehen wird sichergestellt, dass der zu verbessernde Prozess genauestens definiert, analysiert, gemessen, verbessert und kontrolliert wird. Für die Umsetzung der Projekte existiert eine klare Definition der Rollen und Verantwortlichkeiten (vgl. George 2002, S. 84). Die praktische Anwendung orientiert sich an dem Gürtelsystem aus der asiatischen Kampfsportart Karate (vgl. George 2002, S. 72 ff.; Toepfer 2009, S. 288 ff.). Der Initiator, Mentor und Verantwortliche der Six-Sigma-Initiative ist der Champion. „Master Black Belts" (MBB – Six-Sigma-Experte) und „Black Belts" (BB – hohe Fachkompetenz) sind von anderen Tätigkeiten im Unternehmen freigestellt und agieren als Trainer und Ausbilder (MBB) bzw. als Projektmanager (BB). Der „Green-Belt" (GB – fachlich versiert), zu ca. 40 % für die Initiative freigestellt, ist als Leiter von kleineren Six-Sigma-Projekten aktiv und geht danach wieder seinen Linientätigkeiten nach. Als „Yellow-Belt" (YB – Fachmann) werden Teammitglieder bezeichnet, die an Basis-Schulungen in Six Sigma teilgenommen haben, aber nur zu ca. 20 % für anfallende Aufgaben freigestellt werden.

Tab. 2.1 Abgrenzung zwischen Lean Management und Six Sigma

	Lean Management	Six Sigma
Ziel	Verschwendung vermeiden und Wertschöpfung steigern	Fehler vermeiden und Erfüllen der Kundenanforderungen steigern
Ansatz	Kleine Verbesserungen (inkrementell)	Große Verbesserungen (durchbrechend)
Ablauf	Workshop-orientiert	Projektorientiert
Mehrwert	Zeit einsparen	Kosten einsparen
Methodischer Fokus	Pull-Prinzip (fließende Fertigung)	DMAIC-Zyklus
Beteiligte	Alle werden beteiligt	Ausbildung von Spezialisten (Yellow bis Black Belt)
Werkzeug	Tools basieren auf Beobachten und gesundem Menschenverstand	Tools basieren auf statistischen Daten und mathematischen Analysen

2.3 Wie wurde Lean eingeführt?

Die Einführung von Lean steht für Raytheon Anschütz als Tochterunternehmen eines amerikanischen Großkonzerns in einem Spannungsfeld zwischen Eigenverantwortung und Konzernleitplanke. So müssen Trainingselemente zentral abgestimmt sein und im Einklang mit dem Leitbild des Konzerns stehen. Bei der Umsetzung ist Kiel bis auf eine monatliche Regelkommunikation mit den Amerikanern weitestgehend autark. Die „lange Leine" ist fester Bestandteil der Konzernpolitik: „Man ist in Amerika berechtigterweise der Ansicht, dass der Konzern zu unterschiedliche Geschäftsmodelle umfasst", erklärt Lauck, „die kann man nicht über einen Kamm scheren. Das Ziel, verschwendungsarme Geschäftsmodelle zu etablieren, bedeutet in der Umsetzung auf geschäftsspezifische Besonderheiten einzugehen." Da stößt die Standardisierung eines methodischen Deployment an ihre Grenzen.

Die Abb. 2.2 zeigt eine Übersicht über die Ausbildungsstufen: „Es heißt immer noch R6S, aber da ist deutlich weniger klassisches Six Sigma drin", stellt Harlander klar, „es wurden aus Amerika einige Elemente hinzugefügt, wie Change-Management, die Theory of Constraints[3] oder eben der Lean-Baukasten." Der Konzern gibt vor, dass 95 % der Mitarbeiter zu Spezialisten ausgebildet werden sollen und neu eingestellte Mitarbeiter sollen innerhalb des ersten Jahres ihr erstes R6S-Projekt durchführen. Bislang sind in Kiel 40 % der Mitarbeiter Spezialisten und auch bei neuen Mitarbeitern hakt es: „Die Vorgabe, im ersten Jahr ein Projekt durchzuführen, ist für uns kaum zu schaffen, weil wir die Lean-Stringenz noch nicht im Einarbeitungsplan berücksichtigt haben", erklärt Harlander. Des

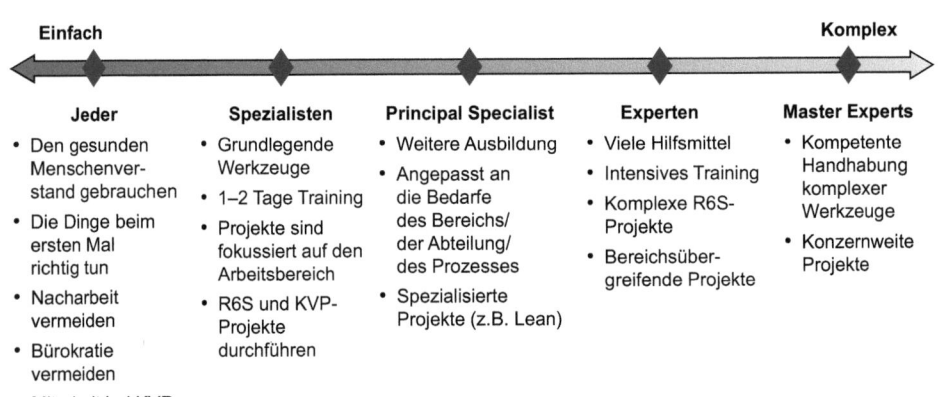

Abb. 2.2 Die konzernweiten R6S-Ausbildungsstufen. (Quelle: In Anlehnung an Raytheon Anschütz)

---

[3] Theory of Constraints (TOC) ist ein auf Engpassressourcen fokussiertes, kybernetisches Modell des wirtschaftlichen Handelns. Die Einfachheit des Modells erlaubt seine Anwendung in der strategischen Unternehmensplanung bis hin zu operativen Entscheidungsfindungen.

2.3 Wie wurde Lean eingeführt?

Weiteren erwartet der Konzern, dass ein Prozent der Belegschaft zu Experten ausgebildet wird – davon gibt es am Standort Kiel mit knapp über 500 Mitarbeitern gleich zehn, aber nur zwei, die für die Tätigkeit freigestellt sind. „Die Konzernmutter hat von uns einen Recovery-Plan gefordert, den wir aktuell abarbeiten, um diese Ausbildungslücke zu schließen." Es scheint, dass die Schulungsvorgaben nicht nur konzernweiten Richtlinien entsprechen – jede „lange Leine" hat auch ein Ende.

2.3.1 Das Engineering macht den Anfang

Auch wenn es punktuelle Verbesserungsprojekte in anderen Unternehmensbereichen gab, so markiert das Unterfangen des Director Engineering Mues, die Lean-Methodik im Jahr 2013 zu verstehen und dann auszuprobieren, den Startpunkt für das wiederbelebte Programm R6S. Den Anfang machte ein Workshop mit seinen Abteilungsleitern, um ein einheitliches Verständnis für den gemeinsamen Weg zu gewinnen. Die Entscheidung fiel zunächst auf ein Pilotprojekt in der Softwareentwicklung, dicht gefolgt von einem zweiten Piloten, ebenfalls aus dem Bereich der Softwareentwicklung. „Für uns lag es nahe, sich mit der Softwareentwicklung zu beschäftigen, weil es dort bereits geschlossene Modelle wie Scrum[4] gab", erläutert Mues. Flankiert wurden die beiden Piloten von einem Meta-Projekt, welches der Reflexion auf Prozessebene diente: „Mit dieser Projektsteuerung sind wir nicht in inhaltliche Fragen eingestiegen, sondern haben sichergestellt, dass der Prozess des Lean Engineerings ausprobiert, modifiziert und schließlich für uns festgeschrieben wird." Unterstützung gab es dabei von einem externen Consultant, den Mues bewusst in der Region ausfindig machte, um bei Problemen kurzfristig beraten zu werden. Mit dessen Hilfe gelang es innerhalb von zwei Jahren, die Piloten erfolgreich durchzuführen und das entwickelte Lean-Engineering-Modell auf alle anderen Softwareprojekte auszurollen.

Im Jahr 2015 stand das Entwicklerteam vor der Abwicklung eines Projektes, welches auch andere Unternehmensbereiche betraf. Die Herausforderung: „Die Kollegen kannten Lean nicht. Das war alles fremd und erstmal eine Bedrohung", erinnert sich Mues, „da in dem anstehenden Projekt viel Kooperation notwendig war, mussten wir einen Weg finden, wie wir das Konfliktpotenzial unseres Lean-Engineering-Modells reduzieren konnten." Nachdem die „soften" Gesichtspunkte dieser Herausforderung mit Hilfe von Moderationsrunden und der Unterstützung eines Coaches adressiert wurden, entschied man sich auch dazu, die „harten" Faktoren, also die Inhalte des Modells, zu vereinfachen.

---

[4] Scrum ist die Umsetzung von Lean Development. Es ist besonders als agile Vorgehensweise zur Entwicklung von Software und zum Management von Projekten verbreitet.

2.3.2 Die Nutzenpakete zur Identifikation von Handlungsbedarfen

„Wir wollten die Mitarbeiter, die noch keine Berührungspunkte mit Lean hatten, nicht überfordern", sagt Mues. Folglich zerlegte das Team mit externer Unterstützung das entwickelte Lean-Engineering-Modell in 14 sogenannte Nutzenpakete, die den Wissensschatz des Lean-Developments repräsentieren. Der Aufbau eines Nutzenpaketes ist standardisiert:

- Beobachtung: Was ist das Problem?
- Ziele: Was ist der Output?
- Voraussetzungen: Was braucht es, um das Nutzenpaket umzusetzen?
- Realisierung: Wie geht man vor?
- Pilotierung/Roll-out: Wo testen wir die Anwendung, wie gehen wir beim Roll-out vor?
- Evaluierung: Wie überprüfen wir den Fortschritt?

Der individuelle Raytheon-Anschütz-Baukasten für schlanke Entwicklungsprozesse war geboren und konnte von nun an im Zuge weiterer Projekte im Engineering sukzessive umgesetzt werden. „Jedes Projekt bekommt so die Hilfestellung, dort zu beginnen, wo der größte Handlungsbedarf ist", stellt Mues den Benefit in den Vordergrund. „Mit welchen Tools das Nutzenpaket konkret erarbeitet wird, entscheiden die Teams selbst – zum damaligen Zeitpunkt bekamen sie auch Unterstützung von unserem Consultant." Im Folgenden sind zehn der 14 Nutzenpakete erläutert. Der Fokus liegt dabei auf der Beobachtung und Zielbeschreibung der Handlungsfelder:

1. **T-shaped People hervorbringen**
   Die Beobachtung ist, dass teilweise Projekte gestartet werden, ohne dass es Klarheit über das erforderliche Know-how gibt. So fehlt für den Projekterfolg essenzielles Wissen und das wird in der Regel zu spät erkannt. Das führt dazu, dass die Tragfähigkeit der Ergebnisse nicht immer gegeben ist. Deshalb ist das Ziel, bereits bei der Projektplanung und Zusammenstellung des Teams zu prüfen, ob das notwendige Fachwissen vorhanden und sinnvoll auf das Team verteilt ist. Flaschenhälse, als starke Abhängigkeiten von einzelnen Personen, sind zu vermeiden.
2. **Backlog anlegen**
   Die Beobachtung ist, dass die anstehenden Aufgaben der nächsten zwei bis drei Monate nicht klar sind. Genau so wenig existiert eine Übersicht über die derzeit zu bearbeitenden Aufgaben oder eine einheitliche Definition, wann eine Aufgabe abgeschlossen ist. Das Ziel ist, sämtliche Aufgaben in JIRA[5] anzulegen und mit den nötigen Angaben, wie Umfang, Budget, Arbeitsschritte, Ausgangsbasis und Akzeptanzkriterien („fertig wenn"), auszustatten. Darüber hinaus existiert ein digitales oder

---

[5] JIRA ist eine unabhängig vom Lean-Baukasten benutzte Webanwendung zur Fehlerverwaltung, Problembehandlung und Projektmanagement – die Benutzung basiert darauf, dass für jeden Vorgang ein Ticket angelegt wird, sodass die Änderungen nachverfolgt werden können.

physisches Kanban-Board, bei dem die Spalten Offen, In Arbeit und Erledigt grafisch dargestellt sind.

3. **Team Health diagnostizieren**

   Die Beobachtung ist, dass in den meisten Projekten keine Wahrnehmung für das Wohlbefinden des Teams besteht. Unter nicht gelösten Konflikten, mangelnder Beziehungspflege und schlechtem persönlichem Befinden Einzelner leiden die Qualität des Projektes und die Produktivität des Teams. Das Ziel ist, eine regelmäßige Team-Health-Analyse durchzuführen, um mit geeigneten Maßnahmen die Produktivität und Qualität des Projektes sicherzustellen.

4. **Team Matrix klären**

   Die Beobachtung ist, dass selbst bei einer konkreten Rollenzuordnung kein Verständnis darüber besteht, inwiefern sich die Ausprägung einer Rolle, wie die Inhalte und Aufgaben, untereinander überschneiden. Sowohl fachlich als auch organisatorisch leiden die Projekte unter der mangelnden Transparenz – das geht zulasten der Ergebnisse. Ziel ist es, die Erwartung und Beschreibung einer Rolle frühzeitig transparent zu machen. In diesem Zuge können Maßnahmen zur Mitarbeiterförderung bei erkanntem Verbesserungspotenzial angestoßen werden.

5. **Strategische Prüfplanung vereinheitlichen**

   Die Beobachtung ist, dass bereichsübergreifend keine abgestimmte Test- und Prüfplanung stattfindet. Niemand ist dafür verantwortlich, es gibt keine Vorlagen und die durchgeführten Test- und Prüfplanungen beginnen zu spät. Ziel ist es, mit Hilfe von einheitlich geplanten Testkonzepten, frühzeitig zu testen, um auf diese Weise Fehler rechtzeitig zu erkennen und kostengünstig zu beheben.

6. **Testabschlussbericht pflegen**

   Die Beobachtung ist, dass es kein dokumentiertes und zusammenfassendes Ergebnis eines Testlaufs gibt. Die punktuell ausgefüllten Papiere oder Dateien liegen an unterschiedlichen Orten. Auf Basis dieser uneinheitlichen Datenpflege ist es unmöglich, den Bearbeitungsstatus von gefundenen Fehlern nachzuvollziehen, geschweige denn aus den Fehlern zu lernen. Das Ziel ist deshalb, die Wahrnehmung des Testens zu steigern. Grundlage dafür ist die Datenpflege in JIRA, sodass die Ticket ID im Testabschlussbericht hinterlegt ist und die Bearbeitung der Fehler nachvollziehbar ist. Zudem sind für jeden Fehler die Lösungsversionen und der Verantwortliche benannt. Zuletzt kann der neue Testabschlussbericht vor der Testdurchführung verwendet werden und so gleichzeitig als Planungsdokument dienen – dies erspart ein zusätzliches Dokument mit redundanten Informationen.

7. **Abweichungsmanagement betreiben**

   Die Beobachtung ist, dass die Tickets in JIRA unterschiedliche Qualität haben. Häufig sind nicht alle Informationen auf dem aktuellsten Stand vorhanden, was zu Rechercheaufwand führt und durch Interpretation unvollständiger Beschreibungen Fehlerquellen produziert. Das Ziel ist, Fehler grundsätzlich in JIRA zu erfassen. Jeder Bearbeiter stellt die benötigten Informationen in der notwendigen Qualität zur Verfügung. Bessere Informationen führen zu gezielteren Fehlernachtests und erhöhen die Nachhaltigkeit der Tickets – das vereinfacht insbesondere die Einarbeitung von neuen Mitarbeitern.

8. **Risikoworkshops durchführen**
   Die Beobachtung ist, dass die Guideline zum Risikomanagement nicht angewendet wird und Workshops in diesem Zusammenhang nicht regelmäßig stattfinden. Das Ergebnis ist, dass Risikobewältigungsmaßnahmen nicht nachhaltig verfolgt werden. Deshalb ist das Ziel, zu Beginn eines jeden Projektes einen Risikoworkshop durchzuführen. In diesem Zuge werden identifizierte Risiken bewertet, priorisiert und deren Bewältigung geplant. Im Anschluss wird der Workshop immer mit demselben Team monatlich wiederholt, um die Risikobewältigung zu überwachen.

9. **Sprints planen**
   Die Beobachtung ist, dass nicht in jedem Projektteam mit Sprints[6] gearbeitet wird. Projekte oder Aufgaben, die sich über einen langen Zeitraum hinziehen, erschweren eine valide Aussage über den Fortschritt und eine notwendige Feinplanung, wenn mehrere Personen beteiligt sind. Bei auftretenden Problemen im Projektverlauf und abgeleiteten Planänderungen ist eine Anpassung der Aufgaben nur mit Beeinträchtigung möglich. Das Ziel ist, mit Hilfe von Backlogs ein Projekt oder eine Aufgabe in überschaubare Einheiten herunterzubrechen und diese möglichst zu visualisieren. Wenn das Projektteam bei der Planung beteiligt wird, steigt das Commitment. Jeder Sprint wird mit einem Sprint Review abgeschlossen, um aus Erfolgen und Fehlern zu lernen und die eigene Arbeitsgeschwindigkeit besser einzuschätzen.

10. **Lean Engineering Coach etablieren**
    Die Beobachtung ist, dass Projektleiter oftmals zu viele Aufgaben haben, um sich ausreichend um das Team zu „kümmern". In der Folge werden Befindlichkeiten, Probleme aber auch Erfolge des Teams weder wahrgenommen noch aufgearbeitet. Da Teams häufig wechseln, kommt ein Team Building kaum zustande. In Summe schadet dies dem Projektergebnis und riskiert ein Scheitern des Projektes. Das Ziel ist deshalb, eine Person zu etablieren, die das Team schützt und bei der Planung und Durchführung seiner Aufgaben unterstützt. Mit reflektierenden Methoden, wie der Retrospektive[7], wird die Hygiene des Teams und ein reibungsloser Arbeitsprozess gesichert.

Besonders der letzte Abschnitt, die Etablierung eines Lean Engineering Coaches, ist für Director Mues eine zentrale Erkenntnis der letzten zwei Jahre gewesen. Doch wofür braucht es einen weiteren Coach, wo die Einführung des Lean-Engineering-Modells bereits von einem externen Berater unterstützt wird?

---

[6] Scrum basiert auf einem inkrementellen Projektfortschritt – jedes Inkrement ist ein Zeitfenster von üblicherweise 30 Tagen. Dieses Zeitfenster wird Sprint genannt.

[7] Eine Retrospektive „blickt zurück" (lat. retrospectare „zurückblicken") und gibt den Teammitgliedern eines Projektes die Gelegenheit, aus der Vergangenheit zu lernen. Üblicherweise wird nach jedem Sprint eine Retrospektive durchgeführt, die aus fünf Phasen besteht: Zielklärung, Informationen sammeln, Einsichten gewinnen, Maßnahmen beschließen und Ausblick.

2.3.3 Der Coach – die Seele des Prozesses

„Nach zwei Jahren haben wir gemerkt, dass wir keinen mehr brauchen, der uns erklärt, wie Lean funktioniert. Wir brauchten jemanden, der den Veränderungsprozess begleiten kann." Mues begann früh, Michael Nogalski – einen seiner Mitarbeiter – mit Weiterbildungen rund um die weicheren Themen wie Konfliktmanagement, Moderation und Change-Management aufzubauen. Dann trennte er sich von seinem externen Berater und setzte ganz auf den frisch ausgebildeten Lean- und Projektcoach als „Seele des Prozesses". Die Entscheidung, diese Ressource ins Haus zu holen, wurde von Mues sorgfältig vorbereitet: „Wir spürten, wie anspruchsvoll und zeitaufwendig die Tätigkeit des Coaches ist und wie häufig wir sie in Anspruch nehmen mussten." Doch typischerweise heißt es, dass das Management gern Ziele setzt, aber die Mittel verweigert. Diesem in vielen Unternehmen auftretenden Phänomen begegnete Mues mit einem aussagekräftigen Argument: „Wir haben den Nutzen an Zahlen festgemacht."

Die Nutzenkalkulation basiert auf der Beobachtung, dass meistens erst dann reagiert wird, wenn das Arbeitsklima im Team bereits sichtbar gestört ist, Konflikte offen ausgetragen werden, die Kosten eines Projektes in die Höhe schießen oder wenn ein deutlicher Terminverzug absehbar ist. Die Folge ist pure Verschwendung, denn es werden kostspielige Maßnahmen für Konfliktmanagement und Team Building notwendig und von der ursprünglichen Projekt- bzw. Produktentwicklung muss abgewichen werden – das ist kaum in Geld auszudrücken. In einem einfachen Fall von zwei beteiligten Personen errechneten die Kieler, dass über einen dreimonatigen Betrachtungszeitraum die Arbeitsleistung um 15 % reduziert ist, wenn eines der zuvor aufgeführten Symptome zu erkennen ist. Das ergibt eine „Klimasteuer" von 108 h und 10.800 €. In einem komplexeren Fall mit drei Personen reduziert sich die Arbeitsleistung bei einem „Dramadreieck" über einen Zeitraum von sechs Monaten um 30 % auf insgesamt 648 h und einer „Klimasteuer" von 64.800 €. Ergebnisse verschiedener Studien zeigen, dass durchschnittlich 10,5 % der Arbeitszeit durch unternehmensinterne Konflikte verloren geht – der festen Einstellung des Lean Engineering Process Coachs stand nichts mehr im Wege.

Das Aufgabenportfolio des Coaches unterscheidet sich von den anderen intern ausgebildeten Lean-Experten insofern, dass er nicht themenspezifisch, sondern prozessspezifisch arbeitet. Er ist der Hüter von Prozessen und Projektabläufen, hält Kontakt zum Qualitätsmanagement, organisiert Workshops, begleitet intensiv die reflektierenden Momente eines Projektverlaufes und sortiert die sich daraus ergebenden Erkenntnisse. Mues betont: „Der Coach managt die Einführung der Nutzenpakete in den einzelnen Bereichen. Das ist nicht zu verwechseln mit dem jeweiligen Projektleiter. Ein Projekt hat ein Anfang und ein Ende. Das Coaching ist ein kontinuierlicher Prozess geworden." Dies hat scheinbar Erfolg, denn die Beteiligten vor Ort schildern eine weitere Beobachtung: „Wir haben die Erfahrung gemacht, dass, sobald wir das Coaching reduzieren, der Fortschritt der Projekte stockt", so Mues. „Das ist natürlich nicht im Sinne der kontinuierlichen Verbesserung."

Mit dem Anspruch an kontinuierliche Verbesserung wurde für 2016 ein passendes Ziel ausgerufen: keine weißen Flecken mehr. Jede der Mues zugeteilten Abteilungen hat sich mit dem Thema Lean zu beschäftigen und ihren bereichsspezifischen Herausforderungen mit den passenden Nutzenpaketen zu begegnen. Mues macht den Erfolg nicht von der Anzahl der benutzten Tools fest: „Manche behaupten, entweder man wendet alle Tools an oder gar keine. Das halte ich für Unsinn. Wir haben die Vorgabe, mindestens ein bis zwei Lean-Tools anzuwenden, in den Zielvereinbarungen der Abteilungsleiter verankert – nicht jedes Tool macht für jede Abteilung Sinn, aber die Richtung muss erkennbar sein."

2.3.4 Operations zieht nach: Von sechs Wochen auf drei Tage

Auch Ralf-Peter Lauck begann Ende 2014 mit den ersten Lean-Aktivitäten und profitierte von den bereits gewonnenen Erkenntnissen der Kollegen aus den Entwicklungsbereichen. „Ich bekam die Aufgabe von der Geschäftsführung, sicherzustellen, dass wir aus Sicht der Operations – Produktion, Einkauf, Supply Chain und Logistik – in der Lage sind, die damals noch hohe Nachfrage am Markt zu bedienen." Nach einer eingehenden Analyse der Führungskräfte auf dem Shopfloor kam Lauck zu einer ernüchternden Erkenntnis: „Keiner hatte Erfahrungen mit Produktionssystemen und keiner wusste, warum er was macht." Da der Druck vom Markt nicht nachließ, kaufte sich Raytheon Anschütz die Expertise einer kleinen aber sehr produktionsaffinen Lean-Beratung ein und startete ein Leuchtturmprojekt.

Der Fokus des Projektes lag auf dem Montageprozess des Gewinnbringers der Firma – dem Kugelkompass. Die Ausgangslage, die mit Hilfe von Swimlane-Diagrammen[8] und einer Wertstromanalyse ermittelt wurde, ergab eine Durchlaufzeit von sechs Wochen. Im Laufe des Jahres 2015 wurde die Produktion nach dem Kundentakt[9] ausgerichtet, Stand-up-Meetings eingeführt, Shopfloor Boards entwickelt und zahlreiche Qualitätsoffensiven durchgeführt. Schließlich wurde die Durchlaufzeit auf drei bis fünf Tage reduziert – wo früher 60 Kugeln pro Woche mit Überstunden produziert wurden, werden heute 85 Kugeln des elektromagnetischen Präzisionsproduktes ohne auch nur eine Überstunde angefertigt. „Damit hatten wir keine einzige Kugel mehr verkauft, aber wir haben die Produktivität gesteigert, indem wir Verschwendung in unseren Prozessen radikal reduziert haben", fasst Lauck zusammen. Er ergänzt, „von einer Denkweise im Sinne von Lean konnte man bei den Mitarbeitern am Shopfloor aber noch nicht sprechen." Deshalb ist für ihn die Sensibilisierung einer nach den Lean-Prinzipien ausgerichteten Führungskultur entscheidend.

---

[8] Swimlane-Diagramme sind eine Kombination aus Zuständigkeitsdiagrammen und klassischen Flussdiagrammen. Sie stellen den Ablauf von Geschäftsprozesse dar, indem sie die bereichsübergreifenden Prozessabfolgen und die auftretenden Schnittstellen visualisieren (s. Abschn. 2.8.2 für eine genaue Beschreibung).
[9] Der Kundentakt gibt an, wie viel Zeit für eine bestimmte Tätigkeit in Anspruch genommen werden soll, um die Kundennachfrage genau zum richtigen Zeitpunkt – just in time – zu befriedigen. Es ist ein berechneter Wert aus Kundennachfrage und Netto-Arbeitszeit.

2.3 Wie wurde Lean eingeführt?

Um diese auf lange Sicht zu etablieren, würde Lauck aber kompetente Ressourcen und eine widerstandsfähige Projektplanung benötigen.

Nachdem das Team mit Aydin Arpacioglu, einem früheren Lean-Consultant, Verstärkung bekam, erarbeiten Lauck & Co. eine an das Produktionssystem von Audi angelehnte Roadmap für das Jahr 2020 aus. Die Frage, was alles zu schlanken Operations-Einheiten gehört, wurde umfangreich beantwortet und ist in Abb. 2.3 dargestellt.

Ein Zeitplan mit konkreten Projektaktivitäten für die nächsten zwei Jahre vervollständigte die Roadmap. Darin finden sich sämtliche Trainingsmaßnahmen und Lean-Projekte für alle Abteilungen der Operations, wie der Fortsetzung des Leuchtturmprojektes, ein papierloser Einkauf oder die Restrukturierung der Lagerhaltung. Kompetenzen wie die Prozessanalyse, das Produktions-, Prozess-, Lieferanten- und Projektmanagement sollen innerhalb der nächsten zwei Jahre in die Organisation getragen werden. Abschließend wird auch vor der Infrastruktur der Werkhallen und der SAP-IT-Logistik kein Halt gemacht, um Lean flächendeckend in der Organisation zu verankern. Um auf dieser Reise nicht den Fokus zu verlieren, wird diese Roadmap jedes Quartal wieder neu auf den Prüf-

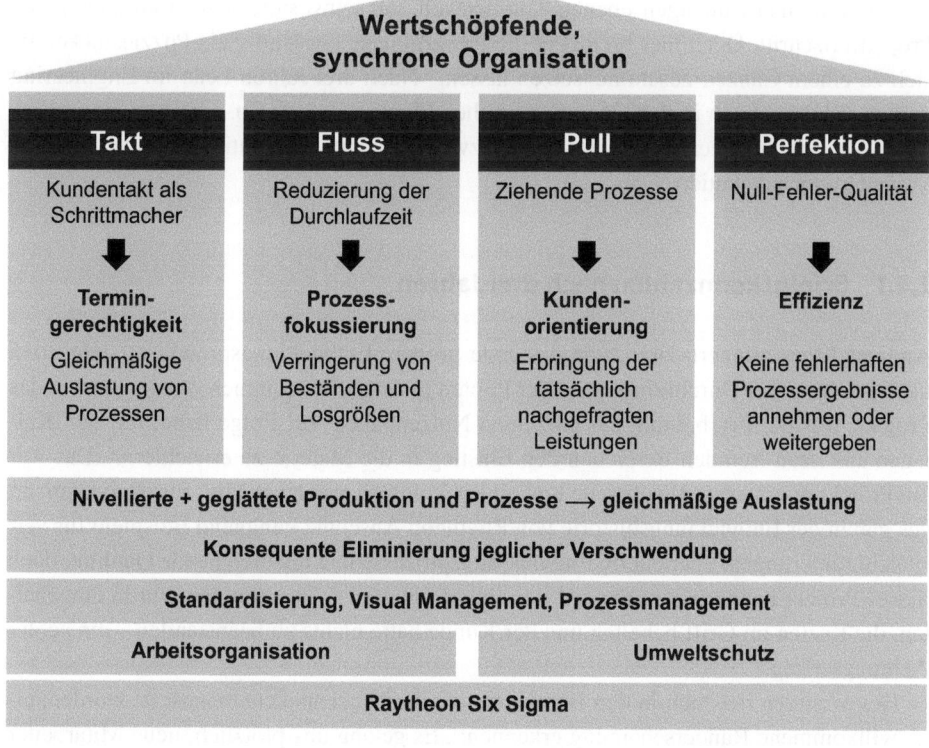

Abb. 2.3 Die Bestandteile der „schlanken" Operations. (Quelle: In Anlehnung an Raytheon Anschütz)

stand gestellt. Flankiert wird dies von einem „Annual Activity Plan", der zur dezidierten Maßnahmenkontrolle, Zielsicherung und systematischen Abstimmung dient.

Abstimmung steht mit Blick in die Zukunft ohnehin im Vordergrund bei Raytheon Anschütz und den mittlerweile parallel verlaufenden Lean-Einführungen im Engineering und den Operations. Einmal im Monat trifft sich deshalb der R6S-Führungskreis, der aus der Geschäftsführung und acht Direktoren der zweiten Führungsebene besteht. Zahlreiche weitere Berührungspunkte werden genutzt, um Best-Practice-Erfahrungswerte zu teilen, methodisches Handwerkszeug zu kopieren und hin und wieder auch gemeinsame Projektaktivitäten anzustoßen. Schließlich ist die Zuversicht den Verantwortlichen in Kiel trotz der drohenden Wetterlage am Markt anzumerken – doch die Fahrt ist lang. Das weiß auch Lauck: „Lean ist dann verinnerlicht, wenn einem keiner mehr erklären muss, warum er eigentlich Lean macht – wir haben gerade erst abgelegt."

2.4 Was hat Lean bisher gebracht?

„Es gibt nicht die eine Zahl, die den Mehrwert von Lean preisgibt" – Lauck ist wohl vertraut mit einer zahlengetriebenen Konzernwelt und selbst stets bemüht um messbaren Projektfortschritt. Doch hier bremst er die Erwartungen, „es sind viele Puzzlestücke, die sich zu einem Ganzen zusammensetzen lassen." Nach drei Jahren Lean im Engineering und zwei Jahren Lean in den Operations ziehen Mues, Lauck & Co. ein erstes Zwischenfazit. Wie gewohnt, werden in den nächsten zwei Abschnitten, quantitative und qualitative Veränderungen diskutiert.

2.4.1 Erfolgskennzahlen nach drei Jahren

Andreas Mues erinnert daran, wie das erste größere Entwicklungsprojekt im Jahr 2015 nach erfolgreicher Durchführung zweier Piloten in Angriff genommen wurde – es war das Projekt, was die Erarbeitung der einzelnen Nutzenpakete zur Folge hatte, um den Kollegen aus Lean-fremden Bereichen den Einstieg in die Materie zu erleichtern. „Das war ein Projekt mit interner Reichweite und einem Volumen von einer Mio. Euro", beginnt er, „es gab in der Entwicklungshistorie von Raytheon Anschütz genügend Beispiele für verspätete Lieferungen, überteuerte Entwicklungsprozesse und unzureichende Qualität, doch dieses Projekt haben wir genau auf den Punkt geliefert." Der Zeitplan wurde eingehalten, die Kosten im Griff behalten und der Kunde hatte nichts zu beanstanden – ein echter Achtungserfolg.

Des Weiteren ließ sich in den Bereichen, wo die Nutzenpakete umgesetzt wurden, eine willkommene Randerscheinung erkennen: „Es gelang uns plötzlich, neue Mitarbeiter innerhalb von vier Wochen so einzuarbeiten, dass sie an komplexen Softwareprodukten mitarbeiten konnten. Das war vorher undenkbar." Demnach führten die Resultate der Nutzenpakete, wie definierte Verantwortlichkeiten, geklärte Aufgabenbereiche oder einheitliche Arbeitsweisen, dazu, dass die Arbeit schlichtweg einfacher wurde. Das war gerade für die aufwendige Einarbeitungszeit von neuen Mitarbeitern eine erhebliche Ersparnis und eine spürbare Verbesserung für die bestehende Mannschaft.

Ralf-Peter Lauck zeigt sich besonders mit dem durchgeführten Piloten zur Montage der Kugelkompasse zufrieden und fasst noch einmal zusammen: „Von sechs Wochen Durchlaufzeit auf drei bis fünf Tage und von 60 Kompassen pro Woche mit Überstunden auf 85 ohne Überstunden." Dadurch, dass das Unternehmen in den Operations ohne Überstunden auskommt, spart es im Vergleich zum letzten Jahr 250.000 €. Auch wenn man dem die Effekte des schwächelnden Marktes entgegenhalten kann, hebt Lauck eine Produktionslinie hervor, in der es ohne Markteinfluss zu einer Überstunden-Einsparung von 105.000 € in 2016 kommt. Zudem hebt er ebenfalls die deutlich verkürzte Einarbeitungszeit hervor: „Früher hat die Einarbeitung bis zu achtzehn Monate gedauert. Heute liegen wir zwischen drei Wochen und drei Monaten, abhängig vom Arbeitsplatz."

2.4.2 Erfolgsgeschichten nach drei Jahren

Der Kompass einer erfolgreichen Entwicklungsarbeit orientiert sich immer am Zeitpunkt der Lieferung und den entstandenen Kosten, meint Mues und ergänzt: „Zeitpunkt und Kosten. Das ist alles, was für uns zählt und ich kann deutlich beobachten, wie das Lean-Engineering-Modell sich positiv auf diesen Leistungsdruck auswirkt." Mit Hilfe der Transparenz, die das Team mittlerweile über Projektverläufe und Teilaufgaben hat, und einer konsequenten Integration von methodischen Hilfsmitteln, die wie die strukturierte Ursachenforschung mit Hilfe eines Fischgräten-Diagramms[10] immer mehr zum Alltag wird, gewinnen alle Beteiligten an Sicherheit. Entscheidend ist für Mues auch die im Lean Development fest verankerte modellbasierte Entwicklung. Bereits während der Produktentstehung wird getestet, ob zentrale Eigenschaften der Entwicklung funktionsfähig sind. Dem Produktentstehungsprozess wird so das Risiko genommen, am Ende über die verheerende Erkenntnis zu stolpern, dass große Teile der Entwicklungsarbeit für die Tonne gewesen sind.

Zuletzt stellt Mues den Vorteil der systematisierten Gruppenarbeit heraus und die damit verbundenen Retrospektiven. Eine Retrospektive[11] ist das Meeting nach Abschluss eines

---

[10] Das Fischgräten-Diagramm (auch Ursache-Wirkungs-Diagramm oder Ishikawa-Diagramm genannt) stammt aus dem Six-Sigma-Werkzeugkasten und ist eine grafische Darstellung von Kausalitätsbeziehungen, die zu einem auftretenden Problem führen oder dieses maßgeblich beeinflussen (s. Abschn. 2.8.3 für eine genaue Beschreibung).

[11] Es gibt viele unterschiedliche Arten, eine Retrospektive durchzuführen. Auf der folgenden Webseite werden 125 Tools per Zufallsgenerator zur Verfügung gestellt – für jede der fünf Phasen einer Retrospektive wird ein passendes Tool ausgeworfen. Das ergibt eine Vielfalt von 7.792.405 Kombinationen: http://www.plans-for-retrospectives.com.

Projektes oder „Sprints", um im Rahmen von fünf Phasen[12] die Ereignisse zu reflektieren und aus den Erfahrungen zu lernen. Es entspricht also dem japanischen „Hanseikai", dem Meeting zur Selbstkritik, Selbstprüfung und Reflexion und gewann als Werkzeug im Zuge der Methodik Scrum an Verbreitung. „Es geht nicht darum, herauszufinden, wer an welcher Stelle einen Fehler begangen hat", erläutert Mues, „wir fragen uns stattdessen, wie wir die gemachten Fehler in Zukunft vermeiden können." Da bereits zu Schulzeiten eine Nachbetrachtung von Fehlern kaum stattgefunden hat, ist die Etablierung in den Projektalltag nicht einfach – es ist immer noch unangenehm, über Fehler zu sprechen. Genau an dieser Stelle macht Mues, auch bedingt durch die Unterstützung des Coaches, die positive Veränderung fest: „Bei uns kommen die Probleme ungeschönt ans Tageslicht und Konflikte werden von den Teams immer eigenständiger gelöst." Auf einer Skala von eins bis zehn beurteilt er den Erfolgsgrad der initiierten Lean-Aktivitäten im Bereich der Forschung und Entwicklung mit sieben Punkten.

Lauck rückt die weiteren Auswirkungen der Lean-Aktivitäten in den Kontext der Marktsituation: „Aufgrund der internen Veränderungen erfüllen wir die Bedürfnisse des Marktes – zumindest in der Produktion unseres profitabelsten Produktes." Demnach ist die Produktionslinie kein Getriebener des Marktes mehr, sondern steuert sich selbst. Das hat wiederum dazu geführt, dass sich der Managementaufwand für den Leiter der Produktion reduziert hat und die Eigenverantwortung der Mitarbeiter gestärkt wurde. „Das ist ein entscheidender Schritt in Richtung Wettbewerbsfähigkeit und wird jetzt auf die anderen Produktionslinien übertragen."

Zum Abschluss greift Lauck das Schlagwort seiner Vision wieder auf: die Veränderung der Führungskultur. „Wir arbeiten daran, dass die Firma Lean-Elemente auch in der Personalentwicklungsplanung berücksichtigt. Wir können das nicht dem Zufall überlassen." Er betont, dass die Führungskräfte und nicht die Mitarbeiter über den langfristigen Erfolg der fünfjährigen Roadmap entscheiden. „Lean muss in die Gene der Verantwortlichen eingepflanzt werden." Da auf Führungsebene Diskussionen über Lean geführt werden und Methoden, wie ein wöchentliches Stand-up-Meeting auf Abteilungsleiterebene, gut ankommen, sieht Lauck die nachhaltige Umsetzung seiner Vision nicht mehr und nicht weniger als auf einem soliden Fundament.

2.5 Was sind die heutigen Herausforderungen?

Eine große Herausforderung ist auf einen der zentralen Effekte von Lean zurückzuführen. Die durch die Methodik forcierte Standardisierung von Prozessen und Arbeitsschritten, führt zu einer tayloristischen Arbeitsweise, die den Prozess zwar schneller, aber die Person gleichzeitig austauschbar macht. „Früher hatten wir zwei, drei Kugelbauer, die alles konnten. An denen hing der Prozess.", erläutert Harlander. Lauck fügt hinzu: „Vieles hat

---

[12] 1. Klarstellung des Themas, 2. Einsammeln der Meinungen, 3. Klären von Verständnisfragen, 4. Diskussion und Bewertung und 5. Schlussfolgerungen.

2.5 Was sind die heutigen Herausforderungen?

hier nur funktioniert, weil die Mitarbeiter wissen, wie es funktioniert. Aufgeschrieben war da nichts." In einer wettbewerbsfähigen Produktionslinie haben derartige „Flaschenhälse" im Prozess und Abhängigkeiten von einzelnen Personen keine Daseinsberechtigung, sofern man die Wirtschaftlichkeit eines Unternehmens nicht aufs Spiel setzen möchte. Das sah man auch bei Raytheon Anschütz so und führte das Leuchtturmprojekt in der Montage des Kugelkompasses erfolgreich durch. Harlander resümiert, dass die Vorteile von den Mitarbeitern gesehen werden, doch er ist realistisch: „Die merken natürlich, dass sie nun austauschbar sind." Alle Arbeitsschritte sind kürzer und damit einfacher – also reduziert sich die Einarbeitungszeit neuer Kollegen. 5S hat alles überschaubarer gemacht und wir dokumentieren sorgfältiger – also können auch weniger qualifizierte Arbeitskräfte eingesetzt werden. „Das ist definitiv eine Baustelle für uns, denn der Widerstand ist zu spüren", sagt Harlander, „es wird versucht, das Tempo zu drosseln." Tests mit Vorarbeitern haben in der Pilotlinie gezeigt, dass nicht nur 85, sondern auch 100 Kompasse pro Woche produziert werden können. In Kiel heißt es, dass der Prozess das hergibt, aber es ist zu beobachten, wie sich die Mitarbeiter bewusst mehr Zeit lassen. Lauck sieht das positiv: „Technisch können wir locker 100 Kompasse produzieren, doch der Markt gibt das gerade nicht her. Das kommt uns in dieser Situation zugute." So ist ausreichend Zeit, um den Widerstand am Shopfloor konstruktiv aufzugreifen.

Häufig sind es aus Sicht der Belegschaft ganz andere Dinge, die über Akzeptanz und Ablehnung entscheiden, als das Management vermutet. So erinnert sich Lauck an die Zeit, als die Gruppenarbeit im Zuge der Lean-Projekte intensiviert wurde: „Das war anfangs sehr emotional, aber wir haben die Bedenken ernst genommen und uns damit auseinandergesetzt." Das Resultat war eine Betriebsvereinbarung, in der es ausschließlich darum ging, dass die Arbeitszeiten eingehalten werden: „Die wollten nicht, dass denen kurz vor Feierabend jemand sagt, dass jetzt noch eine Stunde länger gearbeitet werden muss. Das war die einzige Sorge."

Für Lauck, Mues & Co. ist weniger die Arbeitszeit, sondern eher die Verbreitung des methodischen Know-hows eine Herausforderung. Die Grundannahme: Wenn die Methodenkompetenz in der Organisation verankert ist, kann sich eine Lean-Kultur etablieren. Wenn die Verantwortlichen in Kiel von Methoden sprechen, denken sie dabei nicht nur an die klassischen und in der Projektumsetzung relevanten Werkzeuge wie 5S, SIPOC[13] oder eine Wertstromanalyse: „Was bringt mir eigentlich Lean?", fragt Lauck. „Je weniger ich messen kann, desto schwieriger finde ich eine Antwort auf diese wichtige Frage." Aus diesem Grunde arbeitet die Initiative in den Operations immer stärker mit dem Controlling zusammen. Denn um nachhaltige Qualitätsoffensiven an den richtigen Stellen durchzuführen, braucht es messbare Transparenz in den Prozessen. „Der Blick auf die Kosten hilft

---

[13] SIPOC (Akronym für Supplier, Input, Process, Output, Customer) wird zur groben Prozessvisualisierung angewendet. Die standardisierte tabellarische Darstellung gibt einen schnellen Überblick über alle wesentlichen Elemente des zu untersuchenden Prozesses (s. Abschn. 2.8.5 für eine genaue Beschreibung).

uns dabei, das Paretoprinzip zu beachten", verrät Lauck. Demnach verursachen 20 % der Prozesse 80 % der Verschwendung.

Besonders in der Entwicklungsarbeit ist man bemüht, ein Messverfahren wie das Earned-Value-Management-System einzurichten. Ziel ist, den tatsächlich erzielten Fortschritt ins Verhältnis zum geplanten Ziel zu ermitteln und zu bewerten. Mues erklärt, dass sich das Lean-Engineering-Modell und das Earned-Value-Management-System ergänzen: „Unser System lebt davon, dass sich ein Projekt in immer kleinere in sich fest abgeschlossene Arbeitspakete aufschlüsselt – deswegen profitieren wir von den Backlogs und Sprintplanungen des Lean Engineerings." Mit Hilfe von Plan- und Ist-Kennzahlen pro Arbeitspaket wird der Fortschritt schließlich hinsichtlich Kosten, Zeit und Leistungsumfang beurteilt – sogar Trendanalysen für den Projektverlauf sind möglich. Mues sieht in einem System auch den Vorteil einer erzieherischen Maßnahme: „So werden unsere projektbasierten Lean-Aktivitäten vergleichbar und das System zwingt uns dazu, den Leistungsumfang der geplanten Projekte frühzeitig klar zu definieren." Auch im Engineering stellt man sich schlussendlich die Frage, was Lean eigentlich bringt: „So finden wir immer besser eine Antwort auf diese Frage", sagt Mues, „sonst hat man nur die persönliche Einschätzung des Projektleiters und das ist keine faktische Basis."

Schlussendlich wird eine Herausforderung aufgeführt, die sowohl in der Literatur als auch in der Praxis als zentraler Erfolgsfaktor gilt und über Erfolg und Misserfolg einer Lean-Einführung entscheidet. „Unsere Lean-Begeisterung ist noch nicht auf die erste Führungsetage übergeschwappt", bemerkt Lauck, der den Erfolg der Initiative auf einer Skala von eins bis zehn mit fünf beurteilt. Tatsächlich besteht zwar das offizielle Commitment zum R6S-Programm und den damit einhergehenden Projektaktivitäten, aber der Unterstützung fehlt es an Sichtbarkeit. „Wenn wir den Geschäftsführer einladen, kommt er, aber das Eigeninteresse ist noch sehr überschaubar", sagt Mues. Das gilt auch für die zweite Managementebene, wo Lauck und Mues bislang zwei der acht Direktoren sind, die Lean motiviert und ambitioniert vorantreiben. „Alle treiben das Konzept der kontinuierlichen Verbesserung voran", sagt Lauck und gesteht, „bislang sind wir die einzigen, die das im Kontext einer schlanken und verschwendungsarmen Systematik umsetzen." Potenzial ist vorhanden. Potenzial, das es zu heben gilt, wenn Lean nachhaltig umgesetzt und von Führungskräften und Mitarbeitern eigenständig weiterentwickelt werden soll. Die Entschlossenheit des Management Sponsorings wird ohnehin erst dann einem Härtetest unterzogen, wenn ein prominentes Projekt mal scheitern sollte.

2.6 Was kann man daraus lernen?

Dieser Kapitelabschnitt beansprucht den Raum für einen kritischen Blick auf das Wesentliche: Worauf kam es wirklich an? Was kann man daraus lernen? Anschließend beurteilt ein objektiver Experte die geschilderten Ereignisse.

2.6.1 Wenn die Wahrheit am Board steht

„Das Wertvollste, was wir bisher erreicht haben, ist die Visualisierung von dem, was wir den ganzen Tag tun." Das einheitliche Verständnis und die visualisierte Transparenz werden von allen Verantwortlichen in Kiel betont. Nur so ist auch zielgerichtete Kommunikation möglich, die zum Einfordern von Ergebnissen oder Einhalten von Zeitplänen notwendig ist. Von zielgerichteter Kommunikation lebt wiederum erfolgreiches Projektmanagement. Auch wenn der ehemalige Lean Consultant Arpacioglu erst seit wenigen Monaten im Unternehmen ist, kann er das Stadium der Initiative von Raytheon Anschütz einordnen: „Allein in den letzten neun Monaten konnte ich eine klare Verbesserung bei der Arbeit mit den Boards beobachten. Man vergisst dabei gerne, dass viele Mitarbeiter den Umgang mit Zahlen und auch mit Transparenz erst einmal lernen müssen."

Lauck erinnerte sich an eine kürzlich entstandene Problematik bei einer Produkteinführung, bei der sich zur Problemlösung bis zu 15 Mitarbeiter bereichsübergreifend koordinieren mussten. „Früher war so etwas das reinste Chaos, weil jeder mit halbgaren Informationen herumlief und daraus falsche Schlüsse zog." Heute finden sich die für die Problemlösung relevanten Themen auf „Visual Boards". Nur mit Hilfe des visuellen Managements war es möglich, in dieser kritischen Situation das Problem, das bis zur Geschäftsführung eskalierte, zu lösen: „Es kann ja auch niemand zur GF laufen und der eine erzählt so und der andere berichtet von etwas ganz anderem", stellt Lauck hervor und fasst seine Erfahrung kurz zusammen, „die Wahrheit steht am Board."

2.6.2 Wenn Teams sich hinterfragen

Probleme gehören zu einem Projekt, wie die Wellen zum Meer. Maßgeblich ist nicht, was im Laufe des Projektes passiert, sondern wie damit umgegangen wird. Der promovierte Physiker Mues stellt in diesem Zusammenhang die positive Wirkung der Retrospektive heraus: „Unsere Hemmschwelle, Probleme zu erkennen, ist gesunken. Außerdem eskalieren kritische Situationen nicht mehr so emotional wie früher." Durch das gemeinsame Reflektieren und Vergewissern der Beziehungen gelingt es, Missverständnisse, Kommunikationsfehler oder versteckte Konflikte im Team zu lösen. Der Vorgesetzte muss nicht mehr eingeschaltet werden. Das entlastet nicht nur die jeweilige Führungskraft, sondern stärkt auch die Gruppendynamik des Teams.

Des Weiteren hebt Mues die Sicherung des Wissens als weiteren Erfolgsbaustein hervor. Ohne Austausch der Erfahrungen gehen diese verloren, können nicht dokumentiert werden und widersprechen der Grundidee einer schlanken Organisation: „Wenn wichtige Erfahrungen nicht geteilt werden, ist das Verschwendung." Da selbst (oder gerade erst recht) aus gescheiterten Projekten gelernt werden kann, gibt es keine Ausreden, die selbstkritische Aufarbeitung ausfallen zu lassen. Zu guter Letzt ist die Retrospektive ein grundlegender Ansatz zur kontinuierlichen Verbesserung mit schnellen Erfolgen. Ohne die gemachten Erfahrungen ist die Optimierung von Arbeitsweisen nicht möglich und ohne die beteiligten Personen ist die Identifikation von Schwachstellen zu kurzsichtig. Für Mues ist die Erkenntnis klar: „Ein Team, das sich nicht hinterfragt, kann nicht performen."

2.6.3 Wenn Mitarbeiter Verschwendung erkennen

Verschwendung eliminieren. Das ist manchmal leichter gesagt als getan, denn selbst wenn die sieben bis acht Arten des „muda" bekannt sind, bezieht sich das Verständnis meistens auf Produktionsprozesse: Transport, Bestände, Bewegung, Warten, Überproduktion, Überbearbeitung und Nacharbeit werden mit anschaulichen Beispielen aus der Fertigungshalle versehen und dabei vergessen, dass nicht jedem Mitarbeiter der Wissenstransfer in andere Bereiche, wie das Projektmanagement, die Entwicklung, der Vertrieb oder das Personalmanagement gelingt. Für Harlander ist das ganz logisch: „Wer Verschwendung vermeiden will, muss sie erkennen. Unsere Aufgabe ist es, dabei zu helfen." Raytheon Anschütz legt bei Schulungsaktivitäten Wert darauf, dass ein ganzheitliches Verständnis von Verschwendung vermittelt wird.

Im Projektmanagement zählen ein unsauberes Anforderungsmanagement, überflüssige oder unproduktive Meetings, unnötige Schnittstellen, nicht erreichbare Kollegen und Projektbürokratie ebenfalls zur Verschwendung. Allein das weit verbreitete „Task Switching" bringt einen Produktivitätsverlust von 20 bis 40 % mit sich.

In der Entwicklung gehören Detailkonstruktionen, wenn nur Schätzungen gefragt sind, entwickelte Lösungen, die kein Kunde angefragt hat, Abweichungen vom Lieferzeitpunkt, redundante Meetings, oberflächliche Reviews, schlechte Arbeitsplatzgestaltung, große Mailverteiler, fehlende Genehmigungen, die Durchlaufzeit von Rückfragen, unklare Zuständigkeiten, fehlende Standardisierung und überflüssige Korrekturschleifen zu den nicht-wertschöpfenden Tätigkeiten.

Im Vertrieb gilt es, unqualifizierte Verkaufschancen, defokussierte Angebote, offene Angebote, wartende Aufträge, unnötige Kundenbesuche, überflüssige Meetings, langsame Hauspost, zu komplexe Kalkulationen, Lieferverzug, fehlende Eigenverantwortung, veraltete Arbeitsmaterialien und falsche Informationen hinsichtlich Bedarfserhebung, Rabatte und Abnahmen zu vermeiden.

Im Personalmanagement bedeutet Verschwendung in erster Linie die Verschwendung von Arbeitskraft. Ausprägungen können Unterbeschäftigung, unklare Vorgaben, ungelöste Probleme, nicht geförderte Talente, ungeplante Abwesenheit, Unfälle oder Fluktuation sein.

Thomas Harlander, der sich aktuell in der Ausbildung zum Raytheon Six Sigma Experten befindet, fragt: „Ist die Vermeidung von Verschwendung nicht der Kern von Lean? Also gilt es, die vielen Ausprägungen von Verschwendung jeden Tag aufs Neue zu bekämpfen." Eines hat man beim Kieler Hersteller für Navigationssysteme verstanden: Was die Gestirne am Himmel für die Navigation eines Schiffes sind, ist die Erkennung und Vermeidung von Verschwendung für die erfolgreiche Einführung von Lean Management.

2.7 Interview mit Dr. Sven Borchert – Lumics GmbH & Co. KG

Über Lumics

Die Lumics GmbH & Co. KG ist ein junges Joint Venture der Lufthansa Technik AG und McKinsey & Company. Sie verbindet die industrielle Expertise und Umsetzungserfahrung im Bereich der Wartung und Instandhaltung (engl. MRO – Maintenance, Repair & Overhaul) der Lufthansa Technik mit der Beratungskompetenz von McKinsey & Company zu einem neuen, einzigartigen Nutzenversprechen für ihre Klienten.

Dabei speist sich die industrielle Expertise von einer über zehnjährigen und erfolgreichen LEAN-Reise der Lufthansa Technik AG, die auf einer gemeinsamen Zusammenarbeit mit McKinsey & Company beruht. Mit der Gründung von Lumics im September 2013 wurde dies weiter professionalisiert, sodass heute nicht nur hausinternen, sondern auch externen Klienten aus unterschiedlichen Branchen in über 100 erfolgreichen Transformationsprojekten kompetente und praxisnahe Beratungsleistungen angeboten werden können. Dabei leistet Lumics neben Projekten im operativen auch im administrativen Bereich einen wichtigen Beitrag zur Wettbewerbsfähigkeit, Standortsicherung und Neuausrichtung ihrer Klienten.

Das entscheidende Differenzierungsmerkmal von Lumics zu anderen Beratungen liegt in den Mitarbeitern als das besondere Herzstück des Unternehmens. Dies spiegelt sich in der vielfältigen Zusammensetzung der Mitarbeiter mit einer einzigartigen Heterogenität an Beraterprofilen wider. Neben Profilen mit mehreren Jahren Berufserfahrung als zertifizierte Fluggerätemechaniker und Meister aus der Halle und Beratern aus anderen Branchen, bringen auch junge Hochschulabsolventen ihre individuellen Stärken in das Unternehmen ein.

Mittlerweile zählt Lumics mehr als 50 Mitarbeiter an zwei Standorten – neben dem Gründungsstandort auf der Lufthansa-Technik-Basis in Hamburg hat Lumics seit 2015 ihre zweite Niederlassung am Frankfurter Flughafen.

Autoren: Herr Dr. Borchert, danke, dass Sie sich die Zeit für das Gespräch nehmen. Wir würden gerne mit Ihrer Vorstellung beginnen: Wer sind Sie und wie sind Sie der geworden, der Sie sind?

Dr. Sven Borchert: Sven Borchert mein Name – ich stand als begeisterter Klavierspieler vor der Entscheidung, eine klassische Klavierausbildung zu beginnen oder etwas „Vernünftiges" zu machen. Letztendlich wurde es die Ausbildung zum Wirtschaftsingenieur mit Fachrichtung Maschinenbau und im Studium habe ich den Schwerpunkt auf Logistik sowie Fertigungs- und Werkzeugmaschinen gelegt. Nach dem Studium fing ich 1992 im Kontext einer Unternehmensberatung an – bin aber nach meiner Hochzeit und der Geburt meiner Tochter für 1 1/2 Jahre vollständig aus dem Berufsleben ausgestiegen. In dieser Zeit habe ich also nicht nur viel Zeit mit meiner Tochter verbracht, sondern auch den Doktor in Unternehmensführung an der Universität in Lüneburg erlangt. Anschließend habe ich schwerpunktmäßig als Unternehmensberater gearbeitet – zwischen 2005 und 2008 aber auch Linienerfahrung bei MAN gesammelt. Seit 18 Monaten bin ich nun als Principal bei Lumics und damit auch in die Geschäftsleitung eingebunden – Klavier spiele ich übrigens immer noch sehr leidenschaftlich.

Ansonsten profitiere ich heute noch von den Erfahrungen aus der Kindererziehung. Wenn es beispielsweise um Veränderungs- und Lernprozesse geht oder um Mechanismen wie man auf einfache Art und Weise kommuniziert, damit die Inhalte auch verstanden werden – in diesen Momenten wird mir deutlich, was die Rahmenbedingungen der Erziehung mit denen einer Organisation gemein haben. Genauso bin ich leidenschaftlicher Regattasegler und übertrage häufig meine Erfahrung mit dem Teamgedanken im Segeln auf Herausforderungen im beruflichen Alltag – auch hier sind die Zusammenhänge vielfältig.

Autoren: Wofür werden Sie heute bezahlt?

Dr. Sven Borchert: Lumics ist eine stark wachsende Lean und Umsetzungsberatung – diese weiterzuentwickeln ist sicherlich ein Teil der Antwort auf Ihre Frage. „Hauptberuflich" bin ich aber Projektleiter für mehrere Projekte. In der letzten Zeit handelt es sich dabei ausschließlich um externe Projekte, wie bei einer afrikanischen Airline hinsichtlich ihrer Instandhaltungsprozesse und des Supply Chain Managements, aber in der Vergangenheit gab es natürlich auch viele Projekte bei der Lufthansa Technik.

Autoren: Wann und wo sind Sie das erste Mal mit Lean Management in Berührung gekommen?

Dr. Sven Borchert: Das war 1994, als ich als Berater bei einer Behörde hier im Hamburger Hafen tätig gewesen bin – das Schlagwort lautete damals noch Business Process Reengineering, ein Begriff, der heute ja quasi ausgestorben ist. Genau genommen ist es nur eine andere Überschrift für dieselben Inhalte. Der wesentliche Unterschied war aber,

2.7 Interview mit Dr. Sven Borchert – Lumics GmbH & Co. KG

dass es noch keinen vollständigen Werkzeugkasten gab, wie wir ihn heute kennen. Die Tools und Techniken steckten teilweise noch in den Kinderschuhen. Seit dieser Erfahrung bin ich dem Thema Prozessoptimierung immer treu geblieben – ob als Berater bei Automobilherstellern und ihren Zulieferern oder als Lean- und Change-Manager bei MAN, wo ich für sechs europäische Standorte die Lean-Einführung und -Verankerung in der Organisation verantwortete.

Autoren: Lean-Einführung und -Verankerung sind die richtigen Stichworte, um auf die Fallstudie zu sprechen zu kommen. Ganz allgemein gefragt: Wo ist für Sie der Unterschied, zwischen der Lean-Einführung in einem KMU und in einem Konzern?

Dr. Sven Borchert: Ich bin der Meinung, dass die Führungsriege in einem KMU eine andere Nähe zu ihrer Mannschaft hat, als es in einem Konzern der Fall sein kann. Es gibt weniger Hierarchie und damit einfachere Kommunikation – die zu beantwortende Frage „warum machen wir eigentlich Lean und was ist dafür notwendig" lässt sich in einem KMU einfacher beantworten. In einem Konzern existieren andere organisatorische Anforderungen, woraus sich auch andere Vorgehensweisen für die Einführung von Lean ableiten lassen – nicht ohne Grund wird in großen Organisationen die Lean-Einführung auch häufig von einer separaten Lean-Organisation vorangetrieben und verantwortet. In einem Konzern stellt sich auch die Frage, wie stark der Vorstand unter Berücksichtigung seiner zeitlichen Kapazitäten in die Implementierung eingebunden werden kann. Ich habe schon oft miterlebt, wie die Lean-Einführung am Vorstand vorbeigeht, weil dieser sich mit strategischen Themen, wie der Entwicklung von Geschäftsfeldern, beschäftigt – und das ist sein Job, nicht, dass ich da falsch verstanden werde.

Autoren: Heißt das, dass die Lean-Einführung in einem KMU einfacher umzusetzen ist?

Dr. Sven Borchert: Ein wichtiger Einflussfaktor des „Schwierigkeitsgrades" ist die Unternehmenskultur, also wie funktioniert in der Organisation die Zusammenarbeit, wie ist das Führungsverhalten und wie wird mit erforderlichen Veränderungen umgegangen. Grundsätzlich würde ich aber schon sagen, dass die Lean-Einführung in einem KMU einfacher ist. Ich habe schon viele Vorstände gesehen, die eine große Distanz zum Shopfloor leben und auch kein Verständnis für die Notwendigkeit und Dringlichkeit von Themen der Fertigungsebene aufbringen. Ein Vorstand wird ja auch nicht Vorstand, weil er operative Probleme löst. Erschwerend kommt hinzu, dass die berühmte „Lehmschicht" des mittleren Managements ihre eigenen Ziele verfolgt und einen kontraproduktiven Filter darstellen kann. Stattdessen kommt es bei einer Lean-Einführung darauf an, am Puls des Geschehens zu sein, um schnell auf kritische Situationen zu reagieren. In einer großen Organisation gibt es deutlich mehr Hindernisse dafür, als in einem KMU.

Autoren: In der Fallstudie sehen die verantwortlichen Herren Lauck und Mues stürmische Zeiten auf Raytheon Anschütz zukommen. Wann lässt sich Lean denn „besser" einführen – wenn es wirtschaftlich turbulent zugeht oder wenn ein Unternehmen in sicherem Fahrwasser unterwegs ist?

Dr. Sven Borchert: Ein Unternehmen in sicherem Fahrwasser wird Lean leichter einführen können. Lean bedeutet Veränderung und eine Belegschaft begegnet Veränderung im ersten Moment immer erst kritisch. Das ist verständlich, denn Veränderung ist mit Arbeit und Risiken verbunden und es braucht eine Menge Vertrauen in die Lean-Einführung, damit die Beteiligten sich eines guten Endes sicher sein können – wenn für die Betroffenen die Vorteile die Risiken nicht deutlich überwiegen, macht keiner mit. In Zeiten wirtschaftlicher Stabilität wird einem Unternehmen leichter vertraut und die Kommunikation vereinfacht. Gleichzeitig ist der Einstiegspunkt der Lean-Einführung schwieriger, denn „warum soll ich mich verändern, wenn es mir doch gut geht". Das ist der klassische Denkfehler und diese Klippe muss ganz nach dem Motto überwunden werden: „Es geht uns gut, aber damit das auch in Zukunft der Fall ist, müssen wir jetzt schon Veränderungen vornehmen." Diese Denkweise sollte Bestandteil der Unternehmenskultur sein, um auch langfristig erfolgreich zu sein.

Wenn sich ein Unternehmen jetzt in Turbulenzen befindet, ist dieser „case for action" natürlich viel leichter und glaubhafter zu transportieren. Das Problem ist, dass die Turbulenzen dafür sorgen, dass die Lean-Einführung nun auf eine noch skeptischere Belegschaft stößt. Die Mitarbeiter werden schnell verstehen, dass es im Zweifel um ihren Arbeitsplatz geht und damit sind sie beim Thema Angst. Und so wie das Kaninchen sich vor der Schlange lieber nicht bewegt, um ja nichts falsch zu machen, so verharren dann auch schnell die Mitarbeiter in ihren Ängsten und die Lean-Einführung rührt sich nicht vom Fleck.

Autoren: Wie bewerten Sie das im Falle von Raytheon Anschütz: Sind die Verantwortlichen zu früh unterwegs oder sind die Turbulenzen schon zu stark?

Dr. Sven Borchert: Ich kenne jetzt nur die Fallstudie und bräuchte für eine valide Einschätzung sicherlich einen eigenen Eindruck vor Ort. So wie es mir erscheint, sind die Beteiligten in Kiel weniger zu früh unterwegs, sondern die wirtschaftlichen Turbulenzen sind bereits eher zu stark – es ist für eine wirksame Lean-Einführung aber noch lange nicht zu spät. In der Schifffahrt gab es über viele Jahre gute Zeiten entweder über den Commercial oder den Defence-Bereich, aber das Geschäftsfeld von Raytheon Anschütz an sich ist ein stark schwankendes Geschäftsfeld. Unter solchen Rahmenbedingungen beschäftigt man sich gerne mit anderen Themen, wie auch in diesem Fall beispielsweise mit der Forcierung von Innovation. Die entscheidende Frage ist, ob ein Gleichgewicht zwischen den vorangetriebenen Themen besteht. Wo ist also die Balance aus der im Übrigen sinnvollen Förderung von Innovation und der Einführung einer Initiative zur Prozessoptimierung. Mein Eindruck der Fallstudie ist, dass eine ganzheitliche Betrachtung der relevanten Unternehmensthemen gefehlt hat – es wurde sich in der Vergangenheit auf einzelne Aspekte konzentriert, so wurden ja mit Raytheon6Sigma schon Verbesserungsprojekte in der Produktion umgesetzt. Die Verantwortlichen scheinen aber mittlerweile verstanden zu haben, dass es einen gesamten Ansatz braucht – nicht ohne Grund besteht zwischen den Operations und dem Engineering heute ein intensiver Austausch.

Autoren: Wo liegt denn die Herausforderung, wenn ein Verbesserungsprogramm wie Raytheon6Sigma wiederbelebt wird, aber gleichzeitig neue Inhalte in den Vordergrund stellt? Hier wird ja weniger die Six-Sigma-Methodologie, sondern eher die Lean-Philosophie in den Fokus gerückt.

Dr. Sven Borchert: Ich beurteile das aus dem Gesichtspunkt der Angst vor Veränderung, denn Angst ist, wie bereits erwähnt, der stärkste Einflussfaktor auf Veränderungsprozesse. Wenn ein Programm wie Raytheon6Sigma wiederbelebt wird, werden damit auch alle negativen Erfahrungen von früher wiederbelebt. Im Zweifel sind die negativen Erfahrungen auch umfangreicher in den Köpfen der Mitarbeiter abgespeichert, als die positiven Erinnerungen an erfolgreich abgeschlossene Projekte oder eingesparte Potenziale. Die Kommunikation ist entscheidend und dazu gehört auch der Name des Programms. Ich halte es für ungeschickt, wieder von Raytheon6Sigma zu sprechen. Aus meiner Erfahrung wäre ein klarer Bruch mit der Vergangenheit hilfreich. So könnte man auch authentischer in „früher" und „heute" trennen. In der Kommunikation muss deutlich werden, was früher gut, aber auch was früher schlecht gewesen ist und was das für das neu angestoßene Programm und die Zukunft bedeutet.

Autoren: Nehmen wir an, dass die Konzernzentrale auf dem Programmnamen Raytheon6Sigma besteht und Raytheon Anschütz als autark agierende Tochtergesellschaft dennoch bemüht ist, ein Zeichen für ein neues Programm zu setzen.

Dr. Sven Borchert: Die Herausforderung ist dann, die Botschaft über andere Kommunikationsmittel zu transportieren. Die Begrifflichkeit würde in den Hintergrund rücken und stattdessen müsste die Bildsprache im Vordergrund stehen. Wir haben das in einem Geschäftsbereich eines Kunden einmal so gemacht, dass die beteiligten Mitarbeiter ein Bild gemalt haben, das die neue, bunte, schlanke und effiziente Welt darstellte. Da ist natürlich Kreativität gefragt, um keine „verbrannten" Assoziationen hervorzurufen. Der Titel des Programms stand dann vereinzelt auf Power Point Slides, aber die erste Assoziation war das gemalte Bild. Das ist sehr plakativ und hat sehr gut funktioniert.

Autoren: In welchem der zwei Unternehmensbereiche – Operations und Engineering – lässt sich Lean denn reibungsloser einführen?

Dr. Sven Borchert: Soweit ich das aus der Entfernung beurteilen kann, dürfte im Falle von Raytheon Anschütz die Einführung im Engineering reibungsloser stattfinden, da der Unternehmensbereich in der Vergangenheit weniger Berührungspunkte mit Lean- und

Transformationsprojekten gemacht hat. Das hat Nach- aber auch Vorteile. Die Operations stehen vor der geschilderten Herausforderung, ein unternehmensweites Programm wiederzubeleben. Hier in Schwung zu kommen und eine kritische Masse an Fürsprechern in der Belegschaft (wieder) zu gewinnen, kostet mehr Energie als ein Ansatz auf der grünen Wiese.

Meiner Erfahrung nach darf man aber auch nicht vernachlässigen, inwiefern sich die Mitarbeiter dieser zwei Unternehmensbereiche unterscheiden. Das bezieht sich jetzt nicht auf Raytheon Anschütz – das kann ich nicht beurteilen – aber ich spreche aus meiner Erfahrung:

Was ist das Ziel eines Entwicklers? Die perfekte Lösung. In diesem Kontext kenne ich den Begriff „Goldrandlösung" und das hat für mich nichts mit Effizienz oder einer 80/20-Lösung zu tun. Die perfekte Lösung ist ein redliches Ziel, hat aber nichts mit Lean zu tun.

Wie arbeiten Entwickler? Entwickler sind häufig Einzelkämpfer, die sich und ihre Rolle im Unternehmen durch die Entwicklung einer perfekten Lösung vermarkten. Eine Gruppe von Einzelkämpfern zu motivieren und auf ein gemeinsames Ziel einzuschwören ist schwierig.

Worin unterscheidet sich die Produktion? In der Produktion kann ich sofort zeigen, was Lean bedeutet. Wenn ich das Material von einem zum anderen Arbeitsplatz übergebe und es da erst einmal liegen bleibt, fällt es mir leicht, Verschwendung deutlich zu machen. Bei virtuellen Prozessen in der Entwicklung ist das nicht ganz so offensichtlich. Hier sind andere Mechanismen gefragt, um Begeisterung für Lean hervorzurufen und den Mehrwert der Tools und Techniken aufzuzeigen. Lean macht das Leben leichter – das kann ich in der Produktion einfacher beweisen und damit lässt sich Lean dort auch reibungsloser einführen.

Autoren: Herr Dr. Mues berichtet davon, dass Mitarbeiter im Engineering die Ausweitung der Lean-Aktivitäten als Bedrohung auffassten. Wie geht denn Ihre Beratung in Projekten mit Ängsten und Widerständen um?

Dr. Sven Borchert: Aus Sicht des Beraters ist das eine Frage der Haltung. Diese haben wir auch in unseren Unternehmenswerten festgehalten, denn wir fühlen uns sowohl im Anzug als auch im Blaumann wohl. Wir sind damit wieder beim Thema Distanz: Wenn ich im Nadelstreifenanzug auf den Shopfloor gehe, habe ich die Mannschaft direkt verloren. Der Blaumann signalisiert, dass ich mich auf den Mitarbeiter einlasse und keine Angst habe, mich dreckig zu machen. Es zeigt, dass ich nicht nur der Berater bin, der alles besser weiß, sondern dass ich zunächst einmal den Job und die Probleme der Betroffenen verstehen will. Über diese Nähe öffnen sich dann die Mitarbeiter und sind bereit, Veränderungen mitzugestalten.

Autoren: Was sind die „No-Gos" beim Umgang mit Ängsten und Widerständen?

2.7 Interview mit Dr. Sven Borchert – Lumics GmbH & Co. KG

Dr. Sven Borchert: Zum einen den Experten mit Schlips und Kragen zu spielen. Die Reaktion „was will der denn, der hat doch gar keine Ahnung von meinem Job" wird nicht lange auf sich warten lassen. Zum anderen der Umgang mit dem Betriebsrat. Viele Unternehmen denken, dass sie den Betriebsrat irgendwann einmal einbinden können – das rächt sich in jedem Fall. Dieses vermeintliche „Feindbild" gilt es umgehend aufzulösen. Lean lässt sich nur gemeinsam einführen und dazu gehört eine offene Kommunikation. Der Integrationsgedanke ist zum Startzeitpunkt auch wichtiger als die sofortige Geschwindigkeit der Umsetzung.

Autoren: Raytheon Anschütz setzte sowohl auf externe Consultants als auch auf den Aufbau eines internen Lean Coaches. Was spricht denn für und gegen den Einkauf von externen Ressourcen?

Dr. Sven Borchert: Zunächst ist die externe Unterstützung für die „Anschubfinanzierung" einer Lean-Einführung sicherlich hilfreich. Gerade beim Thema Change-Management, also wie geht man mit den Ängsten und den daraus resultierenden Widerständen um, ist die externe Expertise hilfreich. Gleiches gilt für das Klären einer grundsätzlichen Vorgehensweise, um die anfänglichen typischen Stolperfallen zu vermeiden und den umfangreichen Werkzeugkasten richtig einzusetzen. Wer damit keine Erfahrung hat, ist gut beraten, externes Know-how einzukaufen.

Man muss aber aufpassen, dass das nicht zu weit getrieben wird. Das bezieht sich nicht nur auf den Kostenfaktor, den externe Ressourcen nach sich ziehen, sondern auch auf den Sinn und Zweck der Lean-Einführung. Das Ziel ist, dass Lean bei jedem Handgriff im Tagesgeschäft präsent ist und diese emotionale Verankerung einer Arbeitsweise erreiche ich nicht nur über den Einsatz von Beratern. Wenn immer „die Externen" vor Ort sind, können „die Internen" die Verantwortung schnell wegschieben. Aber ab einem gewissen Zeitpunkt, darf sich das Unternehmen nicht mehr auf die Expertise und das Know-how der Externen verlassen – es führt kein Weg daran vorbei, dass interne Ressourcen die Verantwortung dafür übernehmen, dass Lean gängige Praxis wird. Übrigens sind Sie da auch schnell wieder beim Thema: „Wie führe ich Lean ein": Ich habe bei Kunden schon aufwendig aufgebaute Lean-Organisationen erlebt, deren interne Berater sich nicht auf dem Shopfloor gezeigt haben. Die Akzeptanz der Kollegen war dann genauso wenig vorhanden, wie bei den Experten im Nadelstreifenanzug.

Autoren: Dr. Mues ist in der Fallstudie der Meinung, dass nicht jedes Tool für jede Abteilung Sinn macht. Wie stehen Sie zu dieser Aussage?

Dr. Sven Borchert: Das unterstütze ich komplett. Nehmen wir das Beispiel von 5S – ob man es glaubt oder nicht, es gibt Unternehmen, die dann auch in produktionsfernen Bereichen 5S einführen und den Platz der Kaffeetasse als Standard markieren. Das ist Blödsinn. Die Auswahl der Tools muss sich immer am durch die Anwendung gewonnenen Mehrwert orientieren. Habe ich einen Vorteil durch dieses Tool? Ja oder nein. Reduziere ich Verschwendung durch dieses Tool? Ja oder nein. Es ist vollkommen logisch, dass in einer manuellen Fertigung andere Tools und Techniken zum Einsatz kommen, als in einer hochautomatisierten Fertigungsstraße, wo kaum noch Mitarbeiter eingreifen. Gleiches gilt für das Engineering bei Raytheon Anschütz.

Autoren: Dennoch verankert Dr. Mues die Anwendung der Tools in den Zielvereinbarungen. Ist das eine empfehlenswerte Vorgehensweise?

Dr. Sven Borchert: Die Anwendung der Tools darf kein Selbstzweck sein. Mir geht es ja nicht um die Anwendung, sondern das, was ich damit erreiche. Ich möchte effizienter werden, indem ich Verschwendung vermeide. Ziele sind immer konkret an dieser Marschrichtung auszurichten.

Beispielsweise waren zwei Ziele bei der Optimierung einer Fertigungseinheit bei einem Kunden, die Reparaturkosten von 2100 € auf 1500 € zu reduzieren und die Ausschussquote um 30 % zu reduzieren. In einem anderen Projekt ging es um die Zertifizierung von Schiffen. Die Durchlaufzeit der Zertifizierung lag bei 385 Tagen und sollte auf 80 Tage reduziert werden. Erst wenn diese Ziele feststehen, kann ich mir überlegen, mit welchen Tools ich das Ziel erreiche – ob das dann zwei, vier oder sieben Tools sind, spielt keine Rolle.

Autoren: Für Herrn Lauck ist in der Fallstudie vor allem der Aufbau einer auf die Lean-Prinzipien ausgerichteten Führungskultur entscheidend. Wie sinnvoll ist es in wirtschaftlichen turbulenten Zeiten, den Fokus auf den langfristigen Aufbau einer Führungskultur zu legen? Muss nicht zunächst die Stabilität des operativen Geschäftes im Vordergrund stehen?

Dr. Sven Borchert: Die Frage ist, wie turbulent die Zeiten wirklich sind. Wenn es sich um einen Sanierungsfall handelt und sich das Tagesgeschäft ausschließlich ums Überleben dreht, dann muss ich die Existenz erst einmal sichern. Punkt. Von Führungskultur kann dann ohnehin keine Rede sein, denn wenn unangenehme Entscheidungen und personelle Maßnahmen auf der Agenda stehen, ist die Arbeit an einer gemeinsamen Führungskultur nicht authentisch. Wenn ich da aber noch nicht bin – dort würde ich auch Raytheon Anschütz einordnen – dann muss die Veränderung der Führungskultur ein integraler Bestandteil meiner Lean-Aktivitäten sein.

Als ich damals zu MAN gekommen bin, wurde genau diese Erfahrung gemacht. Man hatte sich bei der Einführung von Lean zu stark auf die methodische Wirksamkeit konzentriert und die Themen Change, Kultur und Führungsphilosophie unterschätzt. Da dies zu Problemen geführt hat, wurde meine Position ins Leben gerufen und „Leiter Lean und Change-Management" genannt. So bekamen die kulturellen Themen, die eine Lean-Einführung unweigerlich begleiten, ein neues Gewicht und Standing in der Organisation.

Man darf auch nicht vergessen, dass der „Toyota-Way", als Vorbild einer Lean-Einführung, die klassische Führungspyramide auf den Kopf stellt. Wer denkt, dass dies kei-

2.7 Interview mit Dr. Sven Borchert – Lumics GmbH & Co. KG

ne Anpassungen der Führungsstrukturen und Veränderungen des Miteinanders nach sich zieht, wird die Lean-Einführung zum Scheitern bringen.

Autoren: Muss das Lean-Know-how und die Change-Erfahrung aus einer Hand kommen oder können das auch unterschiedliche Funktionen oder Rollen bei einer Lean-Einführung wahrnehmen?

Dr. Sven Borchert: Das kann man so nicht sagen, denn das hängt sehr stark von der Unternehmenskultur ab. Für mich ist es unerheblich, ob es aus einer Hand oder aus zwei Händen kommt. Entscheidend ist, dass das Management der Veränderung ein organisierter und gesteuerter Prozess ist und es nicht heißt, „wir müssen da auch mal was für die Kultur machen". Zu berücksichtigen ist lediglich, dass, wenn es nicht aus einer Hand kommt, sich die Herausforderung ergibt, für eine gute Abstimmung der Kompetenzen zu sorgen.

Autoren: Herr Lauck sagt, dass „Lean dann verinnerlicht ist, wenn einem keiner mehr erklären muss, warum er eigentlich Lean macht". Was sind aus Ihrer Sicht die Symptome einer verinnerlichten Lean-Kultur?

Dr. Sven Borchert: Die lassen sich häufig nicht sehen, denn im Wesentlichen ist eine Lean-Kultur eine Geisteshaltung. Es sind auch häufig die kleinen Dinge, an denen man den gelebten Antrieb zum ständigen Hinterfragen und Verbessern erkennt.

Ein Beispiel: In einem Projekt bei MAN ging es damals in der Türkei darum, die Türschließkräfte bei einem Bus besser einzustellen. Bislang wurden die irgendwie eingestellt – niemandem war so wirklich bewusst, welche Rolle das spielt. Wir haben dann hervorgehoben, welche Risiken mit einer sich schließenden Tür verbunden sind, aber die Erklärungen stießen auf taube Ohren, weil das schon immer so gemacht wurde. Also habe ich es plakativ gemacht und eine Karotte in die Tür gehalten, die zermatscht wurde. Ich habe dann allen Anwesenden gesagt, dass das auch der Arm ihrer Tochter sein könnte – ab dem Zeitpunkt war allen klar, dass es bei Lean darum geht, sich ständig zu hinterfragen, um immer besser zu werden. Bei der anschließenden Diskussion kam heraus, dass den Mitarbeitern in dem Bereich die Messmittel fehlten, da die Messung der Schließkraft viel später von der Qualitätsabteilung vorgenommen wurde. Das war so ein Aha-Erlebnis, wo ich gemerkt habe, dass ein wesentlicher Teil der Lean-Kultur verinnerlicht wurde.

Autoren: Das ist ein gutes Beispiel.

Dr. Sven Borchert: Ja, die Emotionen sind der Schlüssel. Das rein Rationale ist wichtig und spielt eine Rolle, aber man gewinnt die Mitarbeiter über Emotionen.

Autoren: Wie bewerten Sie denn den Erfolg der Lean-Aktivitäten bei Raytheon Anschütz auf einer Skala von eins bis zehn?

Dr. Sven Borchert: Das erscheint mir bislang als aussichtsreiche Erfolgsgeschichte, die ich mit einer sieben bis acht bewerten würde. Nicht nur aufgrund des Status quo, sondern vor allem aufgrund der Art und Weise, wie die Lean-Einführung aufgesetzt wurde. Viele Unternehmen machen bei der Einführung von Lean den Fehler, nur noch an Lean zu denken und den Rest der Welt zu vergessen. Bei Raytheon Anschütz geht es nicht nur um verschwendungsarme Produktionsprozesse, sondern die schlanken Entwicklungsprozesse stehen genauso im Fokus – dieser ganzheitliche Blick ist eine wichtige Grundlage. An dieser Stelle stellt sich mir lediglich noch die Frage, inwiefern die administrativen Unternehmensbereiche integriert werden.

Mir fällt auch positiv auf, dass der Konzern die nötigen Freiheiten gibt, um Lean so zu gestalten, wie es für den Kieler Standort passt. Das ist entscheidend für die Einführung, die damit ein hohes Potenzial hat, langfristig weiterzuleben. Nicht zu vernachlässigen ist aber der bereits diskutierte Kontext der „Wiederbelebung" – insbesondere in Bezug auf die Operations. Lean ist alles andere als ein Selbstläufer – das wird anhand dieser Fallstudie mehr als deutlich.

Anhand des Themas Lean-Ausbildung bei Anschütz zeigen sich aber auch die Grenzen. Wie konsequent wird das Training der Mitarbeiter (auch in hektischen Zeiten) vorangetrieben, um Lean als Philosophie in der gesamten Mannschaft zu verankern. Zudem sehe ich in der festen Definition von Nutzenpakten und der themenspezifischen Orientierung der Lean-Mitarbeiter ein kritisches Element. Lean ist im Wesentlichen gesunder Menschenverstand gepaart mit einem Methodenbaukasten. Als Lean-Mitarbeiter muss ich auch den gesunden Menschenverstand haben, die richtigen Methoden auszuwählen, um die Probleme zu lösen. Keine thematische Fokussierung, sondern generalistisches Wissen, wann welche Methode greift, wäre für mich wichtiger. Ein weiterer Aspekt: Wie wird durch die Lean-Aktivitäten die Flexibilität und Zukunftsfähigkeit der Operations und der Entwicklung unterstützt, um erforderliche Innovationen mit der gleichen Mannschaft effizient bereitstellen zu können. Diese Frage beantwortet sich für mich nicht. Fragen wie die Verknüpfung von Industrie 4.0, der erforderlichen Digitalisierung von Prozessen und Lean-Aktivitäten scheint derzeit bei Raytheon Anschütz keine Rolle zu spielen. An dieser Stelle besteht sicherlich Korrekturbedarf, da gerade die Informationsprozesse einen großen Anteil an Verschwendungen haben. Womit wir auch wieder beim Thema Daten, Informationsaufbereitung, Wissen und Kommunikation wären.

Autoren: Wie aussichtsreich bewerten Sie denn das Management Commitment bei Raytheon Anschütz? Das Eigeninteresse des Geschäftsführers ist nach Aussagen der Verantwortlichen vor Ort ja noch überschaubar.

Dr. Sven Borchert: Das ist eine Frage der Erziehung – das klingt merkwürdig, aber ich gebe Ihnen dafür ein Beispiel. Als ich damals bei MAN u. a. als Change-Manager die Einführung von Lean Management begleitet habe, hat der Produktionsvorstand von mir, nach Absprache mit dem CEO, Termine für ein ganzes Jahr in den Kalender eingetragen bekommen, an denen er und der CEO auf dem Shopfloor präsent sein müssen. Im Vorhinein habe ich natürlich erläutert, warum das wichtig ist und wir haben uns darauf geeinigt, dass es keine Ausreden für diese Termine geben darf – Ausnahmen gab es nur im Extremfall. Durch diese Vorgaben hat das gut funktioniert und der Vorstand hat später proaktiv den Kontakt zum Shopfloor gesucht, da er aus den Terminen sehr viele Informationen für die Steuerung des Unternehmens gewonnen hat.

Selbst auf Vorstandsebene spiegelt sich etwas wider, was man gut aus der Belegschaft kennt – es gibt welche, die Lean befürworten und andere, die damit nicht so viel anfangen können. Das ist immer so und die Frage ist, wie man damit umgeht und wie es einem gelingt, die Beteiligten „zu erziehen", damit früher oder später eine kritische Masse für eine positive Veränderung erreicht wird.

Bei Raytheon Anschütz sehe ich in diesem Zusammenhang eine positive Zukunftsprognose. Auch wenn der Geschäftsführer für die Beteiligten noch nicht aus eigenem Antrieb die Berührungspunkte mit Lean sucht – die Hauptsache ist, dass er kommt, wenn er eingeladen wird. Nichtsdestotrotz wird auch dieser Geschäftsführer, so wie damals die Vorstände bei MAN, begreifen müssen, dass er aus eigenem Antrieb die Lean-Einführung unterstützen muss. Es scheint mir, dass er die Bereitschaft signalisiert, sich dahingehend zu verändern. Das ist entscheidend.

Autoren: Welche Erfahrungen – positiver und negativer Natur – haben Sie mit Management Commitment gemacht?

Dr. Sven Borchert: Wir haben bei Lumics bereits viele Projektaktivitäten bei der Lufthansa Technik durchgeführt. Dort gibt es mehrere Business Units und es lässt sich sehr schnell erkennen, welcher Bereich Lean macht, weil der Produktionsvorstand es so möchte. Bei anderen Business Units spürt man wiederum sofort, dass die Verantwortlichen davon überzeugt sind, dass Lean den ganzen Bereich weiterbringen wird. Wenn diese Überzeugung vorhanden ist, zeigen sich die verantwortlichen Führungskräfte automatisch am Shopfloor und haben einen anderen Bezug zu ihrer Mannschaft.

Ein anderes Beispiel: Einmal haben wir in einer Produktion den „Leuchtturm" eingeführt. Das war ein über zwei Meter hohes Drahtgeflecht mit Pappmaschee, was in der Werkstatt vor Ort gebaut und auf einen Rollwagen gestellt wurde. Mit diesem Leuchtturm war eine Prämie verbunden, sobald eine Verbesserungsidee aus der Mannschaft umgesetzt wurde. Dann haben wir den Leuchtturm in die Einheit gestellt, wo die Idee generiert wurde, sodass alle anderen sehen konnten, dass sie sich hier etwas abschauen können. Zusätzlich gab es unterschiedliche Belohnungen nicht für den einen, der die Idee hatte, sondern für das gesamte Team – einmal ist ein Team im Rahmen eines gewissen Budgets ein Wochenende gemeinsam verreist. Das Management hatte verstanden, dass es aktiv unterstützen muss: Es wurden nicht nur die notwendigen Ressourcen für die Belohnungen zur Verfügung gestellt, sondern der Vorstand des Unternehmens war besonders zu Beginn bei jeder „Verleihung des Leuchtturms" vor Ort – so kam die Lean-Einführung „ans Fliegen".

Man darf dabei aber nicht vergessen, dass jeder Kulturkreis seine eigene Aerodynamik hat. Den Leuchtturm haben wir in Deutschland und Polen eingeführt – das hat funktioniert. Als wir das auch im türkischen Standort etablieren wollten, wurden wir von den Mitarbeitern gefragt, was die jetzt mit diesem Spielzeug anfangen sollen – das hat gar nicht funktioniert. Dagegen steht bei unserem aktuellen afrikanischen Kunden weder der Einzelne noch sein Team im Vordergrund – wenn es gute Nachrichten gibt, dann wird der gesamten Belegschaft eine große Party mit Live-Musik und allem, was dazu gehört, organisiert. Das kommt dort super an, ob das auch in Deutschland funktionieren würde, bezweifle ich.

Autoren: Für Herr Dr. Mues ist klar, dass ein Team, das sich nicht hinterfragt, nicht performen kann. Wo liegen aus Ihrer Sicht die Gefahren beim regelmäßigen Reflektieren?

Dr. Sven Borchert: Da gebe ich ihm auch absolut Recht. Lean heißt, sich ständig zu hinterfragen. Gleichzeitig ist das für mich eine Frage der Unternehmenskultur, denn der Mitarbeiter wird sich fragen: Wie wird mit meinem Fehler umgegangen? Werde ich jetzt abgestraft? Kritisch hinterfragen und Fehler aufdecken kann auch Angst auslösen – so kann der positive Effekt natürlich schnell wieder kippen. Eine konstruktive und offene Fehlerkultur gilt es wie ein zartes Pflänzchen zu züchten. Dafür gibt es keine Bedienungsanleitung, sondern muss im Einzelfall geklärt werden: Wenn das Unternehmen aber eine eher offene Kultur hat, dann ist die umfangreiche Reflexion weniger problematisch. Wenn das aber nicht der Fall ist, sollte eine homöopathische Dosis angewendet werden.

Autoren: Was sind denn Ihrer Erfahrung nach die drei wichtigsten Erfolgsfaktoren für die Einführung von Lean?

Dr. Sven Borchert:
1. Die umgekehrte Pyramide von Toyota leben. Das heißt, dass die oberste Führungskraft Dienstleister für alle anderen ist. Das ist eine Haltung, bei der die erste Führungskraft damit beginnt, den anderen die Steine aus dem Weg zu räumen. Wenn dieses Verständnis auf der ersten Führungsebene nicht vorhanden ist, wird die Einführung von Lean vor lauter Steinen holprig.
2. Schnelle Erfolge aufzeigen. Es ist wichtig, dass die Belegschaft sieht, was Veränderungen bewirken können. Diese „frohe Botschaft" gilt es im Unternehmen zu verbreiten.
3. Eingetretene Wege bewusst verlassen. Damit meine ich, dass signalisiert werden muss, dass sich etwas verändert. Ich komme auf mein Beispiel zurück: Den Leuchtturm basteln und hinstellen. So wird eine neue Arbeitsweise sichtbar.

Autoren: Warum und wann sollte ein Unternehmen Lean nicht einführen?

Dr. Sven Borchert: Im Sanierungsfall macht die Einführung von Lean keinen Sinn und bei einer Fusion würde Lean auch mit erschwerten Bedingungen zurechtkommen müssen.

Ansonsten gibt es für mich keinen guten Grund, Lean nicht einzuführen – vorausgesetzt es wird angepasst, denn ein Produktionssystem von Toyota, Daimler & Co. einfach zu kopieren und einer Organisation überzustülpen, wird nicht funktionieren.

Autoren: Ist Lean ein oder kein Allheilmittel?

Dr. Sven Borchert: Lean ist auf keinen Fall ein Allheilmittel. Sie können mit Lean keine neue Strategie entwickeln, neue Märkte erschließen und auch nur begrenzt Innovation und Kreativität fördern. Lean ist eine Methode, um bestehende oder noch zu entwickelnde Prozesse so effizient wie möglich zu gestalten – nicht mehr aber auch nicht weniger.

Autoren: Gibt es Schwächen der Methodik?

Dr. Sven Borchert: Für den geschilderten Einsatzbereich der Methodik sehe ich keine Schwäche. Die Frage ist eher, wie weit ist der gesunde Menschenverstand der Verantwortlichen. Wenn Lean mein Hammer ist, dann sehe ich überall nur noch Nägel. Aber es kommt darauf an, beurteilen zu können, welche Tools und Techniken passen und welche Schritte wann richtig sind. Können in der Anwendung von Lean Fehler entstehen? Ja. Weist die Methode an sich deswegen eine Schwäche auf? Nein.

Autoren: Aber beißt sich die Einhaltung von Standards und das Vermeiden von Fehlern nicht mit dem methodischen Anspruch, Verantwortung den Mitarbeiter zu übertragen? Das ist ja ein unternehmerischer Anspruch und zu unternehmerischem Handeln gehören Fehler zwangsläufig dazu.

Dr. Sven Borchert: Das ist für mich kein Widerspruch. Das eine ist ein Fehler im Produktionsablauf, den ich vermeiden will. Das andere ist eine Frage der Unternehmenskultur und inwiefern den Beteiligten bewusst ist, dass Fehler Lernimpulse sind.

Autoren: Lassen Sie uns in Situationen aus der Praxis eintauchen: Ein betroffener Mitarbeiter einer Lean-Einführung sagt Ihnen, dass er Lean kritisch gegenübersteht, weil er seinen Arbeitsplatz behalten möchte. Was entgegnen Sie ihm?

Dr. Sven Borchert: Ich würde deutlich signalisieren, dass ich diese Angst verstehen kann, denn sie ist genau genommen berechtigt. Ob sein konkreter Arbeitsplatz in dieser Form bestehen bleiben wird, kann ich nicht versprechen. Ich würde aber die Chancen hervorheben, die sich durch die Lean-Einführung für ihn ergeben. Lean lebt davon, dass die Mitarbeiter mitmachen, also kann er seine Kreativität und sein Wissen unter Beweis stellen, in anderen Bereichen ausgebildet werden und so womöglich neue Jobmöglichkeiten ergreifen. Der Mitarbeiter kann sich breiter aufstellen und die Entwicklungsmöglichkeiten, die jede durchdachte Lean-Einführung mit sich bringt, nutzen. Was ich auf keinen Fall machen würde, wäre ihm das Gefühl zu vermitteln, dass schon alles gut wird und er sich keine Sorgen machen muss. Das ist keine Perspektive für einen Mitarbeiter und mich holt es, wenn es früher oder später um konkrete Veränderungen an seinem Arbeitsplatz geht, auch ein. Damit gefährde ich dann die Akzeptanz der gesamten Lean-Einführung.

Autoren: Ein betroffener Mitarbeiter einer Lean-Einführung sagt Ihnen, dass er Angst hat, in Zukunft immer dieselben Arbeitsschritte auszuführen. Was entgegnen Sie ihm?

Dr. Sven Borchert: Dazu kann ich Ihnen ein Beispiel nennen. Es ging bei einem Kunden um den Aufbau einer Fließfertigung und es gab neuerdings auch einen separaten Schleifraum. Die Befürchtung der Mitarbeiter passt zu Ihrer Frage: „Muss ich jetzt die ganze Schicht jetzt hier im Schleifraum stehen und schleifen?" Wir haben klargemacht, dass das aus sieben Mitarbeitern bestehende Team, sich eigenständig überlegen kann, wie es die Arbeit im Schleifraum organisiert. Einzig allein die Anforderungen an die Zeiten, Kosten und Stückzahlen mussten stimmen – alles andere war uns im Prinzip egal. Im weiteren Verlauf hat sich das interessanterweise gezeigt, dass zwei Mitarbeiter gerne die Arbeit im Schleifraum übernehmen – die anfänglichen Befürchtungen lösten sich in Luft auf.

Wichtig war aber, dass wir die notwendigen Voraussetzungen für eine Lösung aus der Mannschaft geschaffen haben. Es gab für jeden die entsprechende Arbeitskleidung mit Helm und die klare Verantwortung beim Team, sodass sich die Mitarbeiter flexibel organisieren konnten – mit Erfolg. Es geht also nicht darum, alles immer zu durchdenken und für alles Regeln festzulegen. Viel zu häufig werden die Mitarbeiter auf dem Shopfloor für dumm gehalten und damit dumm gehalten. Wer die Mitarbeiter befähigt, die nötigen Rahmenbedingungen schafft und ihnen Vertrauen schenkt, wird dieses Vertrauen um ein Vielfaches zurückgezahlt bekommen.

Autoren: Ein betroffener Mitarbeiter einer Lean-Einführung sagt Ihnen, dass er Lean zwar super findet, aber einfach keine Zeit dafür hat. Was entgegnen Sie ihm?

Dr. Sven Borchert: Keine Zeit zu haben ist nur ein Anzeichen für die Angst vor Veränderung – das kommt vor, ganz nach dem Motto, „vor lauter Sägen, habe ich keine Zeit, das Sägeblatt zu schärfen". Aus seiner Situation kann der Mitarbeiter aber auch Recht haben und deswegen ist es wichtig, ihm den nötigen Freiraum zu ermöglichen, um an Lean-Aktivitäten teilzunehmen. Das müssen keine vier Stunden pro Tag sein, sondern es reichen schon 15 min – wenn man sich dann die Aktivitäten und Zeitfresser im Detail anschaut, versteht man erst, was den Mitarbeiter wirklich bewegt. Es ist auch nicht schwierig, diese 15- bis 30-minütigen Freiräume zu schaffen, um dann die „Lawine" ins Rollen zu bringen. Wenn ich mir aber nicht die Zeit nehme, den Einwand des Mitarbeiters ernst zu nehmen, werde ich ihn für meine Lean-Einführung nicht gewinnen.

Autoren: Ganz allgemein gefragt: Würden Sie bei der Einführung von Lean sprechen oder die Begrifflichkeit vermeiden?

Dr. Sven Borchert: Das kommt ganz auf die Gegebenheiten vor Ort an. Ich schaue mir an, wie welche Begrifflichkeit besetzt ist und womit Lean assoziiert wird. Wenn Lean negativ besetzt ist und in der Vergangenheit schon einmal schlechte Erfahrungen gemacht wurden, dann vermeide ich den Begriff in Programm- und Projektnamen. Sie werden die Begrifflichkeit Lean in der Projektarbeit aber nie ganz vermeiden können – ich schätze, dass 75 % der Lean-Einführungen aber „Lean" im Namen des Programms oder Produktionssystems tragen.

Der Name des Programms ist im Übrigen eine gute Gelegenheit, den Mitarbeitern zu signalisieren, dass sie von Beginn an mitgestalten dürfen und sollen. Ganz aktuell haben wir beim Projekt bei der afrikanischen Airline die Mitarbeiter mitentscheiden lassen, wie das Programm heißen soll.

Autoren: Kommen wir zum Abschluss: Wie stellen Sie sicher, dass Lean „gesund" eingeführt wird und nicht dem Schlankheitswahn verfällt?

Dr. Sven Borchert: Eine gesunde Lean-Einführung hat viel mit gesundem Menschenverstand zu tun. Dazu gehören für mich vor allem zwei Aspekte:

1. Zuhören – wenn eine offene Kommunikation über die Hierarchieebenen gelebt wird, die Berater nicht als Besserwisser auftreten und den Mitarbeiter zuhören können, ist dies ein großer Schritt weg vom Schlankheitswahn.
2. Vertrauen – wenn die Belegschaft Vertrauen in ihre Fähigkeiten spürt, dann hat man viel gewonnen. Wenn dann ein offener Umgang miteinander gelebt wird, signalisiert einem die Belegschaft schon, falls man es mit der Lean-Einführung mal übertreiben sollte. Diese Nähe zum Shopfloor, dem Puls des Geschehens, ist entscheidend, um den Schlankheitswahn zu vermeiden.

Autoren: Wir bedanken uns für das Gespräch.

2.8 Werkzeugkasten

2.8.1 Kanban

Was ist das?
Kan (Signal) ban (Karte) ist ein fester Baustein eines schlanken Produktionssystems, der die Lagerbestände und damit die Kapitalbindung reduziert, Änderungen des Bedarfes umgehend berücksichtigt und die größtmögliche Liefersicherheit aufweist – ohne dass sich Ausschussquoten, Transportwege oder die Nacharbeit erhöhen. Dadurch, dass sich die Kanban-Methode ausschließlich am tatsächlichen Verbrauch von Materialien orientiert, wird ein Produktionsprozess zu einem selbstständigen Regelkreis, wodurch der Steue-

rungsaufwand reduziert wird. Das Synonym für diesen Vorgang wird auch als „Pull-Effekt" bezeichnet: Der Prozess „bestellt" sich das, was er braucht, von selbst.

Wie funktioniert das?
Eine Kanban-Karte benötigt Informationen zur Identifizierung, wie eine Kartennummer, Materialnummer, Materialbezeichnung, Stückzahl, den Lieferanten, Kunden sowie ein Gültigkeitsdatum. Über Barcodes können zusätzliche Informationen „mitfließen". Die Karten müssen dauerhaft lesbar sein und so gut befestigt sein, dass sie bei der Begleitung der Arbeitsmittel nicht verloren gehen.

Wenn der Lagerbestand eines bestimmten Materials einen definierten Mindestwert unterschreitet, wird dies an den vorgelagerten Prozess gemeldet und die Bereitstellung des Materials veranlasst. Im Büro kann die vorletzte Druckerpatrone den Mitarbeiter an eine manuelle Bestellung von zehn neuen Patronen erinnern – in der Industrie sind dagegen vollautomatisierte Bestellungen via RFID-Technologie keine Seltenheit. Das System erinnert an einen Supermarkt, bei dem das Personal für ausreichend Bestand in den Regalen sorgt, sobald sich die Kunden bedient haben.

Worauf muss man achten?
Die Kanban-Karten sind nicht für jeden Produktionsprozess passend. Bei der Herstellung von Einzelprodukten, Sonderaufträgen oder Projektfertigungen ist die benötigte Standardisierung der Prozesse nicht gegeben.

Die Wirksamkeit von Kanban lebt von der Einhaltung von Regeln: Die Senke (der Prozess, bei dem der Materialbedarf ausgelöst wird) fordert nur so viel Material bei der Quelle (vorgelagerter Prozess) an, wie er benötigt. Die Senke darf nicht vorzeitig anfordern und die Quelle nicht auf Vorrat produzieren – alles andere würde Lean widersprechen.

Die Kanban-Methode allein führt zu keiner schlanken Produktion. Nur im Kontext u. a. einer geglätteten Produktion (s. Abschn. 3.8.4), die sich mit kleinen Losgrößen in einem gleichmäßigen Fluss befindet, kann Kanban seine volle Wirkung entfalten.

2.8.2 Swimlane-Diagramm

Was ist das?
Die Swimlane-Darstellung (auch Flussdiagramm genannt) ist eine verbreitete Dokumentationsmethode, um ein einheitliches Verständnis von Prozessabläufen zu schaffen. Auf einem hohen Abstraktionsniveau werden die Prozessbeteiligten, -schritte und -verzweigungen in „Swimlanes" dargestellt. Diese „Schwimmbahnen" bilden die Verantwortungsbereiche der Prozessbeteiligten ab, zwischen denen die Verantwortung für einen Prozess hin und her pendelt, bis der „Workflow" abgeschlossen ist. Der Prozessfluss kann vertikal oder horizontal gezeichnet werden – von links nach rechts zu lesen, hat sich bei der Benutzung von Metaplanwänden in der Praxis und bei der gängigen Modellierungssoftware als optisch „angenehmere" Variante durchgesetzt.

Wie funktioniert das?

Die Zeichnung eines Swimlane-Diagramms lebt von der Einfachheit der Symbole wie für Funktionen, Tätigkeiten, Dokumente, Entscheidungen oder elektronische Systeme. Es gibt zahlreiche Formen der Notation – von einfach bis umfangreich, von schwarz-weiß bis bunt. In der Abb. 2.4 ist ein überschaubarer Prozess skizziert.

Um die notwendigen Informationen zu erhalten, werden Fragen gestellt – so lange, bis man den Prozess selbst ausführen könnte. Im Folgenden werden die üblichsten Fragen aufgeführt:

- Was ist auslösendes Ereignis (Input) des Prozesses? (Kunde ruft an)
- Auf welchem Weg gelangen Informationen von einem Schritt zum Nächsten? (z. B. per Mail, Zuruf, Telefon?)
- Welche Funktionen machen mit den Informationen was genau? (z. B. Kundenanliegen prüfen und Termin vereinbaren)
- Mit welchem System wird gearbeitet und welche Daten werden gepflegt? (in einem Workflow-, oder CRM-System etc.?)
- Wo entstehen Medienbrüche? (z. B. beim Arbeiten mit einer manuell und abseits des Systems geführten Sonderpreisliste)
- Welche Hilfsmittel werden eingesetzt? (z. B. die in SAP hinterlegte Sonderpreisliste)
- Warum und wo müssen Rückfragen gestellt werden? (z. B. braucht es bei Sonderpreisen die Genehmigung vom Bereichsleiter)
- Wer entscheidet letztendlich? (Wer soll entscheiden versus wer entscheidet wirklich?)
- Wenn mehrere Schritte gleichzeitig passieren – wie ist die prozentuale Verteilung der Häufigkeit? (z. B. wird in fünf Prozent der Fälle auf die Sonderliste zurückgegriffen)

Worauf muss man achten?

Bei der Darstellung der Prozessbeteiligten sollte der Kunde immer an erster Stelle stehen. Bei der Aufnahme von mehreren Prozessen ist es ratsam, die Reihenfolge der Prozessbeteiligten nicht ständig zu ändern und farblich abzuheben. Das erleichtert nicht nur die eigene Arbeit, sondern ermöglicht auch ein schnelleres Verständnis bei unbeteiligten Mitarbeitern. Nicht jeder Mitarbeiter denkt in Prozessschritten und kann sich schnell auf eine strukturierte Darstellung seiner Arbeit einlassen – eine kurze Einführung in die Swimlane-Darstellung mit einfachen Beispielen ist dafür eine gute Basis.

Prozessabläufe nach der Swimlane-Darstellung bieten wertvollen Input für die Erstellung von Handbüchern und Stellenprofilen, damit neue Mitarbeiter sehen können, wie die Prozesse funktionieren, welche Tätigkeiten anfallen und welche anderen Bereiche eingebunden sind.

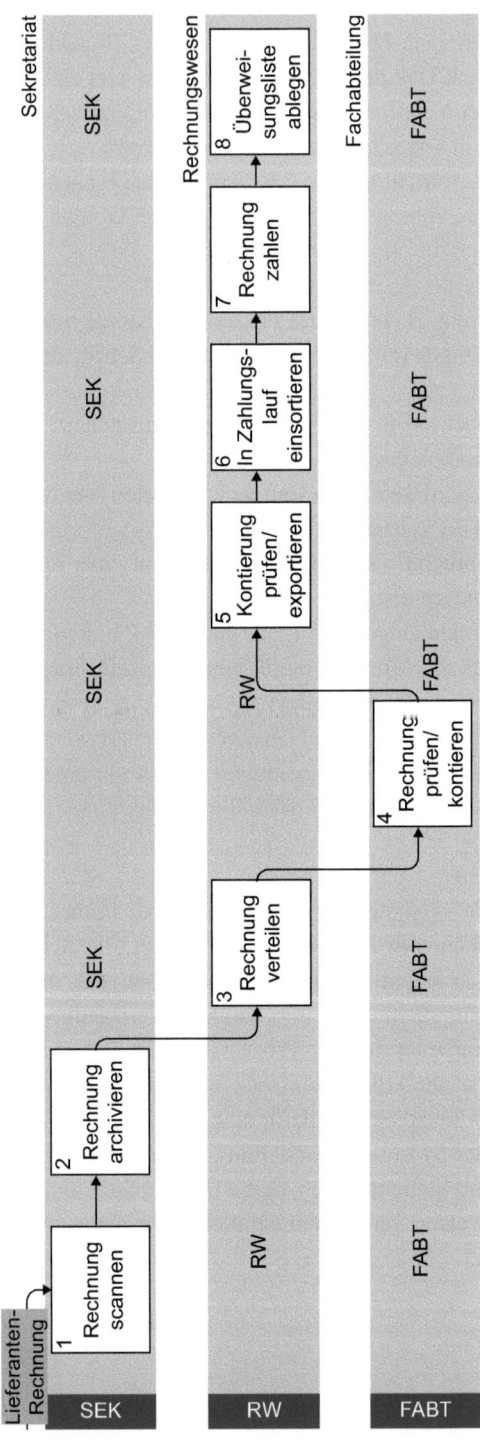

Abb. 2.4 Beispielhafte Swimlane-Darstellung

2.8.3 Fischgrätendiagramm und 5W

Was ist das?

Die aus dem Six-Sigma-Werkzeugkasten stammende Methode (auch Ursache-Wirkungs-Diagramm oder Ishikawa-Diagramm genannt) hilft dabei, sich nicht mit Symptombekämpfung, sondern Ursachenforschung zu beschäftigen. Es ist eine grafische Darstellung von Kausalitätsbeziehungen, die zu einem auftretenden Problem führen oder dieses maßgeblich beeinflussen. Die Methode kann alleine oder im Team angewendet werden und gleicht dabei einem strukturierten Brainstorming. Der Nutzen ist, dass nicht der offensichtlichen Ursache gefolgt, sondern eine tiefergehende Analyse durchgeführt wird. Dafür wird mit Hilfe der „5 Warums" die Ursache von der Ursache gesucht. Es wird davon ausgegangen, dass durch mehrmaliges Hinterfragen nicht mehr das Symptom, sondern die Ursache erkannt wird – das Unkraut wird nicht abgeschnitten, sondern bei der Wurzel gepackt. Ein einfaches aber einleuchtendes Beispiel: Der König hat in einer Schlacht sein Königreich verloren.

1. Warum? Weil sein Pferd im Kampf gestolpert ist.
2. Warum? Weil dem Pferd das Hufeisen abgefallen ist.
3. Warum? Weil der Pferdeschmied zu kurze Nägel verwendet hat.
4. Warum? Weil die langen Nägel aufgebraucht waren.
5. Warum? Weil nur einmal im Monat eine Lieferung der langen Nägel eintrifft.

Wie funktioniert das?

1. Fischgräte zeichnen: Da der Fisch vom Kopf stinkt, wird wie in Abb. 2.5 am rechten Ende eines horizontalen Pfeils das als „Warum-Frage" formulierte Problem aufgeschrieben. Die klassischen Gräten (Einflussgrößen) sind die 4M: Material, Maschine, Methode und Mensch. Ergänzungen wie Management, Messtechnik, Mitwelt (Milieu) oder Geld (Money) sind möglich.
2. Ursachen erforschen: Nun startet die Suche nach den Hauptursachen, die den Einflussgrößen zugeordnet und auf kleineren Pfeilen eingezeichnet werden. Wenn die Hauptursachen anschließend fünf Mal hinterfragt werden, ergeben sich die Nebenursachen. An dieser Stelle kann die Anwendung von Kreativitätstechniken (s. Abschn. 1.8.5) hilfreich sein.
3. Ursachen priorisieren: Für gewöhnlich sammeln sich im Laufe der Anwendung zahlreiche Haupt- und Nebenursachen an. Für konkrete nächste Schritte braucht es aber eine Auswahl an relevanten Ursachen, um Maßnahmen zur Lösung der Problemursache abzuleiten. In der Praxis hat sich bei größeren Teams das Kleben von Punkten bewährt: Jeder Teilnehmer erhält eine bestimmte Anzahl an Klebepunkten und bewertet die aus seiner Sicht wichtigsten Ursachen – die Ursache mit den meisten Punkten „gewinnt".

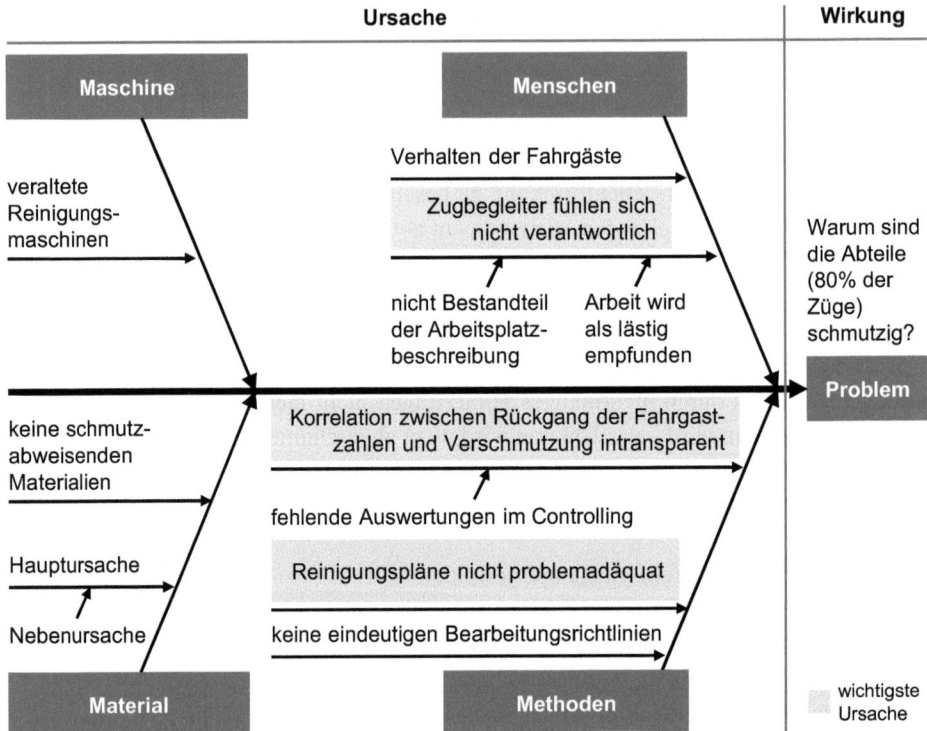

Abb. 2.5 Fischgrätendiagramm. (Quelle: Dahm und Brückner 2014, S. 31)

Worauf muss man achten?
Die Logik des fünfmaligen Hinterfragens ist unabhängig von der Anwendung eines Fischgrätendiagramms und kann als Tool problemlos verinnerlicht werden. Auch in vielen anderen Situationen lohnt es sich, tiefer zu graben.

Die Anzahl und Inhalte der Einflussgrößen ist flexibel – es gibt nicht „die eine Lösung". Für Produktionsprozesse werden häufig Maschinen, Materialien, Werkzeuge und Menschen benutzt. Bei Serviceprozessen üblicherweise Richtlinien, Kommunikation, Prozesse und Menschen.

2.8.4 5S

Was ist das?
Diese Vorgehensweise ist die mitunter bekannteste Methode des umfangreichen Lean-Baukastens. Sie zielt auf Ordnung und Sauberkeit ab, um ein leistungsfähiges und sicheres Arbeitsumfeld zu schaffen, bei dem alle notwendigen Materialien und Gebrauchsgegenstände am Arbeitsplatz eine zugewiesene Position haben – alles andere wird entfernt. Die

2.8 Werkzeugkasten

fünf S stehen für die japanischen Ausdrücke: Seiri, Seiton, Seiso, Seketsu und Shitsuke. Übersetzt heißt es: Sortieren, sichtbar machen, säubern, standardisieren und stabilisieren.

Der Drang nach Ordnung ist nicht nur in der japanischen Kultur begründet, sondern wirtschaftlich gerechtfertigt. Wer am Tag vier Mal seinen Textmarker sucht, sieben unnötige E-Mails liest und löscht und sich zehn Mal mit einem veralteten EDV-System herumschlägt, verbringt damit knapp zehn Arbeitstage im Jahr. Da ein Mitarbeiter in einer Fertigungshalle einen größeren Bewegungsradius hat und für ein fehlendes Gerät schnell mal in das Lager laufen muss, sieht die Kalkulation in der Produktion noch teurer aus. Keiner hat Zeit zum Aufräumen – aber jeder hat Zeit zum Suchen.

Wie funktioniert das?

1. Sortieren: Im Fokus steht die Unterscheidung zwischen nötigen und unnötigen Dingen. Bei diesem ersten Schritt werden die Arbeitsmittel entweder weggeworfen, aufgeräumt oder gereinigt und dann abgelegt.
2. Sichtbar machen: Beim Aufräumen unterscheidet man in Arbeitsmittel, die täglich, wöchentlich oder selten benutzt werden. Diese werden jeweils direkt am Arbeitsplatz, in guter Erreichbarkeit oder dort gelagert, wo sie nicht stören.
3. Säubern: Ein sauberes Arbeitsumfeld ist ein Indiz für gute Qualität und hilft dabei, Probleme frühzeitig zu erkennen. Ein Reinigungsplan mit definierten Zeiten und Verantwortlichkeiten stellt das sicher.
4. Standardisieren: Die Benutzung von Schattenbrettern, um fehlendes Material direkt zu erkennen, die Beschriftung von Schränken oder Schubladen, um Suchzeit zu sparen oder ein zentraler Materialschrank für Arbeitsmittel, die nicht von jedem benötigt werden (z. B. Beamer), um Platz und Kosten zu sparen, sind Beispiele für Standards im Arbeitsumfeld.
5. Stabilisieren: Über Audits wird die Ordnung und Sauberkeit abgesichert und die Weiterentwicklung von Standards ermöglicht. Ob die regelmäßige Kontrolle von selbst oder in Zweierteams durchgeführt wird, ist nicht entscheidend.

Worauf muss man achten?

Sauberkeit wird mit Qualität assoziiert – gelebtes 5S wirkt sich nicht nur auf die Motivation der Mitarbeiter aus, sondern kann auch Lieferanten und Kunden beeindrucken. Es lohnt sich, über die Erfolge eines sauberen Arbeitsumfeldes zu sprechen.

Bevor 5S angewendet wird, ist eine Ist-Auditierung mit Fotos sinnvoll. So muss man die Erfolge der Methode später nicht erklären – ein Vorher-Nachher-Foto sagt mehr als tausend Worte.

5S wird nicht für die Mitarbeiter, sondern durch die Mitarbeiter umgesetzt. Nur die „Eigentümer" der Arbeitsplätze räumen auf. Doch da nicht jedem Betroffenen der Eingriff in sein gewohntes Arbeitsumfeld schmeckt, haben sich in der Praxis gekennzeichnete Privatbereiche als zweckmäßiges Entgegenkommen herausgestellt.

2.8.5 SIPOC

Was ist das?
SIPOC (Akronym für Supplier, Input, Process, Output, Customer) wird häufig im Kontext von Prozessvisualisierungen bei Lean-Initiativen angewendet. Die standardisierte tabellarische Darstellung gibt einen schnellen Überblick über alle wesentlichen Elemente des zu untersuchenden Prozesses, ohne dabei tiefergehende Details wie Schwachstellen und Verbesserungsvorschläge herauszuarbeiten.

Wie funktioniert das?
Bei der Herangehensweise gibt es unterschiedliche Auffassungen: Wo der eine von rechts startet, um den Kunden in den Fokus zu rücken, startet der andere von links und füllt die SIPOC vertikal aus. Auch wenn viele Wege nach Rom führen, macht es zu Beginn Sinn, erst die Prozessschritte zu definieren.

1. Prozess: Die Anwendung sollte sich dabei auf fünf bis sieben Prozessschritte beschränken, die jeweils mit einem Substantiv und einem Verb formuliert werden.
2. Output: Hier wird jeglicher Wert, den der Prozess hervorbringt eingetragen – Produkte, Dienstleistungen, Dokumente, Informationen oder Entscheidungen.
3. Kunde: An dieser Stelle ist nicht nur der externe, sondern auch der interne Kunde relevant. Dabei muss es sich nicht um Personen handeln – Abteilungen oder IT-Systeme können auch Kunden eines Prozesses sein.
4. Lieferant: Hierunter fallen Zulieferer aller Art, die Input für den Prozessschritt liefern. Analog zu den Kunden können dies Personen, Organisationen, Abteilungen oder sonstige Lieferanten sein.
5. Input: Sämtliche Teile, Materialien, Informationen, Dokumente oder sonstige zu verarbeitenden Bestandteile, die in den Prozess fließen, sind als Input aufzuführen.

Worauf muss man achten?
Aufgrund der Beschränkung der berücksichtigten Prozessschritte dient dieses Werkzeug lediglich einem groben Überblick über den Gesamtprozess (s. Abb. 2.6). Anschließend ist der Tiefgang von Werkzeugen wie der Wertstromanalyse (s. Abschn. 1.8.1), dem Prozessleitfaden oder dem Swimlane-Diagramm (s. Abschn. 2.8.2) zu empfehlen. Die SIPOC kann parallel verlaufende Prozesse, damit einhergehende Schnittstellen und die zeitliche Dimension eines Wertstroms nicht darstellen. Jedoch zeigt die Praxis, dass gerade in dieser Allgemeinheit der Mehrwert liegt: Zu Beginn eines Verbesserungsprojektes sind Diskussionen um die Details und Sonderfälle eines Prozesses zu vermeiden.

2.8 Werkzeugkasten

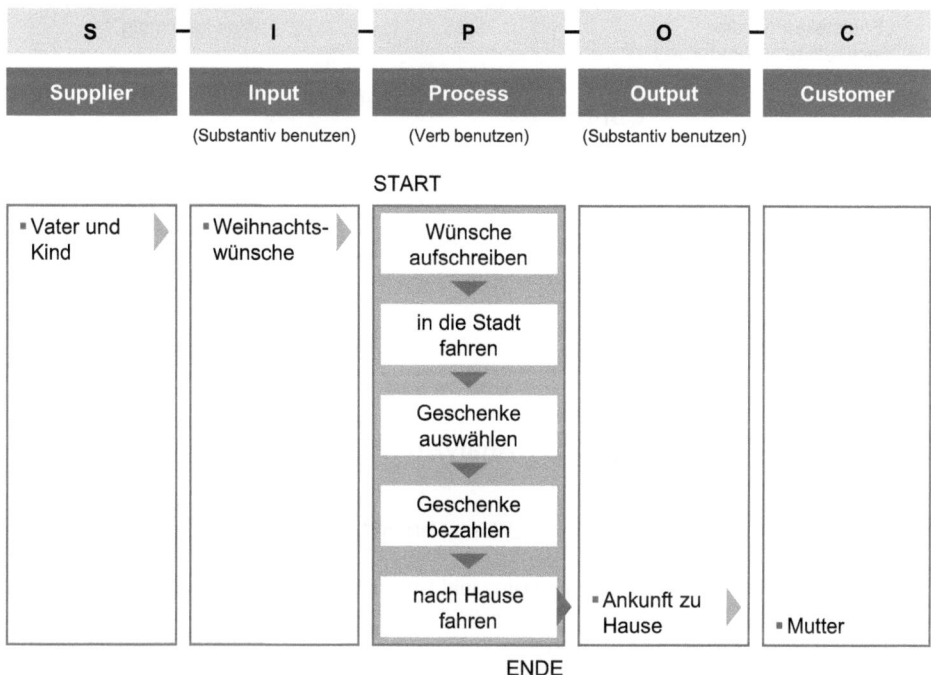

Abb. 2.6 Die SIPOC in der Anwendung. (Quelle: Dahm und Brückner 2014, S. 62)

2.8.6 DMAIC-Zyklus

Was ist das?

Der DMAIC-Zyklus (Akronym für Define, Measure, Analyze, Improve und Control) ist der Kernprozess der Six-Sigma-Methodik zur Qualitätsverbesserung. Alle Six-Sigma-Projekte laufen nach diesem in Abb. 2.7 dargestellten standardisierten Zyklus ab, um bestehende Prozesse messbar zu machen und dauerhaft zu verbessern. Jeder Buchstabe steht für eine Phase, für die ein Projektleiter bestimmte Werkzeuge aus dem Six-Sigma-Baukasten auswählen kann. So wird jedes Problem in ein statistisch-mathematisches Problem übersetzt und eine Lösung auf Basis von Daten und Fakten entwickelt.

Wie funktioniert das?

1. **Define – Was ist wichtig?** In dieser ersten Phase des Zyklus beschreiben der Six Sigma Champion und der Six Sigma Black oder Green Belt Projektleiter die Ausgangslage, Ziele und Grenzen des Projektes. In einem Projektsteckbrief wird auch das Projektteam definiert und das Einsparpotenzial geschätzt. Mit Hilfe einer SIPOC (s. Abschn. 2.8.5) kann der zu optimierende Prozess untersucht werden und die Voice

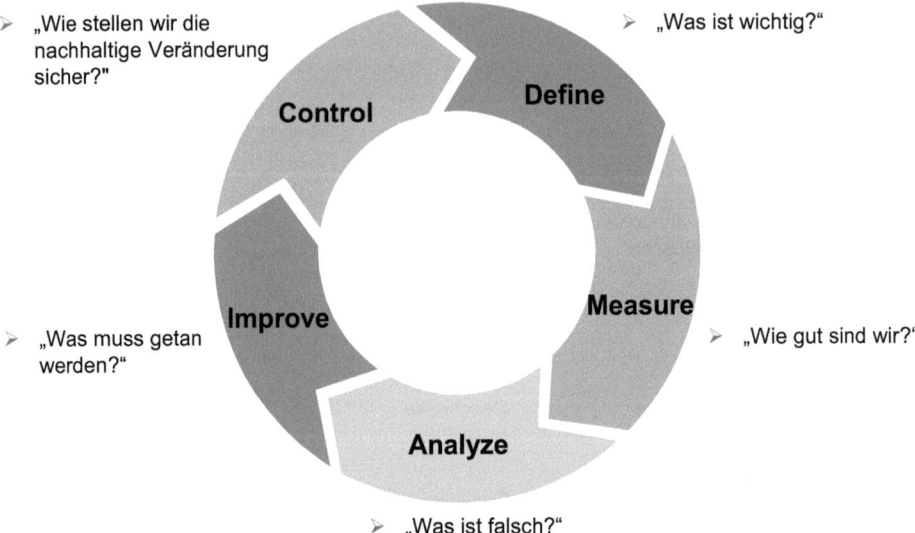

Abb. 2.7 Der DMAIC-Zyklus. (Quelle: Dahm und Brückner 2014, S. 39 in Anlehnung an Pande et al. 2000, S. 51)

of the Customer[14] kann Aufschluss über die Erwartungen der internen und externen Kunden geben.
2. **Measure – Wie gut sind wir?** In dieser Phase wird validiert, wie gut der bestehende Prozess den in der Define-Phase ermittelten Anforderungen der Kunden entspricht. Dafür werden möglichst viele und genaue Informationen über den Prozess gesammelt. Instrumente wie Ertragsberechnungen oder Stichprobenauswertungen helfen dabei, um im weiteren Verlauf auf qualitativ verwertbare Daten zurückzugreifen. Bis dahin wird die evaluierte Datenbasis grafisch aufbereitet, um Zusammenhänge deutlich zu machen und mögliche Messfehler zu entdecken.
3. **Analyze – Was ist falsch?** Nun wird Ursachenforschung betrieben und auf eine Vielzahl an statistisch-mathematischen Werkzeugen und Prozess- und Datenanalysen zurückgegriffen. Die Varianz- und Regressionsanalyse oder Hypothesen- und Chi^2-Tests geben Aufschluss über die Ursache-Wirkungs-Zusammenhänge und sind gleichzeitig die „Beweise" für die nächste Phase.
4. **Improve – Was muss getan werden?** In der vierten Phase werden für die erkannten Probleme Lösungen erarbeitet. Da gerade zu Beginn keine Lösungsmöglichkeit außer Acht gelassen werden soll, werden Kreativitätstechniken (s. Abschn. 1.8.5) eingesetzt. Wenn mehrere Lösungsvorschläge bestehen, kann eine Nutzwertanalyse oder

---

[14] Die Voice of the Customer (VoC) ist eine Methode zum Verständnis der Kundenbedürfnisse. Kunden (intern und extern) werden nach ihren Wünschen, Erwartungen und Vorstellungen befragt.

Entscheidungsmatrix bei der Beurteilung helfen – alternativ kann die Fehler-Einfluss- und-Möglichkeit-Analyse (FMEA) die Risiken eines Lösungsvorschlages minimieren.
5. **Control – Wie stellen wir die nachhaltige Verbesserung sicher?** In der letzten Phase des DMAIC-Zyklus werden die eingeführten Lösungsmaßnahmen auf ihre Wirksamkeit verifiziert. Im Rahmen der Nachbereitung werden die Kosteneinsparungen durch einen Vorher-Nachher-Vergleich ermittelt und die betroffenen Mitarbeiter im neuen Prozess geschult. Die Erkenntnisse werden im Unternehmen kommuniziert, so dass auch andere Projekte profitieren können.

Worauf muss man achten?
Der DMAIC-Zyklus ist eine Weiterentwicklung des Deming-Kreises – besser bekannt unter PDCA und bezieht sich nur auf bestehende Prozesse. Für die Entwicklung neuer Prozesse wird die Systematik in DMADV umgewandelt: Define, Measure, Analyze, Design und Verify.

Literatur

Dahm, M., & Brückner, A. (2014). *Operational Excellence mittels Transformation Management. Nachhaltige Veränderung im Unternehmen sicherstellen – Ein Praxisratgeber.* Wiesbaden: Springer Gabler.

Dahm, M., & Haindl, C. (2011). *Lean Management und Six Sigma. Qualität und Wirtschaftlichkeit in der Wettbewerbsstrategie.* Berlin: Erich Schmidt.

George, M. L. (2002). *Lean six sigma: combining six sigma quality with lean production speed.* New York: McGraw-Hill.

Kroslid, D. (2003). *Six Sigma: Erfolg durch Breakthrough-Verbesserungen.* München: Carl Hanser.

Pande, P. S., Neuman, R. P., & Cavanagh, R. R. (2000). *Six Sigma erfolgreich einsetzen.* München: MI.

Toepfer, A. (2009). *Lean Six Sigma: Erfolgreiche Kombination von Lean Management, Six Sigma und Design for Six Sigma.* Heidelberg: Springer.

Single Temperiertechnik

3

Nur, weil ein Tool nicht funktioniert, heißt das nicht, dass die Lean-Einführung scheitert – ich habe ohnehin noch nicht viele Unternehmen gesehen, die Lean konsequent anwenden und alle Möglichkeiten nutzen.
(Karsten Sauer, Geschäftsführer Single Temperiertechnik)

3.1 Um wen geht es?

„Temperatur ist die ewige Gratwanderung zwischen zu heiß oder zu kalt", hat der Werbe- und Kommunikationsfachmann KarlHeinz Karius geschrieben und dabei wohl nicht für möglich gehalten, dass aus diesem scheinbaren Dilemma Geschäftsmodelle entstehen können. Temperaturen schwanken ständig und halten auf diese Weise die Natur in der Balance. Das ist für sämtliche meteorologischen Vorgänge, die wir Klima nennen, nützlich – für spezifische technische Abläufe und Produktionsprozesse können schwankende Temperaturen dagegen kostspielige Konsequenzen nach sich ziehen. Ohne die technischen Möglichkeiten, die Soll-Temperatur einer Maschine oder eines Fertigungsprozesses auf Dauer exakt und konstant zu halten, gäbe es keine Cornflakes, PC-Tastaturen oder Tuben für Zahnpasta.

Die mittelständische SINGLE Temperiertechnik GmbH, aus dem östlich von Stuttgart gelegenen Hochdorf, entwickelt, produziert und vertreibt energieeffiziente Temperiergeräte mit Wasser oder Öl als Umlaufmedium sowie Kältetechnik. Das Portfolio reicht von einfachen Standardlösungen bis hin zu individuell konfigurierten und kundenspezifisch projektierten Sonderlösungen. Die Geräte, deren Leistungsspanne von $-40\,°$Grad bis $+350\,°$Grad reicht, werden vor allem für Spritzgieß-, Press- und Extrusionsmaschinen gebraucht und u. a. von Kunden aus der Kunststoffverarbeitung, Lebensmittelproduktion, Chemie, Pharmazeutik, Prüf- und Halbleitertechnik erworben. So wurde im Jahr 2015 mit rund 140 Mitarbeitern und über 30 Vertretungen weltweit ein Umsatz von ungefähr 30 Mio. € erwirtschaftet.

1968 gründete Gerhard Single das Unternehmen als Ausgliederung aus der Firma Presswerk Schwaben Otto Single KG, dessen Ingenieure 1958 das erste Temperiergerät entwickelten. Geräte aus dem Jahr 1966 wurden von Kunden teilweise bis ins Jahr 2010 in der Produktion eingesetzt. Unter diesem Gesichtspunkt wundert es nicht, dass Qualität und individuelle Anpassungen die Markenzeichen des Wachstumspfades bis über die Jahrtausendwende hinaus waren – das Produktportfolio wurde sukzessive erweitert und neue Branchen erobert. Im Jahr 2006 wurde die Single Temperiertechnik an die Looser Holding AG mit Sitz in der Schweiz verkauft, die ihre drei Geschäftsbereiche Beschichtungen, Industriedienstleistungen und Türen erweiterten. Durch den Verkauf an den Industriekonzern und Spezialisten für „Nischengeschäfte" aus dem Thurgau standen der stärkeren Internationalisierung der Vertriebsaktivitäten von Single nichts mehr im Wege. Neun Jahre später, im Sommer 2015, trennte sich die Looser Holding in einem Management-Buy-out wieder von der Temperiertechnik.

Heute ist Karsten Sauer Geschäftsführer und Mitgesellschafter des Unternehmens. Bis sein beruflicher Weg ihn in das beschauliche Hochdorf verschlug, übte er verschiedene leitende Funktionen in den Bereichen Lean Manufacturing und Prozessqualität für DaimlerChrysler in Deutschland und Südafrika aus. Die Tätigkeit als Director Lean Manufacturing EMEA bei Fresenius Medical Care in Deutschland, die Erfahrungen als A. T. Kearney Berater im Bereich Automotive und Operations, sowie die Arbeit als Werkleiter und Director Operations für den US-Konzern Belden komplettieren seinen Erfahrungsschatz. Damit traf ein mit internationalem Wasser gewaschener Prozess-Profi im April 2014 auf regionale Produkt-Profis. Die Herausforderung: Auf der einen Seite ist die Management-Methode Lean so selbstverständlich wie die Luft zum Atmen, auf der anderen Seite ist sie ein Synonym für personellen Kahlschlag. Kann das funktionieren?[1]

> **Hintergrundinformation: Vom Produktionssystem zur Management-Methode**
> Da der Wettbewerbsdruck in der Automobilindustrie stetig zunahm, warf der Westen einen immer aufmerksameren Blick in den weit entfernten Osten auf das „mysteriöse" Produktionssystem von Toyota. Die amerikanischen und europäischen Automobilhersteller verloren unaufhaltsam Marktanteile und die gleichen Methoden, die bei Volkswagen und in den USA versagten, schienen bei Toyota, Nissan und Honda glänzend zu funktionieren. So setzten die Japaner neue Maßstäbe im Wettbewerb: Die Produktionsmengen aus Fernost überstiegen schließlich die erreichten Stückzahlen der westlichen Hersteller deutlich – es war für die westliche Welt unmöglich die Essenz des Produktionssystems nachzuvollziehen (vgl. Ohno 1993, S. 10).

---

[1] Die Erkenntnisse dieses Kapitels beruhen auf den Interviews mit Karsten Sauer (Geschäftsführer und Minderheitsgesellschafter), Felix Junghänel (Lean Office Manager), Lars Kratzenberg (Leitung strategischer Einkauf und Fertigung Kältetechnik), Elmar Brummer, Wojtek Lewandowski (beide Betriebsrat), Visar Vehapi, Michael Pfiz und Slobodan Bagas (Teamkoordinatoren).

Dies änderte sich mit dem Jahr 1975, als Toyota die eigens entwickelte Vorgehensweise erstmals ins Englische übersetzte, und damit weltweites Interesse auf sich zog. Ab 1979 evaluierte das amerikanische Massachusetts Institute of Technology (MIT) systematisch das Erfolgsrezept von Toyota und „entlarvte" es. Den japanischen Ansatz griffen viele westliche Unternehmen auf, häufig ohne ihn zu begreifen. Die eher funktional und damit vertikal strukturierte westliche Organisationsnatur kollidierte mit der eher horizontal geprägten Wertstromperspektive der Japaner.

Die Begrifflichkeit „lean" wurde erstmals in der Buchpublikation „The Machine That Changed The World: The Story Of Lean Production" von J. Womack, D. Jones und D. Roos im Jahre 1990 verwendet (vgl. Womack et al. 1990). Dies markierte den Durchbruch des japanischen Produktionsansatzes und die Geburt des „Lean Managements". Im Ergebnis entwickelten sich die in Abb. 3.1 gezeigten fünf Prinzipien des Lean Managements:

1. Wert spezifizieren: Erst wenn der Wert aus Sicht des Kunden spezifiziert ist, können die Prozesse eines Unternehmens in Wertschöpfung und Verschwendung differenziert werden.
2. Wertstrom identifizieren: Der Material- und Informationsfluss eines Produktes oder einer Dienstleistung wird aufgenommen und mit Hilfe von Werkzeugen sichtbar gemacht.
3. Flow etablieren: Der Fluss der Wertschöpfung wird etabliert, indem die acht Verschwendungsarten aufgedeckt und eliminiert werden (Überproduktion, Wartezeit, Bewegung, Transport, Ausschuss, Bestand, Nacharbeit, Überbearbeitung und Intellekt).
4. Pull implementieren: Erst wenn der Kunde Bedarf signalisiert, bekommt er das, was er benötigt, zum richtigen Zeitpunkt. Jeder Prozessschritt im Wertestrom „zieht" die Ware von dem vorhergegangenen Prozessschritt.
5. Vorgehen perfektionieren: Zur Etablierung des Lean-Gedankens im Unternehmen sollten die Aktivitäten regelmäßig überprüft und Schritt für Schritt verbessert werden, um der Vision der „perfekten Produktion" näher zu kommen.

Viele Manager in westlichen Unternehmen verfielen dem Irrtum „schneller ist billiger". Dies hatte zur Folge, dass die Qualität der Produkte litt und Lean Management bis heute fälschlicherweise in Verbindung mit Kostensenkung und Personalabbau gebracht wird. Schon damals ließen Unternehmen außer Acht, dass das Wissen der Mitarbeiter und deren Motivation in das Zentrum der Verbesserung rückt. Ein Lean-Management-Grundsatz besagt: „Producing people before producing parts." (Toepfer 2009, S. 139)

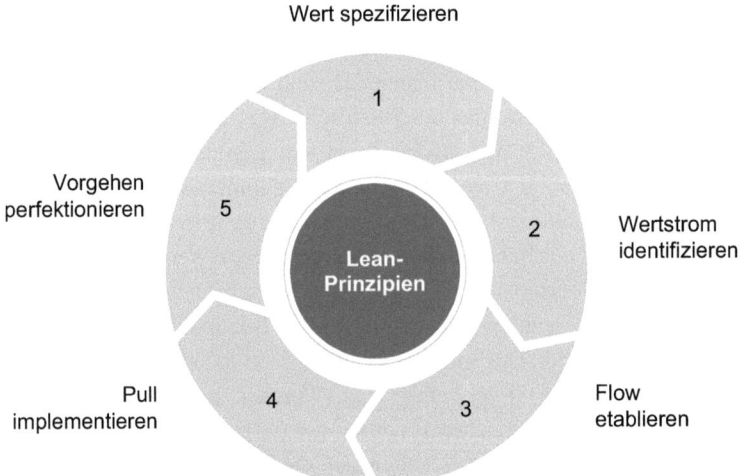

Abb. 3.1 Die Prinzipien des Lean Managements. (Quelle: Dahm und Brückner 2014, S. 25)

3.2 Warum wurde Lean eingeführt?

„Für mich ist Lean selbstverständlich", beginnt Sauer, „als ich ins Unternehmen kam, habe ich schnell gesehen, dass hier Transparenz fehlt, die Vorgaben und Stücklisten nicht passen und dass sich mit Fehlern im Fertigungsablauf herumgeschlagen wird, die ganz vorne im Prozess entstehen." Die Verschwendung war in seinen Augen groß – der Hebel, die Potenziale mit einem schlanken Produktionssystem zu heben, aber auch. Von Anfang an war Sauer klar, dass es kein leichtes Unterfangen sein wird, das variantenreiche Produktportfolio in einen fließenden Fertigungsprozess zu bekommen. 80 % der Fertigungsaufträge sind Losgröße eins bis fünf – darunter die kundenspezifischen Sonderprojekte, die als Markenzeichen des Unternehmens gelten. Zusätzlich ist das Geschäft volatil: Der Umsatz schwankt von Monat zu Monat teilweise um das Zwei- bis Dreifache. Sauers Fazit war, dass die auf Standardisierung ausgerichteten Lean-Ansätze in diesem Umfeld nicht alle direkt anwendbar waren, aber gleichzeitig die nötige methodische Flexibilität mit sich bringen, um Potenziale zu heben. „Wir sind hier auch der Meinung, dass ein von Experten getriebener Ansatz irgendwann die Mitarbeiter verliert", sagt Sauer, „Lean trimmt eine Firma vor allem durch die Ausbildung von allen Führungskräften und Mitarbeitern auf verschwendungsarme Prozesse. Das ist für uns entscheidend, wenn wir die Arbeits- und Denkweisen im Unternehmen nachhaltig verändern wollen."

Der Kulturwandel ist für Sauer ohnehin das Primat einer Lean-Einführung. „Früher war hier das Produkt nach der Technik fertig", erinnert sich Sauer, „es gab keine schlanken Prozesse, keine Verantwortungsübernahme über Abteilungsgrenzen hinweg und in letzter Konsequenz nicht die 100-prozentige Kundenorientierung." Aus Sicht des neuen Geschäftsführers haben die früheren Führungsstrukturen nicht nur erfolgreiche Produk-

3.2 Warum wurde Lean eingeführt?

te hervorgebracht, sondern auch verkrustete und vor allem personenabhängige Strukturen hinterlassen. Visär Vehapi, Teamkoordinator einer Fertigungslinie in der Temperiertechnik, wird deutlich: „Früher war das hier eine Wohlfühloase, da hat jeder gemacht, was er wollte. Seitdem Herr Sauer hier ist, geht das nicht mehr. Aber Sie können sich ja vorstellen, wenn Sie jahrelang im Urlaub waren und plötzlich sagt einer, das machst du jetzt nicht mehr links, sondern rechts herum, wie das ankommt." Sein Kollege Michael Pfiz, seit 13 Jahren im Unternehmen, bestätigt, „dass das nicht einmal mit Lean zu tun hat. Das ist Kultur." Sauer versprach sich von der Toyota-Philosophie, die alten Gewohnheiten und eingefahrenen Verhaltensmuster aufzubrechen: „Es stand die Weiterentwicklung von der Werkstatt zur Industrie an. In einem Industrieunternehmen wird mit Kennzahlen gesteuert und die Verantwortlichkeiten sind klar verteilt – Kennzahlen existierten hier rudimentär, nur als Dokument für den Chef und es gab immer mehrere Funktionen in Personalunion." Dies ist charakteristisch für eine Unternehmenskultur, die häufig in Eigentümer geführten Unternehmen vorkommt aber auch nur mit einem leidenschaftlichen Patriarchen an der Spitze funktioniert – jedoch war „das Zeitalter" des Patriarchen zum Amtsantritt von Sauer bereits einige Jahre her.

Es stand nicht weniger auf dem Spiel als die Wettbewerbsfähigkeit: „Das Unternehmen vertreibt hervorragende Produkte", sagt Sauer, „aber der Wettbewerb schläft nicht." Entscheidend ist das Spannungsfeld zwischen Qualität, Preis und Lieferzeit, wovon die Auslieferung der Produkte den größten Schmerz verursacht: „Unsere Liefertreue ist in diesem Umfeld gesunken", sagt Slobodan Bagas, Teamkoordinator in der Temperiertechnik und seit 35 Jahren bei Single. „Mit einer unzureichenden Liefertreue ist man nicht mehr in der Lage, dem Wettbewerb das Geschäft streitig zu machen." Lars Kratzenberg, der den strategischen Einkauf und die Fertigung der Kältetechnik leitet, erinnert sich daran, dass darauf auch die Kunden aufmerksam machten: „Die haben uns ganz klar zu verstehen gegeben, dass die Mitbewerber uns ein gutes Stück Pünktlichkeit voraus sind." Es heißt, dass es vor lauter Stress bei der Abwicklung der Aufträge kaum Zeit für das Hinterfragen der Arbeitsweise und Fertigungsprozesse geschweige denn für optimierende Maßnahmen gab. Erschwerend kam die Abhängigkeit von der Marge bei einigen wenigen Kunden hinzu. Single erlebte mitunter einen Preisverfall von bis zu 80 % in den letzten zehn Jahren – dennoch konnte im Krisenjahr 2009 die Wirtschaftlichkeit stabil gehalten werden.

Wie vermeiden wir Verschwendung und was bedeutet „panta rhei"[2] für die Produktionsprozesse von stark voneinander abweichenden Losgrößen in den Fertigungslinien? Wie hat sich die Führungs- und Arbeitskultur einer Werkstatt zu verändern, die schon längst die Erwartungen eines Industrieunternehmens erfüllen muss? Welche Stellhebel müssen in Bewegung gesetzt werden, damit das Unternehmen wieder in ruhige Fahrwasser gerät, um die Kundenerwartungen hinsichtlich Qualität, Preis und Lieferzeit zu erfüllen? Ermutigt durch den eigenen Erfahrungsschatz war Geschäftsführer Sauer klar,

---

[2] „Panta rhei" heißt übersetzt „alles fließt" und ist ein griechischer Ausdruck, der bedeuten soll, dass die Welt auf ewigem Werden und Vergehen beruht.

dass das Leistungsversprechen von Lean Management die richtige Antwort auf die Fragen des schwäbischen Mittelständlers ist.

3.3 Wie wurde Lean eingeführt?

„Mit Lean erst zu arbeiten und die Vorteile verstehen, ist besser, als wenn wir uns ein paar Wochen zurückziehen und dann in einem bunten Ordner das Single Produktionssystem präsentieren", macht Sauer sein Grundverständnis einer Lean-Einführung deutlich. „Wir machen das von innen nach außen." Problematisch war zum einen, dass „innen" keinerlei Expertise für die Einführung einer Management-Methode vorhanden war. Zum anderen hatte es in der Vergangenheit mehrere Ansätze zu Produktivitätssteigerungen gegeben, die ausnahmslos scheiterten – eine weitere gescheiterte Initiative konnte man sich nicht leisten. Aus diesen Gründen war es für Sauer unvermeidlich und zugleich sinnvoll, externe Beratungsressourcen einzukaufen. „Ich brauchte keine Berater, die hübsche Folien malen und mir erklären, warum und wie Lean eingeführt werden soll. Ich brauchte fähige Leute, die Lean auch in einem kritischen Umfeld an den Mann bringen können." Für Sauer ging es von Anfang an weniger um die Einhaltung einer strikten Prozessorientierung, sondern eher um die Etablierung eines Bewusstseins für kontinuierliche Verbesserung und den dafür notwendigen Führungsstil. „Wir wollten lernen, nicht die Methoden, sondern die Prinzipien anzuwenden", erklärt er. „Mich trieb die zentrale Frage um, wie die Lean-Kultur etabliert werden kann und wie die Tool-Box dazu aussieht." Sauer schien zu ahnen, dass seine internationale Fach- und Führungserfahrung mit schlanken Produktionsprozessen auf die Probe gestellt werden würde.

3.3.1 Erstes Pilotprojekt: Aus der Stand- in die Fließfertigung

Zur Mitte des Jahres 2014 startete das Unternehmen Single ein Pilotprojekt in der Fließfertigung der Temperiertechnik. „In dem Bereich spürten wir den größten Handlungsbedarf und versprachen uns Erfolge, die gut als Leuchtturm in der Organisation dienen konnten", erinnert sich Felix Junghänel, der als Lean Officer fast zeitgleich zum Start des Piloten ins Unternehmen einstieg. Der Handlungsbedarf war nicht nur spürbar, sondern auch sichtbar: „Viele unfertige Produkte verstopften die Fertigung", erinnert sich Teamkoordinator Bagas, „häufig war die Montagefläche voll. So konnte man nicht arbeiten." Hinzu kamen eine unkoordinierte Materialbereitstellung, bestückt mit vielen Dokumentationsfehlern, bevor das Material die Montage erreichte, und unklare Materialflächen, die das Chaos in den Fertigungsbereichen komplettierten.

Ziel des Pilotprojektes war es, eine Produktivitätssteigerung von 30 % zu erreichen. Dafür wurde die Wertschöpfung der „Linie 1" im Rahmen einer umfangreichen dreimonatigen Ist-Analyse auf den Kopf gestellt: Wie fertigen wir unsere Geräte? Wie lange brauchen wir, bis ein Gerät vollständig hergestellt ist? Welche Personen und Kompetenzen

3.3 Wie wurde Lean eingeführt?

benötigen wir für einen reibungslosen Ablauf? Wie bekommen wir Transparenz in unsere Arbeitsabläufe? Was bedeutet Ordnung und Sauberkeit für unsere Fertigungslinien? Die Berater fanden mit Hilfe von Wertstrom- und Wertschöpfungsanalysen[3] heraus, dass lediglich zwei von 15 Standard-Montage-Prinzipien erfüllt wurden: Gegenseitige Behinderung und Mehr-Mann-Prozesse wurden vermieden. Dagegen war u. a. von einem festen Takt, standardisierten Prozessen, stationsbezogener Materialbereitstellung oder sofortiger Fehleraufdeckung nichts zu sehen. Zusätzlich wurde der Bedarf von Qualitätsregelkreisen, standardisierten Arbeitsplätzen und strukturierten Problemlösungsprozessen identifiziert.

Die externen Berater legten von Beginn an den Fokus auf die Befähigung der Mitarbeiter. Sie gründeten ein Lean-Team, welches bereichsübergreifend zusammengestellt wurde. Mitarbeiter aus dem Lager, der Materialwirtschaft, der Produktion, dem Einkauf, der Technik und der Supply Chain bildeten von nun an die crossfunktionale Lean-Expertise. Ein großer Besprechungsraum wurde in „Lean-Raum" umgetauft und als „War-Room" für Workshops, Schulungen und Simulationen, wie zur schlanken Produktion von Papierfliegern, genutzt. Zentral für die Befähigung des Lean-Teams war die Schulung der Lean-Grundlagen:

- Pull-Prinzip: Was bedeutet Fließfertigung, Austaktung und null Fehler im Prozess?
- Wertschöpfung: Was ist eine wertschöpfende und nicht-wertschöpfende Tätigkeit?
- Verschwendung: Was sind die sieben Arten der Verschwendung?
- JIT: Was bedeutet es, just in time zu produzieren?
- KVP: Was heißt es, kontinuierliche Verbesserungen zu erzielen?
- 5S: Wofür stehen die 5S und wie wendet man diese an seinem Arbeitsplatz an?
- PLP: Wie findet man strukturiert die Ursache eines Problems?

Im Anschluss an die dreimonatige Analysephase wurden die Erkenntnisse in einer dreimonatigen Testphase umgesetzt. Die Rückmeldungen im Frühjahr 2015 aus der betroffenen Fertigungslinie 1 war positiv: „Wir haben das Feedback bekommen, dass der Prozess durchaus noch effizienter ablaufen könnte", sagt Junghänel, „die Umsetzung der Lean-Prinzipien schien in der Fließfertigung gut zu funktionieren, auch wenn wir von den erwarteten Ergebnissen noch ein Stück entfernt waren." Die Rückmeldungen aus den benachbarten drei Fertigungslinien dagegen war kritisch: „Kein Wunder, dass die Linie 1 funktioniert, haben wir oft von anderen Mitarbeitern gehört", sagt Teamkoordinator Pfiz. „Die Linie 1 würde ja alles auf dem Silbertablett serviert bekommen. Viele waren der Meinung, dass dies nur an den kleineren Geräten der Fertigungslinie und der durch das Projekt priorisierten Aufmerksamkeit auf Fehler im Prozess liegt." Schon aufgrund der Erzählungen erhärtet sich der Verdacht, dass es im Unternehmen Single schnell um alles andere als fachliche Problemstellungen geht. Wo altgediente Mitarbeiter mit grundlegenden Veränderungen in der Arbeitsweise konfrontiert werden, stehen schnell persönliche

---

[3] Die Wertschöpfungsanalyse ist eine methodische Vorgehensweise, um den Anteil von Wertschöpfung und Verschwendung eines Wertstroms zu identifizieren (s. Abschn. 3.8.1 für eine genaue Beschreibung).

Interessen und über Jahre antrainierte Befindlichkeiten im Vordergrund – Anflüge von Neid und Missgunst sind dann nur die Spitze des Eisberges.

3.3.2 Zweites Pilotprojekt: Die Grenzen der Fließfertigung definieren

Bevor sich die Meinung zum Pilotprojekt, dass Lean nur bei kleineren Geräten funktioniert, im Unternehmen Fuß fassen konnte, wurde ein zweites Projekt gestartet – diesmal in der Fertigungslinie 2 mit neun größeren Gerätetypen und zahlreichen Produktvarianten. Im Juli 2015 wurde derselbe Projektansatz gewählt: Die externen Berater unterstützten federführend bei der Schulung von Mitarbeitern, führten eine Ist-Analyse durch und konsolidierten die gewonnenen Erkenntnisse:

- Um in einem Fluss zu produzieren, muss der Einfluss aller anderen relevanten Unternehmensbereiche berücksichtigt werden. Hauptstörquelle ist die „Montagedokumentation".
- Die Ausarbeitung von detaillierten Arbeitsschritten hat dabei geholfen, einen positiven Trend in der Fehlererfassungsquote in den Bereichen „Montage" und „Stückliste" zu verzeichnen.
- Die Lean-Philosophie hat die Single-Belegschaft bislang noch nicht durchdrungen.
- Es gilt, die Einbindung der Linienmitarbeiter zu forcieren. Ohne das Know-how der langjährigen Mitarbeiter ist eine erfolgreiche Projektumsetzung nicht möglich.
- Die proklamierte „offene Kommunikation und Redefreiheit" ist schwer umsetzbar und bremst oftmals aus, da nicht mit einem guten Plan angefangen, sondern nach einem perfekten Plan gesucht wird.
- Die Kommunikation über Taktzeiten und damit einhergehende Abweichungen fällt schwer, wenn die Gerätetypen so unterschiedlich sind, dass ein Gerät plötzlich drei Mal so lange in der Fertigung braucht wie das Vorgängergerät.
- Die Nivellierung und Glättung der Produktionsaufträge und die damit erzielte Entkopplung vom eigentlichen Kundenauftrag gerät beim Produktportfolio der ersten zwei Fertigungslinien an ihre Grenzen. Für manche Gerätetypen – vor allem für die kundenspezifischen Projekte – ist eine Standplatzfertigung in Erwägung zu ziehen.
- Die Materialbereitstellung verursacht Laufwege, Such- und Wartezeiten und bietet Optimierungspotenzial – nur 50–60 % der Arbeitszeit verbringt ein Monteur mit seiner eigentlichen Arbeit.

Für den Lean-erprobten Geschäftsführer Sauer war von vorneherein klar, dass die Einführung einer Lean-Kultur sich nicht am Lehrbuch orientieren kann. Der gewählte Trial-and-Error-Ansatz passte am ehesten zu den lokalen Herausforderungen, um einen maßgeschneiderten Umsetzungsplan für die nächsten zwei Jahre zu entwickeln. „Sowohl die Berater als auch ich wussten, dass die Logik einer Fließfertigung nicht in allen Fertigungsbereichen umsetzbar ist", sagt Sauer rückblickend, „aber wir mussten durch die

Pilotprojekte herausfinden, bei welchen Produkten es funktioniert und bei welchen nicht. Das ist uns gelungen."

3.3.3 Mitarbeiter mitnehmen = Mitarbeiter mitmachen lassen

Der Wandel von der Werkstatt zum Industrieunternehmen ist nicht nur ein anspruchsvoller Veränderungsprozess für die Belegschaft, sondern erfordert auch neue Fähigkeiten beim Personal. Sauer stellte daher einen Lean Officer ein: „Ich brauchte jemanden, für den ein Produktionssystem kein Fremdwort ist und der den nötigen Drive für Veränderung hat", gewährt Sauer Einblick in seine Entscheidung, „mir ging es darum, die angestoßenen Projekte weiter voranzutreiben." Um die gewonnenen Erkenntnisse aus den zwei Pilotprojekten nahtlos umzusetzen, stand von nun an nicht mehr ein Pilotbereich, sondern das gesamte Unternehmen im Fokus der Aufmerksamkeit. Für Junghänel war klar, was das bedeutet: „Wir sind hier nicht in einem Konzern, wo eine zusammengewürfelte Arbeitsgruppe eine neue Fertigungsart entwickelt und dann von allen anderen die Umsetzung verlangt. Wir müssen hier die Mitarbeiter mitnehmen." Mitnehmen heißt für Junghänel mitmachen. Aus diesem Grund begann er mit Werksführungen bei Montagebetrieben im Großraum Stuttgart. Die Absicht war, den Blickwinkel des Lean-Teams auch nach außerhalb zu öffnen und neue Produktionsansätze und Ideen für die Umsetzung bei Single zu gewinnen. In der Nachbereitung hielt das Lean-Team von Single folgende „Learnings" fest:

- Wir sind bei Single auf dem richtigen Weg.
- Klare Strukturen müssen nicht nur eingeführt, sondern auch gelebt und eingefordert werden.
- Ziele sind klar definiert und werden täglich verfolgt.
- Lean ist eine Haltung und wird in der gesamten Firma gelebt.
- Die Teamleiter am Shopfloor spielen eine wichtige Rolle für die Wertschöpfung.
- Visualisierung hilft und sorgt für Transparenz.

Darauf aufbauend führte der neue Lean Officer Workshops durch, in denen auf Basis eines Ist-Wertstroms ein Soll-Wertstrom erarbeitet wurde, bei dem die ersten Ideen aus den Werksführungen übertragen wurden. Ferner wurde vom Kernteam ein gemeinsames Zielbild entwickelt: „Ich wollte gemeinsam mit dem Lean-Team eine ganzheitliche Idee entwickeln, wie unsere zukünftige Fertigung aussehen soll", sagt Junghänel. Die externen Berater übernahmen nun die Rolle des Moderators. In diesem Zuge wurden konkrete Veränderungsvorschläge für das Layout der Fertigungshalle „auf der grünen Wiese" diskutiert: „Unser Anspruch war es, kontinuierlichen Materialfluss, Transparenz über die einzelnen und einfachen Fertigungsprozesse und die nötige Flexibilität der Arbeitsplatzbelegung zu erzielen", so Teamkoordinator Vehapi, „wir haben schnell gemerkt, dass der Lean-Ansatz Auswirkungen darauf hat, wie wir den Platz in der Halle in Zukunft nutzen werden."

Um nicht nur den Platz der Halle, sondern vor allem die Ressourcen der Mitarbeiter zu nutzen, wurden die Team-Koordinatoren eingeführt. Schon zu Beginn der Lean Initiative war Sauer & Co. bewusst, dass eine klarere Führungsstruktur vonnöten ist, bevor weitere Lean-Aktivitäten in die Organisation getragen werden können. Interessierte Mitarbeiter aus der Belegschaft erhielten die Gelegenheit, sich in einem Assessment zu beweisen. „Ziel war es, Führung am Shopfloor wieder spürbar zu machen", erläutert Sauer, „schließlich haben wir zum Jahresbeginn 2016 fünf ehemalige Monteure als Teamkoordinatoren benannt und sie in Führung, Lean-Grundlagen, 5S, Problemlösung und im Umgang mit Shopfloor Boards und Kennzahlen geschult." Er ergänzt: „Dadurch, dass die Teamkoordinatoren entscheiden, welcher Mitarbeiter was baut, wie mit Schwierigkeiten umgangen wird und wie sich die Boards am Shopfloor entwickeln, bekommen wir die Verantwortung in die Linie und können die externen Ressourcen reduzieren." Der Ansatz ist dabei, die Richtung aber nicht die Tools vorzugeben, mit denen die Teamkoordinatoren bei einer Personalverantwortung zwischen sechs und zwölf Mitarbeitern die angestoßenen Lean-Aktivitäten umsetzen und die Wertschöpfung steigern: „Es kommen immer mehr Ideen aus diesem neuen Führungskreis, die ich gerne aufgreife. Ich bewerte das als positive Entwicklung." Diese positive Entwicklung wird noch deutlicher, wenn sich die Beteiligten, wie Einkäufer und Lean-Team-Mitglied Kratzenberg, an die Zeit vor dem ersten Pilotprojekt erinnern: „Jeder kennt das Thema Lean und hat irgendwann schon einmal etwas drüber gelesen. Wenn wir ehrlich sind, hat keiner hier eine Ahnung davon gehabt." Das hat sich geändert. Teamkoordinator Bagas, ebenfalls Mitglied im Lean-Team, meint, „dass die eineinhalb Jahre der Pilotierung eine wichtige Grundlage waren, auf der nun die Team-Koordinatoren weiter aufsetzen können."

3.3.4 Aus der Komfort- in die Lernzone

Die Einführung der Teamkoordinatoren war für Sauer die Grundlage, um Shopfloor Management nachhaltig umzusetzen. „Das ist für uns das richtige Tool, um die problematische Auftrags- und Fertigungssteuerung in einem ersten Schritt besser in den Griff zu bekommen", sagt Junghänel, „so können wir die Feinplanung auf mehreren Schultern verteilen und die Montagezeiten stärker einfordern." Jeden Morgen treffen sich die fünf Teamkoordinatoren in ihren Teams am Shopfloor, um die bereichsinternen Probleme zu besprechen, die Tagesziele festzulegen und Kennzahlen aufzunehmen. Im Anschluss bringen die Teamkoordinatoren ihre relevanten Themen in einem Meeting mit dem Lean Officer sowie dem Lager- und Materialwirtschaftsleiter aggregiert ein. Das klingt rund, scheint aber noch nicht der Weisheit letzter Schluss gewesen zu sein, um auf der nächsten hierarchischen Ebene die Tagesziele zu diskutieren und personelle Kapazitätsengpässe kurzfristig zu lösen: „Der rote Faden der Kaskade ist noch nicht klar und die Themen sind noch nicht einheitlich genug", sieht Junghänel Potenzial in der noch jungen Anwendung des Tools zur „Führung am Ort der Wertschöpfung". „Wie viel Standards wir wirklich auf den Boards brauchen", sagt Junghänel, „ist eine spannende Frage. Wir haben bei der

3.3 Wie wurde Lean eingeführt?

Gestaltung der Boards anfangs bewusst mehr Freiraum gelassen, um die Mitarbeiter zu motivieren." Basis für diesen Ansatz ist das aus der Schulerlebnispädagogik stammende und in Abb. 3.2 dargestellte Lernzonenmodell (vgl. Luckner und Nadler 1997, S. 27 f.).

Die drei Zonen verdeutlichen den Prozess des Lernens. In der Komfortzone kennt man sich aus und kann sicher und routiniert agieren. Jedoch geht dies auf Kosten der Spannung – die Komfortzone bietet kaum Herausforderungen und ist eher langweilig. Die Lernzone ist durch angemessene Aufgabenstellungen und Herausforderungen gekennzeichnet, die ungewohnte Handlungen verlangen und das Bestehende infrage stellen. Neugier und Vorsicht halten sich die Waage. In der dritten Zone setzt die Blockade der Panik ein, denn die Herausforderungen sind eine Nummer zu groß. Vor lauter Verunsicherung und Frustration ist lernen nicht mehr möglich. „Das ist ein ständiges Abwägen", stellt Sauer fest, „denn bei unterschiedlichen Mitarbeitern unterscheiden sich natürlich auch die Grenzen der Lernzonen." Der Blick auf die Boards in den Fertigungslinien verrät, dass ausreichend Zeit in der Lernzone verbracht wurde – scheinbar so viel, dass auch der Vertrieb begonnen hat, ein tägliches Shopfloor Meeting durchzuführen. Auch wenn Single von einer schlanken Administration noch ein Stück entfernt ist und das Vertriebs-Board optisch auch noch nicht mit denen aus der Fertigung mithalten kann, so scheinen sich Neugier und Vorsicht die Waage zu halten – ein eindeutiges Indiz für die Lernzone.

Im Spätsommer 2016 spitzte sich die Lage zu: „Unsere Lieferterminrückstände blieben unverändert hoch", bemerkt Junghänel. Um die Lage aus Sicht des Managements mit schnellen Lösungen in den Griff zu bekommen, berief Sauer ein „Eskalationsmeeting" ein, welches sich täglich mit den Herausforderungen rund um die Liefertermintreue beschäftigt. Vertreter aus der Beschaffung, Produktionsplanung, Kälteabteilung, Qualität, Technik und dem Vertriebsinnendienst nehmen daran teil. Das Meeting wird vom Lean Officer Junghänel moderiert: „Wir diskutieren drei Boards in diesem Termin. Erstens das Supply Chain Board, also eine Übersicht über die aktuellen Lieferrückstände, Kapazitäten und Engpässe mit einem gesonderten Blick auf die Situation bei unseren Fokuskunden." Das zweite Board geht auf die Lieferanten, deren Kapazitäten, Fehlteile und Sonderthemen ein. Das dritte Board widmet sich der Vertriebsseite und stellt Kundenwünsche, Reklamationen und die kritischsten Themen der Kunden dar. Ein Board für die Qualität ist in

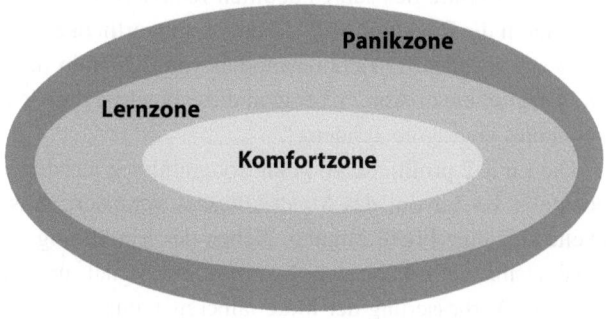

Abb. 3.2 Das Lernzonenmodell. (Quelle: Luckner und Nadler 1997, S. 27)

Planung. „Dadurch, dass so die richtigen Themen priorisiert werden, merken wir die ersten positiven Effekte", gibt sich Junghänel optimistisch, „aber wir diskutieren noch zu häufig über Themen, die eigentlich geklärt waren." Die produktivste Granularität der Diskussionsinhalte ist noch nicht gefunden – so kommt es, dass das Meeting mal zehn Minuten und ein anderes Mal 45 min dauert. „Wir verlieren uns noch zu häufig in Detaildiskussionen", sagt Moderator Junghänel. „Die Regel lautet in Zukunft, dass ausschließlich über die rot markierten Themen gesprochen werden darf." So würden sich die Verantwortlichen des Mittelständlers auch ausschließlich mit aktuellen Herausforderungen auseinandersetzen – ein weiteres Merkmal für eine Positionierung in der Lernzone, die im Übrigen auch Wachstumszone genannt wird.

3.4 Was hat Lean gebracht?

„Ich habe lieber ein wachsendes System in der Firma, als dass wir mit der Brechstange irgendwas durchboxen", sagt Sauer und weiß, dass nicht immer alles rund laufen kann bei der Einführung von Lean. „Nicht alles, was wir unternehmen ist direkt erfolgreich und in Zahlen auszudrücken", ergänzt er, „aber die Richtung stimmt." Wie gehabt werden in den nächsten zwei Abschnitten die quantitativen sowie qualitativen Veränderungen diskutiert.

3.4.1 Erfolgskennzahlen nach zwei Jahren

In der Pilotlinie, der Fertigungslinie 1, ist es gelungen, den Output und die Materialbereitstellung zu stabilisieren. Mit Hilfe von Selbstaufschrieben der Mitarbeiter wird die Auftragsplanung schärfer geplant und die Weitergabe der produzierten Geräte zum Prüffeld und zur Endabnahme geglättet.

Zwei Mechaniker und vier Elektriker stellen bei Vollbesetzung 15 Geräte pro Woche her. Damit ist die Produktivität um 26 % gestiegen – das Ziel einer Steigerung von 30 % wurde knapp verfehlt. „Besonders positiv hat sich seit Anfang 2016 die Verbesserung der Montageunterlagen ausgewirkt. Unsere Fehlerquote ist deutlich gesunken", sagt Junghänel. Auch falsche Stücklisten, Schaltpläne, Geräteteile und Fehler des Lieferanten wurden im Laufe des Jahres deutlich reduziert. Die damit einhergehenden Störminuten sind durch die Regelung von klaren Verantwortlichkeiten und das in den Shopfloor Meetings angewendete Eskalationsmodell von 2270 min auf 210 min pro Monat gesunken. Die Diagramme in Abb. 3.3 zeigen diese positive Entwicklung grafisch – Herr Junghänel nennt dies eine „gute Tendenz".

Die Linie 2 profitierte von den Erkenntnissen aus dem ersten Pilotprojekt. Hier wurde ebenfalls das Layout des Materialflusses verändert: Aus der Werkstattfertigung entwickelte sich eine Fließfertigung. Neben der Einführung des Q-Stopp-Alarms – wenn ein Qualitätsmangel erkannt wurde, ertönt ein Signal, um die Arbeit nicht mehr fortzuführen – der Verbesserung der Materialbereitstellung mit Hilfe von Kanban-Karten und der

3.4 Was hat Lean gebracht?

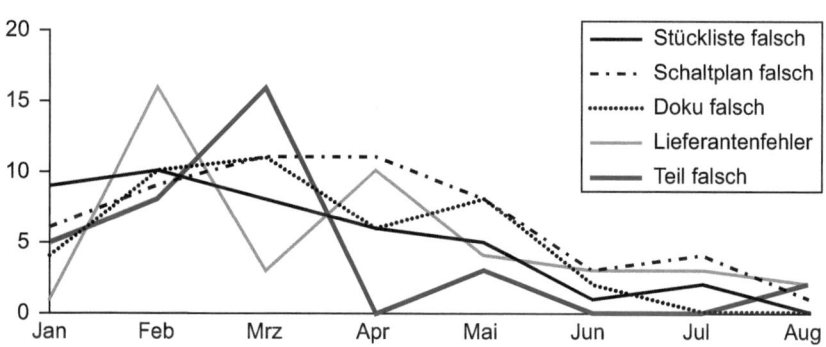

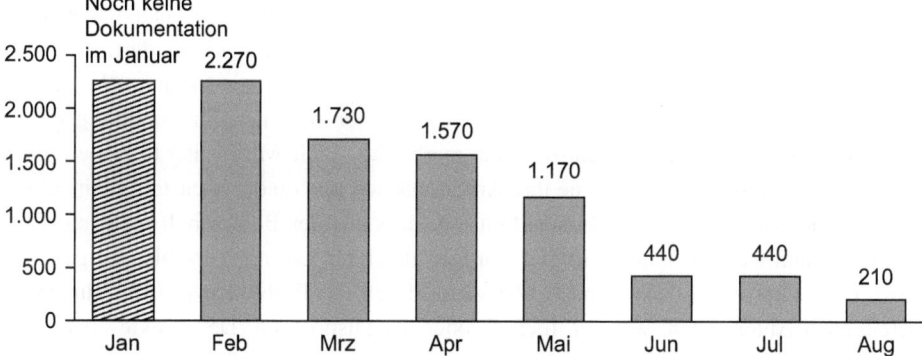

Abb. 3.3 Qualitätskennzahlen nach dem Piloten in der Linie 1. (Quelle: In Anlehnung an Single Temperiertechnik)

Markierung von Flächen widmete sich das zweite Pilotprojekt auch der Standardisierung des Arbeitsplatzes. Als Grundlage wurde bei der Anwendung der 5S ungenutztes Material, Altgeräte, Werkzeuge, unvollständige Aufträge oder Arbeitskleidung aussortiert. In einem nächsten Schritt standardisierte das Projektteam die Beschreibung der Tätigkeiten, legte eine Reihenfolge für die einzelnen Arbeitsschritte fest und teilte diese in interne und externe Tätigkeiten. Auf Basis von Tätigkeitsanalysen wurden die Laufwege der Mitarbeiter reduziert und ergonomische Anforderungen an den Arbeitsplatz berücksichtigt. „Wir arbeiten nun mit einer Transporteinheit für den gesamten Fertigungsprozess", sagt Teamkoordinator Pfiz, „das ist wie eine kleine fahrbare Hebelbühne." Der Vorteil: „So erhalten wir einen besseren Überblick über die notwendigen Gerätekomponenten und können die Arbeitsfläche in der Höhe verstellen", ergänzt sein Kollege Vehapi. „Wir haben die Durchlaufzeit im Durchschnitt um 50 % reduziert", zeigt sich Junghänel zufrieden, "die Produktivität konnte in der Linie 2 um 22 % gesteigert werden." In der Belegschaft scheinen diese Zahlen eher unbekannt zu sein, doch Sauer stellt klar: „Auf dem Shopfloor helfen aggregierte Kennzahlen oder KPIs nicht weiter. Diese müssen auf verdauliche Größen heruntergebrochen werden – z. B. in Qualität oder in die Liefertreue der einzelnen Fertigungsbereiche. So weiß auch jeder Mitarbeiter über seine persönliche Veränderung Bescheid."

Die Fertigungslinien der Temperiertechnik weisen heute, aufgrund standardisierter Prozesse, einer festen Taktung und einer fließenden Montage mittlerweile neun von 15 „Lean-Prinzipien" auf.

3.4.2 Erfolgsgeschichten nach zwei Jahren

„Wenn wir ehrlich sind", beginnt Sauer, „dann sehen wir, dass nach knapp zwei Jahren Lean noch nicht überall im Unternehmen angekommen ist." Die Beteiligten empfinden dies aber nicht als beunruhigend, denn die Geschäftsführung und die Lean-Verantwortlichen sind sich einig, dass sich das Miteinander im Unternehmen verändert: „Die Zusammenarbeit und Abstimmung der Teamkoordinatoren funktioniert sehr gut", sagt der Geschäftsführer, „das ist eine Arbeitsform, die es vorher im Unternehmen nicht gegeben hat." Lean Officer Junghänel ergänzt: „Man merkt, dass viele Mitarbeiter beginnen, zwei Mal darüber nachzudenken, wie sie ihre Arbeit machen und ob der nächste Arbeitsschritt nicht überflüssig ist." Darüber hinaus fällt auf, dass aus der Belegschaft nicht nur Probleme genannt werden, sondern immer häufiger gleich ein Lösungsvorschlag mitgeliefert wird. Unterstützt wird diese neue Arbeitsweise durch das Einbinden von fertigungsvorbereitenden Abteilungen, wie der Technik oder der Disposition. Der direkte Austausch zum Linienbetrieb ermöglicht eine detailliertere Planung der Aufträge und neue Lösungsansätze, denn „die Bereiche fangen an, miteinander zu sprechen", sagt Sauer und bleibt realistisch: „Was uns noch fehlt, ist ein echter Befreiungsschlag, ein ‚big bang'. Wir sind noch nicht an diesem Kulminationspunkt, wo die Mitarbeiter merken, dass wir einen Vorlauf zum Liefertermin von mehreren Tagen haben." Auch wenn die angestoßenen Veränderungen der zwei Pilotprojekte im Unternehmen sichtbar sind, scheinen die Mitarbeiter immer noch unter dem Druck des drohenden Lieferverzuges zu sein – „da hilft auch die Kenntnis von prozentualen Produktivitätssteigerungen nichts", meint Sauer. „Aus einer sichtbaren auch eine spürbare Veränderung zu machen. Da liegt unser Potenzial." Dazu gehören auch ergonomische Themen. So wurden beispielsweise Standmatten in den pilotierten Bereichen der Fertigung eingeführt: „Darüber haben sich einige Kollegen, die Beschwerden mit ihren Knien haben, besonders gefreut", erläutert Teamkoordinator Bagas, „auf der Matte steht man deutlich weicher und kann beschwerdefreier im Stehen arbeiten."

Als erfolgreiche Entwicklung wird die gewonnene Transparenz in den Arbeitsabläufen und die klaren Zuständigkeiten der Mitarbeiter bezeichnet: „Wir können heute die Mitarbeiter direkt ansprechen, wenn es Abweichungen vom Standard gibt oder wenn etwas falsch läuft", erläutert Junghänel, „dabei geht es nicht darum, einen Schuldigen zu suchen, sondern die richtige Erwartungshaltung an Verantwortung zu haben und die Ursache des Problems zu ermitteln, um Lösungen zu ermöglichen." Dieser Lernprozess – getreu dem Motto, wenn ich weiß, was ich heute falsch mache, kann ich es morgen besser machen – ist nicht einfach aber notwendig. Besonders die Teamkoordinatoren können von zahlreichen Beispielen berichten, in denen sich dieses Umdenken in der Belegschaft manifestiert: Bagas erläutert das Schlagwort „integrierte Logistikprozesse" – nicht der Mechaniker oder Elektriker muss ins Lager laufen, sondern die Logistik bringt die Verbrauchsmaterialien an den Arbeitsplatz. Pfiz stellt heraus, dass die Mitarbeiter allmählich den Mehrwert der in allen Fertigungslinien implementierten Shopfloor Boards schätzen lernen: „Wenn jemand ein Problem hat, dann ist es seine Verantwortung, das im Meeting zu sagen. Nur so kann es eskaliert werden und eine Entscheidung getroffen werden." Die Mitarbeiter werden im positiven Sinne in Haftung genommen. Vehapi überrascht es nicht, dass noch nicht jeder mit der neuen Verantwortung zurechtkommt: „Ich sagte ja bereits, dass für viele die letzten Jahre wie Urlaub waren. Aber wenn ich beim Daimler am Band stehe, kann ich auch nicht plötzlich Pause machen oder mit dem Kollegen quatschen. Das beginnen wir hier zu verstehen."

Zuletzt hebt Geschäftsführer Sauer die Notwendigkeit einer offenen Fehlerkultur hervor: „Früher war ‚cover your ass' weit verbreitet. Mit Lean und der damit verbundenen Kultur ist dies nicht nur nicht mehr möglich, sondern gar keine Option." Auch wenn bei Single noch nicht von einer Fehleraufdeckungskultur gesprochen werden kann, beobachtet Junghänel eine positive Entwicklung: „Wir messen Fehler viel granularer und konnten so z. B. die Hauptstörquelle der Montagedokumentation deutlich verbessern." Die Implementierung von Qualitätsregelkreisen hilft, um Problemursachen strukturiert zu finden und zu lösen: „Es gab früher schon Fehlererfassungsbögen, die nie ausgefüllt wurden", sagt Junghänel, „die Mitarbeiter waren der Meinung, dass sich sowieso nichts ändert. Aber seit einem dreiviertel Jahr hat der zuständige Mitarbeiter immer mehr zu tun, weil immer mehr Bögen auf seinem Tisch landen." Mechaniker und Elektriker aus den Pilotlinien scheinen verstanden zu haben, dass nur dann etwas verändert werden kann, wenn es wirklich gewollt ist. Für den Lean Officer sind die ausgefüllten Fehlererfassungsbögen ein richtungsweisender Indikator für die Veränderung des Mindsets am Shopfloor.

3.5 Was sind die heutigen Herausforderungen?

„Wenn wir auf der grünen Wiese Lean umgesetzt hätten, wäre wir schon viel weiter", sagt Sauer und spricht den Hauptgrund für die mitunter schleppende Lean-Umsetzung an. „Wir müssen uns leider viel Fortschritt in unserer Mitbestimmungslandschaft erstreiten – das hat nicht nur die Umsetzung verlangsamt, sondern die Mannschaft viel Energie gekostet." Untypisch für einen Mittelständler sei der Anspruch einer exponierten Steuer- und Lenkungsfunktion der Arbeitnehmervertretung, sagt Sauer, zeigt sich aber auch verständnisvoll: „Früher wurden auf die Mitarbeiter irgendwelche Führungskräfte und Berater losgelassen, die konzept- und erfolglos an der Produktivität rumdokterten. Das hat Spuren hinterlassen."

An der Oberfläche des Konfliktes zwischen Betriebsrat und Geschäftsführung wurde lange über das Leistungsversprechen und die Wirksamkeit von Lean Management gestritten – es wirkt wie ein kommunikatives Dilemma: Wo der eine den systematischen Abbau von Arbeitsplätzen vermutet, will der andere mit Hilfe der durch Toyota geprägten Managementphilosophie Kapazitäten und Arbeitsplätze sichern und vielleicht aufbauen. „Die verbreiten Angst, dass Mitarbeiter entlassen werden", sagt Teamkoordinator Vehapi, „aber das Gegenteil ist der Fall. Wir produzieren manche Geräte extern und die würden wir gerne wieder mit Hilfe der Lean-Methoden ins Haus holen. Das würde unsere Arbeitsplätze sicherer machen." Der Betriebsrat sieht das anders und betont, dass bei der Einführung einer neuen Produktionsmethode die gesetzlichen Mitwirkungs- und Mitbestimmungsrechte genutzt werden müssen, um negative Auswirkungen für die Belegschaft auszuschließen. „Wir begrüßen Lean als ganzheitliches Instrument, um brachliegende Produktivität zu schöpfen", sagt Elmar Brummer aus dem Betriebsrat, „nur dafür muss auch die Belegschaft in Entscheidungsprozesse einbezogen, die Maßnahmen konsequenter umgesetzt und notwendige Personalkapazitäten vorgehalten werden." Aus seiner Sicht sind Erfolge der vorangetriebenen Aktivitäten kaum wahrzunehmen und von konkreten Maßnahmen erfahre der Betriebsrat nur sehr kurzfristig oder gar nicht. „Unserer Einschätzung nach stehen 20 % der Initiative positiv gegenüber. 30 % sehen es neutral und bei 50 % überwiegt die Verunsicherung und Ablehnung." Die Kluft zwischen den Tarifpartnern ist tief: „Lean heißt für uns mehr Arbeit", stellt Brummer fest und gibt der Lean-Einführung drei von zehn Punkten. Eine gute Nachricht ist, dass die Betriebsparteien sich mittlerweile in einer Vereinbarung soweit geeinigt haben, dass die Lean-Einführung wieder mit einer höheren Geschwindigkeit weitergehen kann.

Aus Sicht der Geschäftsführung liegt der Kern des Konfliktes unter dieser „oberflächlichen" Diskussion: „In dem Unternehmen gibt es seit jeher ein auf Prämien beruhendes Lohnsystem – dies ist ein beträchtlicher Teil des Gehalts", sagt Sauer, „das System basiert auf Produktivität, die sich aber nur über die Fertigungszeit und nicht über Qualität und Liefertreue definiert." Dieser Ansatz beißt sich mit dem „magischen Dreieck" der Lean-Philosophie, das zusätzlich zur zeitlichen Dimension auch die Kosten und die Qualität berücksichtigt und auch den Mitarbeiter in den Mittelpunkt rückt. „Jedes Gerät hat eine Zeitvorgabe", erklärt der Lean Officer und zeigt Verständnis, „in 2015 sind die zehn bis 15-prozentigen Prämien eingebrochen und der Betriebsrat hat Feuer aus der Belegschaft bekommen. Als wir dann auch noch mit Lean begonnen haben und die Shopfloor-Dialoge geführt haben, die anfangs zugegebenermaßen noch zu lange gedauert haben, hieß es schnell, dass für Lean keine Zeit ist." Der gefühlte Alltag der Fertigungsmitarbeiter: Mehr Stress und bis zu 15 % weniger Gehalt – die Einführung von Lean hatte einen schweren Stand. Sauer ist überzeugt, „dass das nichts mit der Methode Lean zu tun hat". Getreu einer systematischen Ursachenforschung scheint der einzige Ausweg in der Umgestaltung des Prämienlohnsystems zu liegen. „Das ist eine harte Nuss. Aber wir wissen, wofür wir hier kämpfen", zeigt sich der Geschäftsführer zielstrebig.

Diese Zielstrebigkeit muss auf den mittleren bis unteren Führungsebenen ausgebaut werden. „Eine weitere Herausforderung ist, dass wir an vielen Stellen noch nicht die richtige Ownership bei den Führungskräften haben", sagt der Geschäftsführer. Junghänel bringt in diesem Zusammenhang das Beispiel, dass die Dokumente zur Nachverfolgung der 5S-Aktivitäten in einem Fertigungsbereich nicht ausgefüllt wurden. „Die Führungskraft hat dies zugelassen, obwohl es einen 5S-Verantwortlichen im Team gab", erzählt er. Das Problem: „Auch die Führungskraft hatte die eigenen 5S-Unterlagen nicht ausgefüllt – was kann man dann von den Mitarbeitern erwarten?" Nachdem im Rahmen einer wöchentlichen Besprechung das Thema adressiert wurde, begann die Führungskraft die eigenen 5S-Aktivitäten zu dokumentieren – sofort danach folgten 80 % der Mitarbeiter.

„Mit Ownership meine ich vorleben", bekräftigt Sauer, „da sind wir noch nicht dort, wo wir hinwollen." Er ist der Meinung, dass die Umsetzung von Lean-Aktivitäten nicht nur von Kontrolle leben kann. „Sobald die eine oder andere Führungskraft dann im Urlaub ist, klappt es nicht mehr. Damit sich das System selbst regulieren kann, brauchen wir Verständnis in der Mannschaft." Auch wenn sich das Verständnis unter erschwerten Bedingungen in der Belegschaft erkämpft werden muss, beweist der auf den Teamkoordinatoren beruhende Ansatz in den Fertigungsbereichen, dass es funktionieren kann: „Da klappt es gut. Das motiviert uns", sagt Junghänel, „außerdem arbeiten wir an einem Trainingskonzept für die Führungskräfte und forcieren die Gestaltung von Musterarbeitsplätzen. So können die Mitarbeiter sich gegenseitig die Vorteile von Ordnung, Sauberkeit und Standards zeigen." Die Teamkoordinatoren nutzen denselben Effekt – vor Kurzem haben diese angefangen, dass jeder der fünf den anderen seinen Bereich und die verfolgten Lean-Aktivitäten vorstellt. „So kann man gemeinsam Probleme erörtern und voneinander lernen – als Nebeneffekt entsteht ein positiver Wettbewerb untereinander, weil keiner beim nächsten Meeting schlecht dastehen möchte", sagt Pfiz.

Zusammenfassend nimmt Sauer das Topmanagement und damit sich selbst in die Pflicht, Führung nicht als das Management von Anweisungen, sondern als Sicherstellung transparenter Interaktion zu verstehen: „Manchmal nehmen wir wahr, dass sich die Mitarbeiter schwertun, über Probleme und Lösungen zu diskutieren. Für manche ist das negativ besetzt. Aber genau das wollen wir ja – das müssen wir vorleben."

Eine weitere Herausforderung steckt in Sauers Verständnis einer Lean-Implementierung: „Bei Lean geht es immer um alles." Obwohl die Umsetzung in der Fertigung erhebliche Baustellen provoziert, bewahrt er sich einen unternehmensweiten Anspruch: „Mein Anliegen ist es, ein Bewusstsein für interne Kunden-Lieferanten-Beziehungen zu schaffen. Da muss ich mich fragen, ob die Kollegen aus den anderen Bereichen wissen, was ich von ihnen erwarte. Dafür muss man natürlich miteinander sprechen." Dessen ist sich auch Teamkoordinator Vehapi sicher: „Lean beginnt da, wo der Kunde bestellt. Hier sind bei uns noch nicht alle Mitarbeiter an Board." Auch der strategische Einkäufer und Leiter der Kältetechnik Kratzenberg erkennt das Potenzial in der Administration: „Es gibt auch die ersten Shopfloor Boards im Vertrieb. Aus meiner Sicht ist das ein wichtiger Schritt, um alle Bereiche des Unternehmens einzubinden."

Neben den Schnittstellen in die Administration liegt Sauer besonders die Entwicklung am Herzen. Aus gutem Grund, denn die japanischen Urheber der Verbesserungsphilosophie verdanken den seinesgleichen suchenden Aufstieg des „Toyota Way" nicht nur einer schlanken Montage, sondern eines „Lean Development" – die Autos wurden so entwickelt, dass sie schlank gefertigt werden konnten. „Für uns ist das der Schlüssel der Lean-Einführung", sagt Sauer, „wir müssen unser Portfolio überarbeiten und die Modularisierung des Produktes forcieren." Wo in der Vergangenheit alles für den Kunden möglich gemacht wurde, gilt es in Zukunft, die dadurch verursachte Komplexität in der Fertigung zu reduzieren: „Wir haben das bei den Pilotprojekten gemerkt. Sobald die Fließfertigung an Geschwindigkeit zunahm, kam das Produkt nicht mehr hinterher", erläutert Sauer. Der Geschäftsführer stellt dabei klar, dass „Single auch in Zukunft der Anbieter am Markt sein wird, der alle Kundenwünsche bedient". Das gelingt seiner Ansicht nach nicht, wenn nur die Montage erhebliche Produktivitätssteigerungen erzielt. „Wir müssen prozessual unterscheiden. Das eine Produkt ist Standard, das andere ist kundenspezifisches Engineering. Wenn wir das auf unser Portfolio übertragen, sind wir nah am Kunden dran – und einige Baustellen sind dann geschlossen."

Der Weg dahin ist steinig und steil, denn der Druck des Tagesgeschäftes lässt nicht locker. „Im Laufe des Jahres 2016 haben wir beobachtet, wie Bereiche, die beispielsweise Kanban eingeführt haben, wieder in alte Muster zurückfallen", sagt Junghänel, „die positive Auftragslage hat auch dazu geführt, dass die eingeführte Fließfertigung nicht weiter ausgebaut werden konnte." Es ist fraglich, ob es sich dabei um einen unumgänglichen Umweg oder richtungsweisenden Rückschritt der Lean-Einführung handelt. „Wir müssen aufpassen, dass wir uns nicht vom Geschäft ins Abseits treiben lassen", zeigt sich der Lean Officer besorgt. Erschwerend kommt hinzu, dass sich das wöchentliche Meeting des Lean-Teams verkleinert: „Wir haben bei manchen Themen nur ein oder zwei Experten im Haus. Wenn die dann in einem Lean-Meeting sitzen, kann es, wenn die Fertigung stockt, zu Problemen kommen." Single hat als Mittelständler nicht den „personellen Luxus" eines Konzerns und kann mehrere Mitarbeiter für Lean freistellen – wenn der Bedarf im operativen Geschäft zu groß wird, wirkt sich die Priorisierung umgehend auf die Lean-Aktivitäten aus.

Die Liefertreue zu niedrig, der Rückstau zu teuer, die Feuerwehreinsätze zu häufig und die Ressourcen für Lean nicht vorhanden. Junghänel erinnert das stark an das Bild des Holzfällers, der vor lauter Bäume-fällen keine Zeit für das Schärfen der Axt hat: „Ich habe die Befürchtung, dass sich manche Bereiche hinter den Feuerwehreinsätzen verstecken und so das ganze Thema vergessen wird." Der Lean Officer beurteilt den bisherigen Erfolgsgrad der Lean-Einführung auf einer Skala von eins bis zehn nur mit einer Vier: „Vieles, wie 5S oder die strukturierte Problemlösung, läuft gut und ich habe keine Sorge, dass Lean methodisch funktioniert. Mich beunruhigt die Zeit ein wenig, die wir zur Etablierung der Fließfertigung brauchen. Die Herausforderung ist es, die Motivation zu stärken und nicht stehen zu bleiben. Schließlich ist die fließende Fertigung doch der Kern von Lean?"

3.6 Was kann man daraus lernen?

Dieser Kapitelabschnitt beansprucht den Raum für einen kritischen Blick auf das Wesentliche: Worauf kam es wirklich an? Was kann man daraus lernen? Anschließend beurteilt ein objektiver Experte die geschilderten Ereignisse.

3.6.1 Wenn der Prozess das Produkt schlägt

„So wie Lean im Buch steht, funktioniert es bei uns nicht", sagt Single-Urgestein Bagas provokant. Doch der Lean Officer sieht das anders: „Was verstehen wir eigentlich unter Lean?" Er hebt hervor, dass die Mitarbeiter aufgrund der zwei Pilotprojekte die Lean-Methodik insbesondere mit einer funktionierenden und getakteten Fließfertigung in Verbindung bringen. Für Junghänel ist das nur ein Baustein von vielen. Sein Geschäftsführer bestärkt ihn in diesem methodischen Verständnis: „Wir verstehen Lean nicht als Tool-Box, sondern als Philosophie. Nur weil die Fließfertigung nicht alle Probleme auf einmal löst und wir Toyota nicht einfach kopieren können, heißt das nicht, dass Lean scheitert." Im Gegenteil, es scheint die Lean-Verantwortlichen auf den richtigen Weg zu führen: „Die Crux liegt bei uns im Produkt", sagt Sauer, „der individuelle Charakter ist zu hoch. Es braucht mehr Standardisierung, auch wenn hier nicht alle drei Minuten ein Auto vom Band rollt." Als eine spannende Herausforderung bei der Erfüllung jedes Kundenwunsches ist gemäß Sauer der hohe Ausbildungsgrad der Mitarbeiter zu nennen, so grotesk es klingen mag: „Wir müssen mit der Denkweise brechen, dass ein Mitarbeiter ein ganzes Gerät baut und das der effizienteste Weg sein soll." Der Geschäftsführer bezeichnet die Fertigungsmitarbeiter als „super brains", von denen einige ohne Dokumentation ein ganzes Gerät bauen können. „Das klingt erst einmal gut, ist aber aufgrund der individuellen Anforderungen nicht wachstumsfähig." Sauer spricht damit ein weit verbreitetes Phänomen an, denn häufig ist die hohe Personenorientierung der Grund, warum die Einarbeitung von neuen Mitarbeitern lange dauert und alles zum Stillstand kommt, sobald ein Experte krank im Bett liegt. Um das strategische Ziel von 30–40 % Wachstum bis 2020 zu erreichen, muss der Paradigmenwechsel von der Produkt- zur Prozessexpertise gelingen.

3.6.2 Wenn Lean nicht selbstverständlich ist

Im Rückblick beschreiben die Lean-Verantwortlichen den Boden, auf denen die Samen der Pilotprojekte fielen, als noch nicht bestellt. Die Expertise über die Einführung eines Produktionssystems war nicht vorhanden, die negativen Erfahrungen mit Berater getriebenen Optimierungsprogrammen wurden nicht ausreichend berücksichtigt und die Haltung des Betriebsrates unterschätzt. Sauer ist selbstkritisch: „Wir haben unter diesen Umständen den Fehler gemacht, Lean mit einer Selbstverständlichkeit und damit zu großer Geschwindigkeit in die Organisation zu tragen." Auch Teamkoordinator Pfiz sieht das rückblickend ähnlich: „Wir haben die Leute zu sehr ins kalte Wasser geworfen. Wir hätten sie öfter abholen müssen." Gleichwohl sieht Lean Officer Junghänel einen positiven Aspekt: „So sind wir in alle Richtungen losmarschiert und konnten ausprobieren. Das ist nicht selbstverständlich, weil Fehlschläge dazu gehören." Aus Schmerz wird Erfahrung – Erfahrung, von der bei der aktuellen Lage an Herausforderungen, alle profitieren können.

„Was ich von nun an anders machen würde?", reflektiert Sauer, „Ich würde nicht mehr mit dem Begriff Lean arbeiten. Wenn irgendwo jemand eine Schraube dreht, ist das sofort Lean." Sauer vergleicht die Begrifflichkeit „Lean" mit „Marketing" – das seien Begriffe, die jeder zu kennen meint, deren Verständnis aber sehr komplex ist. „Ich würde am Anfang den Fokus auf Prozesssensibilität legen. Das heißt, die eigenen Prozesse kennenzulernen und in diesem Zuge die Mitarbeiter mit ‚Basics', wie Problemlösungsprozessen, vertraut zu machen." Als Ergänzung sieht Junghänel die Notwendigkeit, das Unterfangen immer im Kontext einer mittelfristigen Roadmap zu sehen. „Wir müssen uns immer wieder auf unseren roten Faden besinnen, um die erfolgreiche Arbeit in den Pilotprojekten fortzusetzen. Wenn wir das nicht machen, verlieren wir die Mitarbeiter und das Momentum der Initiative – da helfen auch Aktionen wie ‚wir machen jetzt alle einmal 5S' nicht weiter." Das Fazit: Kurzfristige Aktionen provozieren Kurzschlüsse, die im Zweifel die Glaubwürdigkeit in der Belegschaft verbrennen.

3.6.3 Wenn der Tatort im Fokus steht

Für Geschäftsführer Sauer ist klar, dass die Schlüsselfiguren einer Lean-Implementierung die Mitarbeiter mit Personalverantwortung sind. Unter dem Schlaglicht „Führungskraft als Coach" versteht Sauer eine anspruchsvolle Haltung, die Licht ins Dunkel bringt: „Die Führungskultur entscheidet mittel- bis langfristig über Erfolg und Misserfolg." Konkret heißt das für ihn, dass eine Führungskraft respektieren muss, dass Mitarbeiter im Unternehmen unterschiedlich motiviert sind. „Mitarbeiter respektieren und in ihrer Welt ernst nehmen", sagt Sauer, „darin liegt der Gewinn und die Grundlage einer Kulturveränderung." Junghänel erinnert sich in diesem Zusammenhang an ein Beispiel, wo das nicht geglückt ist: „Mit der Einführung von 5S in einem Bereich haben wir zunächst einen Musterarbeitsplatz geschaffen. Dazu gab es dann Feedback von den anderen Mechanikern und dann wurde das Muster auf alle anderen Mitarbeiter in diesem Bereich ausgerollt." Außer Acht gelassen wurde, dass ein Mitarbeiter die ganze Zeit im Urlaub gewesen ist und an seinem ersten Arbeitstag seinen Arbeitsplatz nicht mehr wiedererkennen konnte. „Da hat uns das Feingefühl und das richtige Maß an Respekt gefehlt."

Kratzenberg hat gelernt, dass die Experten am Shopfloor stehen: „Es gibt keine besseren Ideen, als von den Leuten, die täglich am Tatort stehen." Junghänel sieht in der Intensität der Mitarbeiterbeteiligung noch Luft nach oben und erhofft sich dadurch mehr Beispiele wie das von Teamkoordinator Pfiz: „Ich spreche gerne über die Wirkung von Lean, weil ich am Anfang skeptisch war. Ich habe nicht verstanden, warum ich das machen soll – bis ich erlebt habe, dass es funktioniert." Gleichwohl sagt Sauer, dass es nicht möglich ist, alle Mitarbeiter zu 100 % zu überzeugen, und das ist auch nicht das Ziel: „Nicht jeder wird begeistert sein. Aber es braucht eine kritische Masse an ‚Followern' – dann bekommen Sie irgendwann ein Momentum." Ein Momentum, welches proaktive Bereitschaft aus der Belegschaft produzieren kann. So berichtete der Lean Officer: „An mich wurde kürzlich der Vorschlag herangetragen, wegen der vollen Auftragsbücher auch samstags arbeiten zu wollen."

Wenn die Führungskraft und ihre Haltung gegenüber den Mitarbeitern am Ort des Geschehens über Erfolg und Misserfolg entscheidet, dann weiß Geschäftsführer Sauer, wovon er spricht: „Ich verbringe sicherlich nicht 50 % meiner Zeit mit der Analyse des Marktes oder mit Networking. Ich bin stark im operativen Geschäft aktiv, suche mir bei Problemen die richtigen Leute zusammen und finde in zehn Minuten mit meinen Mitarbeitern am Flipchart eine Lösung." Auch hier gilt es, die richtige Temperatur zu finden: „Ich lasse meine Mitarbeiter nicht alleine – bin aber auch nicht die 24-Stunden-Hotline für jedes Problem."

3.7 Interview mit Andreas Schwarz – Daimler AG

Über Daimler
Die Daimler AG ist eines der erfolgreichsten Automobilunternehmen der Welt. Mit den Geschäftsfeldern Mercedes-Benz Cars, Daimler Trucks, Mercedes-Benz Vans, Daimler Buses und Daimler Financial Services gehört der Fahrzeughersteller zu den größten Anbietern von Premium-Pkw und ist der größte weltweit aufgestellte Nutzfahrzeug-Hersteller. Daimler Financial Services bietet Finanzierung, Leasing, Flottenmanagement, Versicherungen, Geldanlagen und Kreditkarten sowie innovative Mobilitätsdienstleistungen an.

Die Firmengründer Gottlieb Daimler und Carl Benz haben mit der Erfindung des Automobils im Jahr 1886 Geschichte geschrieben. Als Pionier des Automobilbaus gestaltet Daimler auch heute die Zukunft der Mobilität: Das Unternehmen setzt dabei auf innovative und grüne Technologien sowie auf sichere und hochwertige Fahrzeuge, die faszinieren und begeistern. Daimler investiert kontinuierlich in die Entwicklung alternativer Antriebe mit dem langfristigen Ziel des emissionsfreien Fahrens: von Hybridfahrzeugen zu Elektrofahrzeugen mit Batterie und Brennstoffzelle. Darüber hinaus treibt das Unternehmen das unfallfreie Fahren und die intelligente Vernetzung bis hin zum autonomen Fahren mit Nachdruck voran. Denn Daimler betrachtet es als Anspruch und Verpflichtung, seiner Verantwortung für Gesellschaft und Umwelt gerecht zu werden.

Daimler vertreibt seine Fahrzeuge und Dienstleistungen in nahezu allen Ländern der Welt und hat Produktionsstätten in Europa, Nord- und Südamerika, Asien und Afrika.

Zum Markenportfolio zählen neben Mercedes-Benz, der wertvollsten Premium-Automobilmarke der Welt, sowie Mercedes-AMG und Mercedes-Maybach und Mercedes me, die Marken smart, Freightliner, Western Star, BharatBenz, FUSO, Setra und Thomas Built Buses und die Marken von Daimler Financial Services: Mercedes-Benz Bank, Mercedes-Benz Financial, Daimler Truck Financial, moovel, car2go und mytaxi. Das Unternehmen ist an den Börsen Frankfurt und Stuttgart notiert (Börsenkürzel DAI). Im Jahr 2015 setzte der Konzern mit 284.015 Mitarbeitern 2,9 Mio. Fahrzeuge ab. Der Umsatz lag bei rund 149,5 Mrd. €, das EBIT betrug 13,2 Mrd. €.

Das Mercedes-Benz Produktionssystem (MPS) ist das Managementsystem, das die Grundordnung der Produktion beschreibt und damit die Standardisierung und kontinuierliche Verbesserung aller Prozesse sicherstellt. Die darin verankerten schlanken Prinzipien sind konkrete Stellhebel für profitables Unternehmenswachstum. Zur Einführung, Umsetzung und Weiterentwicklung des MPS wurden in den Werken Unterstützungseinheiten mit erfahrenen Mitarbeitern geschaffen, die zusätzlich während eines einjährigem Programm in der Lean-Philosophie trainiert worden sind.

Autoren: Herr Schwarz, danke, dass Sie sich die Zeit für dieses Gespräch nehmen. Lassen Sie uns mit einer Vorstellung beginnen: Wer sind Sie und wie sind Sie der geworden, der Sie sind?

Andreas Schwarz: Mein Name ist Andreas Schwarz. Ich habe im Jahr 1997 an der University for Applied Sciences in Emden das Studium der Prozessautomatisierung, also einem Teil der angewandten Informatik, mit den Schwerpunkten Robotik und Lasertechnik abgeschlossen. Nach dem Studium bin ich für zehn Monate nach Oxford gegangen, um am Rutherford Appleton Laboratory zu arbeiten. Die Abteilung, in der ich arbeitete, beschäftigte sich mit der Auswertung von Daten eines Satelliten zur Sonnenbeobachtung. Im Anschluss habe ich 1998 für Alstom in der Systemtechnik als Inbetriebnahme-Ingenieur angefangen zu arbeiten. Da bin ich auch das erste Mal im Rahmen eines Projektes mit Daimler in Berührung gekommen, wohin ich dann 1999 gewechselt bin. Bei Mercedes habe ich im Werk Bremen als Verbesserungsmanager angefangen und um die Jahrtausendwende, zu der Zeit als auch das Mercedes-Benz Produktionssystem entwickelt wurde, die ersten KVP-Initiativen nach japanischem Vorbild in der Fahrzeugendmontage begleitet. 2004 wechselte ich in das Qualitätsmanagement, wo ich erst Assistent der Geschäftsleitung und dann Qualitätsbeauftragter für die Exportfahrzeuge nach USA, Kanada und Japan war. 2007 kehrte ich dann in die MPS-Organisation zurück und habe Mitarbeiter zu MPS-Experten ausgebildet, mit Trainingsprojekten von der Entwicklung im Inland bis zum Vertrieb im Ausland. 2012 habe ich für ein Jahr die weltweite Ausbildung unserer Verbesserungsmanager übernommen, um nun seit 2013 das MPS-Office am Standort in Bremen zu leiten.

Autoren: Wofür werden Sie heute bezahlt?

Andreas Schwarz: Ungefähr 2002 wurden bei Mercedes die MPS-Offices eingerichtet, die es heute in jedem Werk gibt und bei der Einführung und Weiterentwicklung des Produktionssystems unterstützen sollen. Ich leite ein solches MPS-Office in Bremen mit 15 Mitarbeitern, den vorher genannten MPS-Experten. Ich werde also dafür bezahlt, die Lean-Philosophie und damit das Mercedes-Benz Produktionssystem in der Organisation voranzutreiben und gemeinsam mit den Führungskräften weiter zu etablieren. Unser Ziel ist operative Exzellenz und dafür führen wir in allen Bereichen Projekte durch, die sowohl die Führungskultur als auch Prozessoptimierungen betreffen. Dabei geht es im Kern darum, wie wir die Menschen erreichen und auf diesen Weg mitnehmen können. Damit das gelingt, qualifizieren wir sehr stark, bilden Verbesserungsmanager im Werk aus und koordinieren weitere Initiativen der Organisation, die mit Lean-Aspekten einhergehen. Aktuell unterstützen wir die Bereiche durch Prozessbegleitung und Coaching, womit wir beabsichtigen, das Shopfloor-Management zu stärken und die Führungsleistung weiter zu verbessern.

Autoren: Wann und wo sind Sie denn das erste Mal mit Lean Management in Berührung gekommen?

Andreas Schwarz: Ich habe natürlich davon im Studium schon mal gehört, aber das würde ich an dieser Stelle nicht zählen lassen. Das war dann doch sehr theoretisch. Praktisch wurde es bei mir, als ich 1999 meine erste KVP-Initiative bei Daimler begleiten sollte. Dafür wurde ein durchmischtes Team aus ehemaligen Fahrzeugmonteuren, Meistern und auch Ingenieuren zusammengestellt. Wir wurden damals von einer externen Beratung dabei unterstützt und in diesem Zuge wurde ich die ersten Monate geschult und habe das erste Mal von Themen wie JIT und JIDOKA gehört.

Autoren: Lassen Sie uns in die Fallstudie der Single Temperiertechnik einsteigen. Wie ist Ihr genereller Eindruck: Ist Lean der richtige Ansatz, um die geschilderten Herausforderungen des Unternehmens anzugehen?

Andreas Schwarz: Die kurze Antwort ist: Ja, Lean ist der richtige Ansatz – auch für diese Situation bei Single. Die lange Antwort ist: Lean minimiert Zeitfresser und genau das brauchen wir in diesem Fall, denn von Zeitfressern scheint es aufgrund der geschilderten Historie des Unternehmens genug zu geben. Ich sehe viele Punkte ähnlich wie Herr Sauer in der Fallstudie. Großer Handlungsbedarf war bei vielen Themen sichtbar; die Frage der Reihenfolge ist hier elementar. Das Steuern über Kennzahlen genügt als erster Schritt sicherlich nicht. Aus meiner Sicht wäre hier der Hoshin-Kanri-Ansatz richtig, denn es braucht nicht nur die maximale Transparenz, damit Probleme und Verbesserungsbedarfe sichtbar werden, sondern es braucht eine unternehmensweite „Policy", die von der Geschäftsführung in der Kommunikation so gesteuert wird, dass auch der letzte Mitarbeiter an diesem Strang mitziehen kann. Erst, wenn diese Strukturen geschaffen sind, machen Kennzahlen und eine entsprechende Steuerung Sinn.

Autoren: Ist die Erwartungshaltung bei den Lean-Verantwortlichen zu groß?

Andreas Schwarz: Ich kenne ja nur die Fallstudie und kann die Situation vor Ort nicht wirklich einschätzen, aber ich habe mich gefragt, ob allen Beteiligten vor Ort die Situation bewusst ist, in der das Unternehmen steckt. Vielleicht ist es auch nicht so schlimm, aber, wenn man Gefahr läuft, Kunden an den Wettbewerb zu verlieren, weil man nicht akkurat liefert, empfinde ich das als kritisch. Ich habe mich gefragt, ob allen Mitarbeiter deutlich gemacht worden ist, dass sich etwas verändern muss, denn wenn es so weitergeht, gibt es das Unternehmen in fünf bis zehn Jahren nicht mehr – ich möchte es noch nicht „Krise" nennen, aber gerade in dieser „kritischen" Situation ist Lean die richtige Antwort. Die von Ihnen angesprochene Erwartungshaltung ist nur dann zu groß, wenn von Anfang an nicht alle Mitarbeiter mitgenommen werden.

Autoren: Wie wichtig ist denn die wirtschaftliche Stabilität eines Unternehmens, um Lean einzuführen?

Andreas Schwarz: Lean zu vermitteln ist sicherlich schwieriger, wenn ein Unternehmen gerade das beste Jahr aller Zeiten hinter sich hat. Warum sollte man etwas grundlegend verändern, wenn alles gut läuft. Ich bin dann wieder schnell beim Verständnis von Lean, denn wenn Sie Lean als Maßnahme fürs „cost-cutting" einsetzen wollen, können Sie das kaum vermitteln. Wenn Sie Lean aber als Prozess verstehen, um sich zu rüsten, damit die Kundenwünsche fristgerecht oder sogar schneller als von den Konkurrenten erfüllt werden können und das in hoher Qualität und bei stabilen Preisen, können Sie ein solches Programm auch in wirtschaftlich stabilen Zeit vermitteln.

3.7 Interview mit Andreas Schwarz – Daimler AG

Wenn der Konkursverwalter vor der Tür steht, ist es vielleicht zu spät. Aber selbst dann müsste man schauen, wo das Unternehmen genau steht. Das wissen Sie erst, wenn Sie durch den Gemba gelaufen sind und einen Eindruck von den Führungskräften, Mitarbeitern und Prozessen bekommen und die relevanten Zahlen gewälzt haben. Fakt ist, dass Sie die Mitarbeiter in einer Krise leichter in Bewegung bekommen und für einen Kulturwandel begeistern können. Dennoch braucht Lean einen gewissen Vorlauf, weil Sie die Beteiligten erst einmal über den Sinn, die Auswirkung und die Philosophie informieren müssen – Lean ist keine Maßnahme, sondern ein Systemwechsel. Die Einbindung der Mitarbeiter sehe ich in der Fallstudie ein wenig kritisch, die scheint zu Beginn zu kurz gekommen zu sein. Das Unternehmen ist wirtschaftlich stabil und es gibt keine Anzeichen einer ernsthaften Krise, aber hat der „need for change" die Organisation wirklich durchdrungen? Ich bin mir da nicht sicher. In einer solchen Situation könnte es hilfreicher sein, nicht von Lean zu sprechen, sondern es mehr im Sinne eines Change-Prozesses einzuleiten. Der Begriff Lean ist häufig negativ belegt und schon denken die Mitarbeiter fälschlicherweise, dass es ihnen an den Kragen geht. Hoshin Kanri wäre für einen solchen Change-Prozess der klügere Startpunkt, denn da muss eine Unternehmensführung erst einmal liefern und sich Gedanken machen, wohin die Reise in den nächsten Jahren gehen soll. Wenn die strategische Ebene geklärt ist, kommen die kulturelle Ebene und die Prozessebene hinzu.

Autoren: Wie bewerten Sie den Ansatz des Geschäftsführers Sauer nicht die Methoden, sondern die Prinzipien anzuwenden?

Andreas Schwarz: Aufgrund seiner Historie ist das nachvollziehbar. Wer mit Lean so erfahren ist, der weiß, dass es letztendlich um die Philosophie und nicht um ein paar Methoden geht. Das System schwingt nur, wenn alles im Gleichklang ist. Aber die Methoden braucht es trotzdem – insbesondere um anfangs einen Aha-Effekt in der Mannschaft zu erreichen. Zum Beispiel mit 5S: So können Sie sofort etwas sichtbar und greifbar machen. Bei Mercedes haben wir es früher mit 5S teilweise übertrieben, aber dennoch hat die Mannschaft ohne Gegenwehr verstanden, worum es geht. Wir mussten niemanden schulen, um endlich mal aufzuräumen, sauber zu machen, den Shopfloor kennenzulernen und das zu hinterfragen, was überall herumliegt. Bei 5S geht es um Platz und Transparenz schaffen und um Regeln zur Grundordnung – nicht auf Basis von Kennzahlen, sondern auf Basis der Prozesse. Also ja, die Prinzipien anzuwenden ist richtig, aber ich bin der Auffassung, dass diese nur dann ihre Wirksamkeit entfalten, wenn zuvor die Methoden funktionieren und verstanden sind.

Autoren: Wie beurteilen Sie die Schilderung der Phase des ersten Pilotprojektes?

Andreas Schwarz: Zwei Gedanken dazu: Erstens wird in der Fallstudie auf die Schulungsgrundlagen des Lean-Teams eingegangen. Bei der Aufzählung fehlt mir zumindest das Thema Qualität, also Jidoka, was ja ein relevantes Thema für Single zu sein scheint.

Die Qualität würde ich im ersten Schritt wichtiger erachten, als just in time zu produzieren.

Zweitens: Warum fängt man nicht mit einem Coaching an? Also nicht im Sinne einer Schulung, wo man alle in einen Raum steckt und dann als offizielles Programm ein Coaching verkündet. Mit der Erfahrung von Herrn Sauer sollte es ihm möglich sein, über Beobachtung und Feedback, Fragetechniken und Kurzschulungen seine Mannschaft im Alltag schon mal sanft zu coachen und zu aktivieren. So kann man seine Führungsmannschaft und später auch die gesamte Belegschaft „infiltrieren" – wenn man das Ganze noch programmatischer angeht, könnte man sich so Stück für Stück auf Regeln der Zusammenarbeit, Standards und unternehmensspezifische Ausprägungen der Lean-Methoden einigen. Zum Beispiel: Wie und wann nutzen wir Heijunka? Wie überprüfen wir die Einhaltung unserer Festlegungen?

Autoren: Wie erklären Sie sich denn die negative Reaktion der Mitarbeiter, die nicht in die Pilotprojekte eingebunden waren?

Andreas Schwarz: Eine Führungskraft hat im Kontext von Lean die Aufgabe, Sinn zu stiften. Dazu gehört auch, dass die Führungskraft herausarbeitet, was das Problem ist. Ich hatte beim Lesen der Fallstudie die Schwierigkeit, nachzuvollziehen, was den Mitarbeitern von Single als Grund für die Lean-Initiative genannt wurde. Ich bin derselben Meinung wie Herr Sauer, Lean ist die richtige Antwort auf die Fragen von Single. Aber – und das soll jetzt nicht despektierlich klingen – nur, weil ich und Herr Sauer der Meinung sind, dass Lean die richtige Antwort ist, heißt das noch lange nicht, dass das meine und seine Mannschaft überzeugt. Ist das „Warum" zu Beginn allen deutlich gemacht worden? Das habe ich mich beim Lesen gefragt.

Autoren: Haben Sie schon einmal, was die negative Reaktion der Mitarbeiter angeht, ähnliche Erfahrungen gemacht?

Andreas Schwarz: Ja, gerade beim Start des Mercedes-Benz Produktionssystems haben wir viele Situationen gehabt, wo nach der Analysephase klar war, was für Verbesserungsmaßnahmen durchgeführt werden müssen. Und da gab es natürlich auch viel Widerstand gegenüber der Veränderung. Vielen Mitarbeitern erschien das Produktionssystem als neue Mode, die auch wieder vorübergehen wird. Es kommt heute immer wieder vor, dass der im Projekt entwickelte Soll-Zustand nicht akzeptiert wird, obwohl es absehbar ist, dass es danach besser ist. Ich habe erlebt, dass die Führungskraft sich quer stellte, obwohl die Mitarbeiter schon lange überzeugt waren und auch andersherum. Es sind aber nur ganz wenige Personen in meiner Laufbahn gewesen, die sich keinen Zentimeter bewegt haben. Mit solchen Mitarbeitern muss man sich dann intensiv auseinandersetzen, sie gegebenenfalls in die Jobrotation bringen oder sich als letzten Schritt schließlich trennen. Entscheidend ist, dass man den Menschen Bilder aufzeigt und über die Schritte in die

3.7 Interview mit Andreas Schwarz – Daimler AG

Zukunft miteinander spricht. Das kann im Rahmen der vorhin angesprochenen Coaching-Elemente der Fall sein oder auch in einem etwas programmatischeren Change-Prozess.

Autoren: Wie könnte man denn eine solche Stimmung vermeiden – wohl wissend, dass man nicht von Anfang an das ganze Unternehmen in einem Piloten einbinden kann?

Andreas Schwarz: Wir haben uns immer neue Formate überlegt, um eine solche destruktive Situation weitestgehend zu vermeiden. Es gibt nun mal die Change-Kurve und jeder Mitarbeiter befindet sich auf dieser Kurve in einem anderen Stadium – wenn einige bei der Ernüchterung oder Verneinung stecken bleiben, wird es kritisch. Bei Single hätte man beispielsweise den Bewerbungsprozess der Team-Koordinatoren auch für den Start der Lean-Initiative nutzen können. Einzelne Linien hätten sich darum bewerben können, einen erfahrenen Berater an die Seite gestellt zu bekommen und mit einem kleinen Budget ausgestattet schauen, wie es weitergehen kann. So würde man keinen erlauchten Kreis an Mitarbeitern auswählen, die dann als „Elite-Einheit" durchs Unternehmen gehen.

Wir haben seit Beginn der ersten Verbesserungsprojekte es beibehalten, viel Zeit in die Kommunikation zu stecken. Wir haben dazu in den Aufenthaltsräumen gerne mit Aushängen und Flyern, und an den Anlagen mit Aufstelltafeln gearbeitet, auf denen Details zu finden waren, was wir genau vorhaben und wer alles an den Aktivitäten beteiligt ist. Diese Informationen wurden von der Projektmannschaft zusammengestellt, mit den Führungskräften abgestimmt und in der Regel auch vorab aktiv an den Betriebsrat verteilt. In kritischen Situationen war die Intervention in Form eines Reflexionsmeetings, den sogenannten Sounding Boards für Führungskräfte, Mitarbeiter und den Betriebsrat hilfreich, um den Stimmungspuls zu messen und feste Zeiten für die Einbeziehung, Kritik und Justage zu haben. Diese Gesprächsrunden wurden bereits zu Beginn der Projekte über die gesamte Laufzeit regelmäßig eingeplant und durch einen neutralen Moderator begleitet.

In einem Unternehmen wie Single hätte man auch zu Beginn eine Stakeholder-Analyse durchführen können, um die Schlüsselspieler zu identifizieren. Im Anschluss könnte man sich mit den identifizierten Kritikern andere Unternehmen anschauen. Später hat Single ja eine Werksführung gemacht – warum startet man damit nicht? So schafft man früh Vergleiche und Bilder und die Mitarbeiter können sehen, dass andere dieselben Probleme haben, aber anders damit umgehen. Den richtigen Mindset erschaffen Sie damit natürlich noch nicht, aber so sehen die Kritiker zumindest, dass es auch anders gehen könnte. Das kann eine enorme Wirkung auf den Change-Prozess haben.

Autoren: Wie bewerten Sie die Problematik, dass die Logik der Fließfertigung nicht für das gesamte Produktportfolio eingeführt werden kann?

Andreas Schwarz: Obwohl der Endmontageprozess bei uns im Werk auf Fließbändern geschieht, heißt es nicht automatisch, dass die Fließfertigung zu 100 % umgesetzt ist. Auch wenn der physische Fluss gewährleistet ist, bedeutet das nicht, dass der Informationsfluss wie z. B. die Bestellvorgänge von Material oder größeren Submodulen gut aufeinander abgestimmt sind. Hier ist es unsere Aufgabe, den Produktionsprozess vom Presswerk bis zum Vertrieb mit möglichst wenig Beständen störungsfrei und unter Einhaltung der Fahrzeugreihenfolge zu gestalten und auch die externen Lieferanten optimal anzubinden. Daran muss kontinuierlich gearbeitet werden. Den Gesamtfluss im Auge haltend, kann man aber in allen Prozessen eines Unternehmens neue Leistungsniveaus anstreben. Von daher ist es nachvollziehbar, wenn die Fertigungslinien bei Single nach anderen Methoden optimiert werden. Ich kann die Wirksamkeit von Lean sowohl in einer Zellenfertigung als auch in einer Fließfertigung sicherstellen. Meiner Erfahrung nach wird im Verlauf einer Initiative häufig klar, dass man doch mehr als gedacht zum Fließen bringen kann, sobald die Philosophie verinnerlicht ist. Wenn die Mitarbeiter von alleine sehen, dass man noch mehr verbessern kann, ist das doch das Schönste für den Chef.

Autoren: Wie bewerten Sie die Einführung der Team-Koordinatoren?

Andreas Schwarz: Die Überschrift in der Fallstudie heißt ja „Mitarbeiter mitnehmen = Mitarbeiter mitmachen lassen" – bei uns heißt das, Betroffene zu Beteiligten machen. Es geht darum, die Menschen, die von der Veränderung betroffen sind, in der Fläche zu beteiligen und auch gestalterisch einzubeziehen. Die Team-Koordinatoren sind aus meiner Sicht ein guter Schritt, um Verantwortung zu übertragen und Kristallisationspunkte der Lean-Philosophie in der Organisation zu schaffen.

Autoren: Sollten diese Personen aus dem Unternehmen rekrutiert werden oder macht es auch Sinn, externe Mitarbeiter dafür einzustellen?

Andreas Schwarz: Dafür gibt es kein pauschales Rezept, denn es kommt darauf an, wie viele Mitarbeiter in der Organisation arbeiten und wie viele von der Lean-Initiative betroffen sind. Generell finde ich es wichtig, dass Impulse von außen ins Unternehmen getragen werden – also von Leuten, die schon einen längeren Weg auf der Lean Journey zurückgelegt haben. Externe sollten aber mit Augenmaß rekrutiert werden, denn es kann sein, dass man damit potenzielle interne Kandidaten verprellt und auch Entwicklungswege beschneidet. Deswegen erachte ich das Assessment als essenziell. Wir haben dafür mittlerweile ein dezidiertes System entwickelt, bei dem wir die Kandidaten einen ganzen Tag lang begleiten und Zeit mit ihnen verbringen. In Interviews, in durch die Kandidaten vorbereiteten Fallstudien oder Gruppenaufgaben bekommen wir einen Eindruck davon, was deren Einstellung ist, was für einen Antrieb die haben, woher dieser Antrieb kommt, inwiefern derjenige antizipieren kann und vor allem, wie er mit Menschen also mit seinen Kollegen umgeht. Auch hier muss man aufpassen, denn die Team-Koordinatoren stellen eine Elite dar – um Vorbild für den Rest der Mannschaft zu sein und Akzeptanz zu halten, dürfen die nicht abheben.

Ein Gedanke noch zu externen Beratern, denn ich habe viele davon erlebt. Ich bin immer gut damit gefahren, wenn die externen Berater die (zentralen) Lean-Experten des Unternehmens und nicht die von Lean betroffenen Mitarbeiter oder Führungskräfte (in

3.7 Interview mit Andreas Schwarz – Daimler AG

der Linie) beraten haben. Beim Berater ist das Problem häufig die Akzeptanz, denn der wird die Veränderungen nicht umsetzen. Deswegen sollten die internen Lean-Experten unterstützt werden, damit die als Inhouse Consultants in der Linie agieren können. Wenn der Berater doch die Umsetzung übernimmt, ist das Risiko hoch, dass alles wie ein Kartenhaus in sich zusammenfällt, sobald der Auftrag abgeschlossen ist und der Berater das Unternehmen wieder verlässt.

Autoren: Inwiefern sollten denn solche Team-Koordinatoren freigestellt bzw. noch Bezug zur Linie haben?

Andreas Schwarz: Sie brauchen beides. Sie brauchen Mitarbeiter, die die gesamte Lean Journey strukturieren und sich um die Weiterentwicklung des Systems kümmern. Die machen zwischendurch kleinere Audits, Analysen und Prozessbegehungen, um etwaige Lücken in der Umsetzung zu identifizieren. Solche Mitarbeiter sollten freigestellt sein. Dennoch braucht es das Gegenüber in den einzelnen Bereichen. Damit meine ich Mitarbeiter in der Linie, die für Lean brennen, das Vertrauen ihres Bereiches haben und auf Teilzeit Lean vorantreiben. Das erfordert natürlich Disziplin, denn ich habe bei uns schon mitbekommen, wie zentrale Lean-Verantwortliche wieder in die Linie zurückgekehrt sind und da buchstäblich von Aufgaben „aufgefressen" wurden. Die hatten Lean nur noch im Kopf – nicht mehr in den Händen.

Autoren: Zu wie viel Prozent befindet sich das Unternehmen in der Komfort-, Lern- oder Panikzone?

Andreas Schwarz: In der Panikzone sehe ich das Unternehmen nicht. Es gibt die Panikzone vielleicht im Kleinen, also bei Mitarbeitern, die Angst davor haben, dass sich ihr Arbeitsplatz und Umfeld verändert, aber das ist normal. Ich schätze, dass sich die Personen, die von außen dazu gekommen sind und die Team-Koordinatoren in der Lernzone befinden. Bestimmt hat auch der eine oder andere Mitarbeiter und hoffentlich auch die ein oder andere Führungskraft aus den Pilotbereichen gemerkt, dass neue Vorgehensweisen mit einem veränderten Verständnis zur Anwendung kommen und sich so weiterentwickelt. Aber soweit ich es hier aus der Fallstudie entnehmen kann, ist ein Großteil der Belegschaft noch nicht aus der Komfortzone herausgekommen. Ich würde also schätzen: 30 % Lern- und 70 % Komfortzone.

Autoren: Wo sehen Sie die Gefahr, wenn die Zeiten eines Shopfloor Meetings stark schwanken?

Andreas Schwarz: So wie ich Shopfloor Meetings kenne, gibt es drei Teile. 1. Abweichungsmanagement: Ich schaue also anhand der Steuerungskennzahlen, wo der Bereich gerade steht und welche Abweichungen es vom Ziel gibt, um darauf basierend Maßnahmen abzuleiten. Das dauert zwischen zehn und 15 min und sollte konsequent durchgeführ-

und moderiert werden. 2. Nachhaltigkeit: Hier werden aktuelle und vielleicht auch umfangreichere Themen vertieft, um die Problemlösung nachhaltig zu machen. Dieser Teil darf zeitlich variieren – das hängt stark vom Thema ab. 3. Allgemeines: Also, gibt es zum einen Neuigkeiten von der Geschäftsführung oder nutzt man zum anderen die Möglichkeit, um das Tagesgeschäft gemeinsam zu besprechen und weiter zu entwickeln. So kann man gemeinsam Geleistetes Revue passieren lassen oder sich auf anstehende Herausforderungen einschwören. Bis auf den ersten Teil muss nicht alles täglich besprochen werden – es kann also zu zeitlichen Schwankungen des Shopfloor Meetings kommen. Ich sehe da keine Gefahr.

Autoren: Ist die externe Moderation der Shopfloor Meetings empfehlenswert?

Andreas Schwarz: Zur Einführung von Shopfloor Meetings kann externe Unterstützung hilfreich sein. Wenn die ersten drei oder vier Male ein Externer übernimmt, ist das in Ordnung, aber die Verantwortung muss so schnell wie möglich auf die Führungskraft übergehen. Lean ist Führungsaufgabe und kann nicht delegiert werden. Das Meeting sollte in jedem Fall ein anderes Setting haben. Es sollte im Stehen und möglichst nah am Produktionsprozess stattfinden. Die Agenda ergibt sich aus der Reihenfolge und den Inhalten der Kennzahlentafel, also dem Shopfloor Board. Für mich persönlich ist Shopfloor Management übrigens das wichtigste Instrument, um Lean nachhaltig umzusetzen und – aufgrund des integrierten KVPs – kontinuierlich weiterzuentwickeln. Das ständige Trainieren der PDCA-Logik, also ein Defizit erkennen und verstehen, eine Abstellmaßnahme planen und umsetzen, die Wirksamkeit prüfen und bei Erfolg die Neuerung zum Standard machen, ist die Philosophie, die hinter Shopfloor Management steckt und in „Fleisch und Blut" übergehen muss.

Autoren: Was ist denn ein typischer Fehler?

Andreas Schwarz: Ein typischer Fallstrick ist die nicht enden wollende Diskussion beim ersten Teil des Meetings. Beim Abweichungsmanagement verliert man sich häufig in der hypothetischen Ursachenforschung, obwohl man nur über Halbwissen verfügt. Das ufert dann aus. Wir haben die Regel, dass man sich jedes neue Problem selber vor Ort angesehen hat, bevor es im Detail im Meeting besprochen wird. Es braucht das Problem- und Prozessverständnis.

Autoren: Wie bewerten Sie den Erfolg der Lean-Aktivitäten bei Single auf einer Skala von eins bis zehn?

Andreas Schwarz: Ich kann das nicht in einer Zahl ausdrücken, denn ich beurteile eine Lean-Initiative aus drei Blickwinkeln: Strategie, Prozess und Kultur. Ich habe nach dem Lesen der Fallstudie nicht das Gefühl, dass Lean in der Strategie des Unternehmens verankert ist – da gibt es von mir also eine Eins. Aus Prozesssicht würde ich dem Fortschritt der Initiative eine Sieben geben. Hinsichtlich der kulturellen Veränderung nur eine Zwei, weil mir die ganzheitliche Ausrichtung fehlt.

Autoren: Was überzeugt Sie denn konkret nicht?

Andreas Schwarz: Also natürlich sprechen die aufgeführten Zahlen für sich. Da haben die Beteiligten echt was geschafft: 26- und 22-prozentige Produktivitätssteigerungen in den beiden Fertigungslinien, 50-prozentige Reduzierung der Durchlaufzeit, 90-prozentige Reduzierung von Störminuten – das ist eine Erfolgsgeschichte, die man gezielt und wohlwollend kommunizieren sollte. Mein Unbehagen rührt eher daher, dass die Kennzahlen von Erfolg sprechen, aber wo sind die mitgenommenen und begeisterten Mitarbeiter? Es gibt nur wenige Anhaltspunkte für intrinsische Motivation in der Belegschaft, also welche Mitarbeiter unternehmen von sich aus etwas, um Lean voranzutreiben. Gibt es diese Eigendynamik bereits im Unternehmen? Das ist für mich nur schwer herauszulesen.

Autoren: Wie beurteilen Sie den Konflikt zwischen Geschäftsführung und Betriebsrat? Welche Erfahrungen haben Sie persönlich damit bei Daimler gemacht? Welche Maßnahmen könnten deeskalierend wirken?

Andreas Schwarz: Es reicht nicht, wenn man nur am Anfang mal den Betriebsrat einbindet oder nur dann mit ihm spricht, wenn es Streit oder kritische Phasen gibt. Es reicht nicht, nur über das zu berichten, was passiert ist, sondern man muss über das informieren, was man vorhat. Dieses ständige Im-Gespräch-Bleiben fällt manchmal schwer, ist aber erfolgskritisch. Unser Betriebsrat hat zwar in wenigen Fällen ein Interventionsrecht, aber ihr Informationsrecht fordern die konsequent ein. Meistens wurde es dann problematisch, wenn wir das aus den Augen verloren haben. Jetzt weiß ich nicht, woher die Problematik bei Single kommt und inwiefern einzelne Charaktere eine Rolle spielen, aber wir haben immer versucht, einen persönlichen Zugang zum Betriebsrat zu finden. Betriebsräte mit denen man mal ein in der Sache ernstes Vier-Augen-Gespräch führen oder einen ungezwungenen Kaffee trinken kann.

Entscheidend war damals bei uns, dass wir zu Beginn der MPS-Einführung knapp hundert Lean-Methoden aufgeschrieben und nach Kategorien geordnet haben – das haben wir gemeinsam mit dem Betriebsrat gemacht. Das war ein Arbeitsprozess von mehreren Monaten und etlichen Stunden pro Woche. Dabei haben wir an der einen Stelle Abstriche machen müssen, hinsichtlich der Art und Weise, wie manche Methoden umgesetzt werden können, aber an anderer Stelle haben wir Vereinbarungen getroffen, die noch bis heute gültig sind. Wir haben also das Herz der Lean-Initiative gemeinsam beschrieben und für die Art und Weise, wie das Unternehmen mit Lean funktionieren soll, ein gemeinsames Verständnis geschaffen. Im weiteren Verlauf haben wir den Betriebsrat immer über ein Sounding Board abgeholt, seine Bedenken angehört und viel Energie in diesen Austausch investiert.

Autoren: Wie wichtig ist unter den geschilderten Rahmenbedingungen die Einführung von Lean-Tools in der Administration des Mittelständlers?

Andreas Schwarz: Die Einführung von Lean in den indirekten Bereichen ist für mich unabdingbar, denn so sorgt man für ein Gleichgewicht in der Mannschaft. Es gibt auf der einen Seite die Monteure, die an der Drehbank stehen oder sich beim Montieren die Hände schmutzig machen – auf der anderen Seite sind die aber in vielen Prozessen von den Sachbearbeitern in der Disposition, der Qualität, dem HR oder dem Versand abhängig. Wer Lean nur in der Produktion einführt, provoziert Grabenkämpfe, denn die Montage schiebt die Problemursachen gerne auf die Kollegen in der Administration – andersherum genauso. Wenn beide Unternehmensbereiche gleichzeitig in die Lean-Initiative eingebunden werden, wird sich niemand ungerecht behandelt fühlen und beim anderen die Schuld suchen können. Wer Lean nur in der Produktion einführt, verpasst es auch, Potenziale zu heben, denn wenn ein Bauteil nach zwei Tagen in der Produktion noch zehn Tage im Versand liegt, ist das richtig teuer. Eine Lean-Initiative gilt es gleichzeitig über die Bereiche des Unternehmens zu entwickeln – einzelne Lean-Silos zu bauen, ist nicht hilfreich.

Autoren: In der Fallstudie wird vom „personellen Luxus" der Konzerne gesprochen. Wo sehen Sie den Unterschied zwischen der Lean-Einführung in einem KMU, und der eines Konzerns?

Andreas Schwarz: Ein Konzern ist ein großer Tanker. Der Tanker hat an der einen oder anderen Stelle sicherlich nicht nur mehr Ressourcen, sondern auch viel mehr Hürden, die eine Lean-Einführung langsam machen können. Bei Mercedes müssen Sie zum Beispiel über zahlreiche Hierarchiestufen hinweg viel mehr Menschen erreichen, um etwas in Bewegung zu bringen – das kann sehr ernüchternd sein. Die Wege bei einem Mittelständler wie Single sind dagegen kurz und die Entscheidungen können schnell getroffen werden. Bei Single kann sich kaum einer hinter der Hierarchie verstecken und es ist ein einmaliger Luxus, für wichtige Informationen in einem Meeting alle Mitarbeiter auf einmal zusammenrufen zu können.

Autoren: Stimmt es, dass die fließende Fertigung der Kern von Lean ist? Oder was ist aus Ihrer Sicht der Kern von Lean?

Andreas Schwarz: Die fließende Fertigung ist ein Teil von Lean – aus meiner Sicht nicht zwangsläufig der Kern. Ich hatte es zuvor schon gesagt: Lean ist das Streben nach Perfektion. Lean lebt von Führungskräften, die Sinn stiften und nicht nur Prozesse schlanker machen, sondern die Menschen im Unternehmen auf persönlicher Ebene weiterentwickeln. Lean ist die Kompetenz, Probleme zu lösen, um so Verschwendung zu vermeiden.

Autoren: Welche Erfahrung haben Sie beim Umgang mit Wissensträgern gemacht? Wie würden Sie einem „super brain" aus der Fallstudie denn die zukünftige Standardisierung von Arbeitsschritten schmackhaft machen?

Andreas Schwarz: Wissensträgern muss in jedem Fall große Wertschätzung entgegengebracht werden. Das sind ja häufig introvertierte Menschen, die ungerne über ihr Wissen sprechen und es auch nicht freiwillig teilen. Zunächst einmal muss ich in einer Matrix festhalten, welche Prozesse nur von einem Mitarbeiter ausgeführt werden können – wenn es wirklich nur einen einzigen Wissensträger für einen Bereich gibt, ist das kritisch. Da muss ich so schnell wie es geht, einen zweiten Mitarbeiter qualifizieren. Dann muss ich dem Wissensträger signalisieren, dass ich ihn ernst nehme und ihn fördern möchte. Wenn ich seine Expertise für die Weiterentwicklung der Prozesse konstruktiv nutzen kann, bringt mir das mehr, als wenn das „super brain" in Zukunft nur noch eine reduzierte Anzahl von Arbeitsschritten perfekt ausführt. Das ist ein Perspektivenwechsel, denn ich muss dem Wissensträger dann nicht verkaufen, dass er in Zukunft weniger macht, sondern ich biete ihm an, mehr zu bewirken. In diesem Zuge gelingt es, sein Wissen zu teilen und zu übertragen – das ist für alle Beteiligten positiv. Bei Single würde ich ein „super brain" aus der Montage mal in der Abteilung für die Montagedokumentation arbeiten lassen – da würden sich die Fehler schnell reduzieren.

Autoren: Was ist Ihre Einschätzung: Sollte man Lean beim Namen nennen oder nicht?

Andreas Schwarz: Die Lean-Einführung ist eine tief greifende Veränderung im Unternehmen und diese Veränderung sollte einen tragenden Namen bekommen. Einen Namen, bei dem alle Bescheid wissen und womit der Aufbruch signalisiert wird. Das muss aber nicht Lean heißen – vielleicht ist es auch hilfreich, sich bei dieser Fragestellung, wie vermarkte ich meine Initiative intern, externe Unterstützung zu holen. Solche kommunikativen Themen und Werbekampagnen sind ja bekanntlich eine Wissenschaft für sich. Ziel muss es sein, dass durch den Namen positive Assoziationen in der Mannschaft entstehen. Man kann auch eine Ausschreibung machen und die Mitarbeiter Vorschläge machen lassen. So wurde in Bremen zum Beispiel die Vorbereitung auf die neue C-Klasse-Produktion in der Endmontage „Idealband" getauft. Im Vordergrund stand dabei ein aus Sicht des Werkers optimaler Montage- und Logistikprozess unter der Einhaltung der ergonomischen Vorgaben.

Autoren: Wie oft begegnen Sie den typischen Vorurteilen gegenüber Lean und wie gehen Sie damit um?

Andreas Schwarz: Dieses Verständnis von „cost cutting" oder „Schlankheitswahn", wie Sie es nennen, kommt vor. Das ist der Kunstgriff, denn auch hier kommt es auf die Perspektive an: Wenn ich einem Mitarbeiter erkläre, dass wir jetzt vier Maschinen mit zwei Mitarbeitern betreiben werden statt der vorherigen vier wird sich das Verständnis in

Grenzen halten. Wenn ich einem Mitarbeiter dagegen auf der Prozessebene abhole, mich ehrlich nach seiner Meinung erkundige: Bist du zufrieden mit dem, wie es aktuell hier läuft? Was stört dich? Welche Verbesserungen sollten gemacht werden? Wo sind deine größten Hindernisse? Was hindert dich, reibungslos zu arbeiten? Dann ist das eine andere Vorgehensweise und der Mitarbeiter würde, wenn die Optimierungsmaßnahmen umgesetzt sind, einsehen, dass ohne Arbeitsverdichtung vielleicht zunächst drei Mitarbeiter für das Arbeitspensum ausreichend sind. Wenn die Mitarbeiter die Verbesserung erkennen, braucht es nicht so viel Überzeugungskraft.

Die Ausgangslage von Single, mit derselben Mannschaft die Geräte termingerecht abzuliefern, ist aus meiner Sicht eine tolle Ausgangslage, um nicht in die Schublade des „cost cuttings" geschoben zu werden.

Autoren: Lean setzt auf die Verantwortung der Mitarbeiter. In diesem Zusammenhang wird häufig von „unternehmerischem Handeln" gesprochen – gleichzeitig will Lean Fehler vermeiden: Gehören Fehler nicht zu unternehmerisch handelnden Mitarbeitern dazu? Wie passt das zusammen? Zum Beispiel steht bei Facebook in der amerikanischen Zentrale „Macht mehr Fehler" an den Wänden.

Andreas Schwarz: Ich würde ergänzen: „Macht mehr Fehler, um zu lernen." Denn das zeigt, dass es unterschiedliche Fehler gibt. Sie haben Fehler in repetitiven Prozessen, verursacht durch schlechtes Material oder die falsche Maschineneinstellung – die gilt es getreu JIDOKA zu eliminieren. Aber es gibt ja auch Fehlversuche aus Experimenten und das sind Fehler, die ich machen muss, um mich weiterzuentwickeln. Wenn ich einen Prozess verändere, experimentiere ich und dabei kann es zu Fehlversuchen kommen und die sind aus meiner Sicht erwünscht. Das ist die Grundlage einer lernenden Organisation.

Autoren: Ein betroffener Mitarbeiter eines Lean Deployments sagt Ihnen, dass er Lean kritisch gegenübersteht, weil er seinen Arbeitsplatz behalten möchte. Was entgegnen Sie ihm?

Andreas Schwarz: Ich würde ihm sagen, dass es möglich bis sehr wahrscheinlich ist, dass sein Arbeitsplatz in der bekannten Form nicht mehr vorhanden sein wird. Auf die Fallstudie bezogen würde ich aber genauso deutlich machen, dass bei vollen Auftragsbüchern und langen Wartezeiten sich etwas verändern muss. Das Ziel des Unternehmens ist es, mit derselben Manpower die kundenspezifischen Kennzahlen zu stabilisieren und zu verbessern. Das ist im Interesse eines jeden Mitarbeiters, unabhängig von seiner Aufgabe.

Autoren: Ein betroffener Mitarbeiter eines Lean Deployments sagt Ihnen, dass er Angst hat, in Zukunft immer dieselben Arbeitsschritte auszuführen. Was entgegnen Sie ihm?

Andreas Schwarz: Natürlich lassen sich hier die Vorteile der Jobrotation nennen und das Kennenlernen von anderen Arbeitsfeldern. Aber die Frage ist nicht einfach, denn Lean baut nun mal auf Standards.

Ich habe bei uns die Erfahrung gemacht, dass die Mitarbeiter sehr individualistisch Autos bauen wollen, aber gleichzeitig sehr unzufrieden sind, wenn dabei Fehler passieren. Fehler kann man nur dann vermeiden, wenn man einen harten Standard hat und den einfordert – ich habe auch die Erfahrung gemacht, dass durch die Standards und geringen Fehler die Zufriedenheit der Mitarbeiter deutlich gesteigert wird. Es ist nicht genug, wenn der Mitarbeiter schaut, ob er alles richtig macht, sondern es geht darum, dass er das Richtige auch intelligent macht und an der Weiterentwicklung des Standards arbeitet.

Autoren: Ein betroffener Mitarbeiter eines Lean Deployments sagt Ihnen, dass er Lean super findet, aber einfach keine Zeit dafür hat. Was entgegnen Sie ihm?

Andreas Schwarz: Das ist eine Frage der Priorisierung. In dieser Situation würde ich prüfen, ob der Mitarbeiter selber priorisieren kann oder ein Gespräch mit seiner Führungskraft Sinn macht. In einem solchen Gespräch würde ich seinen Tagesablauf erörtern, Zeitfresser identifizieren und Räume schaffen – sprich einfachste Werkzeuge der Lean-Administration einsetzen – damit der Mitarbeiter Zeit findet, an der Weiterentwicklung von Lean mitzuarbeiten. Letztendlich liegt es an ihm: Wenn ein Mitarbeiter Lust auf Lean hat, wird er einen Weg finden. Alles andere sind Ausreden.

Autoren: Was sind Ihre drei Erfolgsfaktoren für eine Lean-Implementierung?

Andreas Schwarz: Das Erste ist die Einbindung aller Mitarbeiter. Das Zweite ist die Standhaftigkeit – also trotzdem dranbleiben, auch wenn mir vielleicht als Lean-Verantwortlicher nach eineinhalb Jahren vor lauter Widerstand die Kraft fehlt. Lean verstehe ich als Reise, deswegen spreche ich häufiger von der Lean Journey – diese Reise beginnt, aber endet nie. Das Dritte ist die Disziplin der Führungskräfte – also die Konsequenz entgegen aller Bequemlichkeit und allen Widerstandes – bei sich selbst oder bei den Mitarbeitern – über den nächsten Berg zu gelangen.

Autoren: Gibt es einen Grund, Lean nicht einzuführen?

Andreas Schwarz: Die einfache Antwort ist: Nein – bis auf den Konkursverwalter, der vor der Tür steht. Natürlich macht Lean in der Weise, wie wir es bei einem Unternehmen einführen, das seit 100 Jahren erfolgreich hochspezialisierte Messgeräte zusammenbaut, mehr Sinn als bei einem Start-up. Bei einem Start-up gibt es eine andere Büroorganisation, mehr Freilauf und die Regeln sind auf einer anderen Ebene. Da passen dann eher agile Methoden wie SCRUM und KANBAN. Dennoch kann ein Grundgedanke, wie der des Shopfloor Managements, auch in einem Start-up eine Rolle spielen: Wie identifizieren wir Fehler? Wie systematisch sprechen wir über Problemlösungen? Wie stellen wir sicher, dass ein Fehler einmal aber nicht zwei Mal passiert? Das ist eine Frage der Lean-Dosis. Ich würde nicht immer und überall alle Register ziehen.

Autoren: Ist Lean ein Allheilmittel oder kein Allheilmittel? Was sind die Schwächen der Methodik?

Andreas Schwarz: Ich würde Lean nicht als Allheilmittel bezeichnen, aber es ist ein stimmiges System, das funktioniert. Eine Schwäche der Methode sehe ich nicht. Globaler betrachtet hat das einzige Problem der Methode mit dem Grundgedanken des Kapitalismus zu tun, denn unsere Marktwirtschaft basiert darauf, immer mehr zu wollen. Mehr Fortschritt. Mehr Kunden. Mehr Gewinn. Die Lean-Reise hat kein Ende und ermöglicht es, genau diese Anforderung des „immer mehr" zu erfüllen. Das Problem ist, dass „immer mehr" irgendwann an Grenzen stößt.

Autoren: Eine abschließende Frage Herr Schwarz, wie stellen Sie in Ihrer Praxis sicher, dass Lean „gesund" eingeführt wird und die Implementierung nicht dem Schlankheitswahn verfällt?

Andreas Schwarz: Aus der fachlichen Sicht geht es um eine methodische Gestaltung mit Augenmaß. Aus der zwischenmenschlichen Sicht geht es darum, dass die Menschen, die für das Unternehmen leben und vom Unternehmen leben, ihren Anteil an Lean haben können. Wenn ich an Toyota denke, ist das Ziel nicht nur das Unternehmen, sondern auch die Welt besser zu machen. Die Lean-Verantwortlichen können die von ihnen vorgegebene Geschwindigkeit nicht von allen Mitarbeitern gleich einfordern – unterschiedliche Menschen müssen unterschiedlich abgeholt werden.

Autoren: Wir bedanken uns für dieses Gespräch.

3.8 Werkzeugkasten

3.8.1 Wertschöpfungsanalyse und die 8W

Was ist das?
„Alles, was nicht zur Wertsteigerung dient, ist Verschwendung", wusste schon Henry Ford. Wertschöpfung ist das, wofür der Kunde bereit ist zu zahlen, weil es den Wert des Produktes aus Kundensicht erhöht. Neben direkter Wertschöpfung – Tätigkeiten, die in einer Fertigung das Produkt physisch verändern (z. B. Gerät montieren) – gibt es auch indirekte Wertschöpfung – Tätigkeiten, wodurch die wertschöpfenden Tätigkeiten unterstützt werden (z. B. Gerätezeichnung erstellen). Die Tätigkeiten, die den Wert des Produktes aus Kundensicht nicht erhöhen, sind demnach Verschwendung – im japanischen „muda" genannt. Dabei wird in offensichtliche und verdeckte Verschwendung differenziert:

3.8 Werkzeugkasten

Die offensichtliche Verschwendung macht meistens einen geringeren Teil des Prozesses aus (z. B. die Nacharbeit aufgrund eines Produktionsfehlers) – die verdeckte Verschwendung nimmt dagegen den größten Anteil ein (z. B. der Transport von Produktionszubehör). Die Einführung der Lean-Prinzipien zielt auf die Maximierung der Wertschöpfung, die Minimierung der verdeckten Verschwendung und die Eliminierung der offensichtlichen Verschwendung ab – es soll nicht mehr oder schneller, sondern richtig gearbeitet werden.

Wie funktioniert das?

1. Aufgaben erfassen: Zur Wertschöpfungsanalyse eignet sich zunächst eine Methode, um den zu betrachtenden Prozess grob aufzunehmen und abzugrenzen. Die SIPOC (s. Abschn. 2.8.5), eine Swimlane-Darstellung (s. Abschn. 2.8.2) oder die Wertstromanalyse (s. Abschn. 1.8.1) eignen sich hierzu. Sobald die Prozesse (als Cluster von Arbeitsschritten zu verstehen) aufgenommen und die damit einhergehenden Arbeitsschritte beschrieben sind, kann die Klassifizierung beginnen.
2. Wertschöpfung klassifizieren: Hier wird ermittelt, inwiefern die Arbeitsschritte wertschöpfend sind. Die folgenden Fragen können dabei helfen:
   - Ist die Tätigkeit kritisch für das Ergebnis (Produkt oder Service)?
   - Welcher Wert wird dem Ergebnis durch die Tätigkeit hinzugefügt?
   - Können Fehler oder Nacharbeiten entstehen?
   - Wie wird die Tätigkeit vorbereitet, kontrolliert oder nachbereitet?
   - Produziert die Tätigkeit „zu viel" vom Ergebnis?
   - Welche Transport-, Bewegungs-, Verzögerungs- und Wartezeiten gibt es?
   - Zur Orientierung dienen die in Abschn. 2.2 bereits diskutierten acht Arten der Verschwendung, die in einem produzierenden Umfeld zu finden sind. In Tab. 3.1 sind die Verschwendungsarten der Administration aufgeführt.

   Auf dieser Basis werden die Arbeitsschritte wie in Tab. 3.2 zur direkten und indirekten Wertschöpfung (W), verdeckten Verschwendung (VV) oder offensichtlichen Verschwendung (OV) zugeordnet.
3. Zeitdaten erfassen und aufbereiten: Zur Zeiterfassung gibt es verschiedene Möglichkeiten, die von der Schätzung (in Einzelinterviews oder Gruppenarbeit) über eigenverantwortliche Zeitaufschriebe bis hin zu begleiteten Multimomentaufnahmen reichen. Am Ende sollten die Zeiteinheiten vereinheitlicht werden, um sie wie in Abb. 3.4 grafisch darzustellen.

Worauf muss man achten?

Bevor die Tätigkeiten von Mitarbeitern klassifiziert werden, ist eine Sensibilisierung hinsichtlich der Begrifflichkeiten „Wertschöpfung", „verdeckte Verschwendung" und „offensichtliche Verschwendung" essenziell. Wenn die Tätigkeiten eines Mitarbeiters als „Verschwendung" definiert werden, kann das vom Mitarbeiter persönlich genommen werden, aber Wertschöpfung ist nicht gleichzusetzen mit Wertschätzung: Der Anteil der Ver-

Tab. 3.1 Verschwendung in der Administration

Verschwendung	Administration
Überproduktion	Dokumente werden mehrfach in unterschiedlichen Ordnern oder EDV-System abgelegt Derselbe Kunde bekommt mehrere Einzelrechnungen
Transport	Unterschriftsmappen werden mit der Hauspost verschickt Auftragsdokumente werden nicht elektronisch ausgefüllt
Bestände	Außendienst lässt Angebote mit geringer Erfolgschance vom überlasteten Innendienst erstellen Geschäftsführung startet unkoordinierte Sonderprojekte und bindet die Kapazitäten der Mitarbeiter
Bewegung	Der einzige Drucker ist weit entfernt Die wichtigsten Arbeitsmaterialien sind nicht griffbereit
Warten	Aufgrund zu alter PCs dauert das Pflegen der Kundendaten lange Die Auftragsbestätigungen bleiben liegen, solange der Chef im Urlaub ist
Fehler/Nacharbeit	Außendienst verkauft technisch nicht umsetzbare Produkte Späte Auftragsklärung verursacht Korrekturen von Dokumenten
Überbearbeitung	Bürokratische Freigabeprozesse Fachwissen Einzelner überwiegt und forciert die Personenabhängigkeit
Ungenutzte Fähigkeiten	Expertenwissen wird nicht geteilt Nicht alle notwendigen Mitarbeiter werden bei Personen miteinbezogen

Tab. 3.2 Wertschöpfungsanalyse als Tabelle

Nr.	Prozess	Arbeitsschritt	Wertschöpfung	Zeit/Jahr
1	Auftrag annehmen	Kunden-Email in SAP übertragen	VV	12 h
2	Auftrag annehmen	Kundendaten im System prüfen	VV	7 h
3	Auftrag annehmen	Auftrag an Produktionsplanung weiterleiten	VV	4 h
4	Auftrag planen	Auftrag in SAP eintragen	OV	12 h
5	Auftrag planen	Kapazitäten planen	VV	8 h
6	Auftrag planen	Auftrag in der Produktion anstoßen	VV	4 h
7	Auftrag erstellen	Materialien zusammensuchen	OV	25 h
8	Auftrag erstellen	Materialien zusammenbauen	W	12 h
9	Auftrag erstellen	Produkt an Logistik weiterleiten	VV	3 h
10	Auftrag verschicken	Produkt verpacken	VV	12 h
11	Auftrag verschicken	Produkt versenden	VV	8 h

3.8 Werkzeugkasten

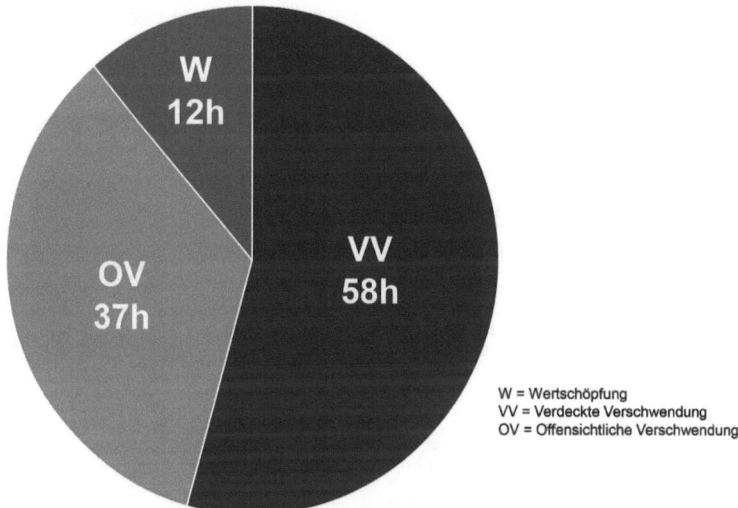

Abb. 3.4 Wertschöpfungsanalyse als Diagramm

schwendung darf nicht mit dem Grad der Wertschätzung für die Arbeit des einzelnen Mitarbeiters verwechselt werden.

Die Praxis zeigt, dass die Schätzungen von Mitarbeitern überraschend genau sind. Bevor aufwendige Messsysteme entwickelt werden, die zur Verunsicherung der Belegschaft führen können, ist es sinnvoller, den Mitarbeitern am Ort des Geschehens einfach zuzuhören.

3.8.2 One-Piece-Flow

Was ist das?
Als in westlichen Ländern die Fließbandfertigung Verbreitung fand, entwickelte Toyota in Japan das One-Piece-Flow-Prinzip. Dabei gibt es auch ein Fließband, aber der Mitarbeiter bleibt nicht an seinem Platz, sondern begleitet das Bauteil auf dem Fließband bei mehreren Arbeitsgängen ohne Unterbrechung bis zum Ende. Damit die in Abb. 3.5 visualisierten Arbeitsschritte nicht den Ausbildungsgrad der Mitarbeiter überfordern, wird ein Fertigungsprozess in die sogenannten „Inseln" geteilt. Die Fertigungsinseln (auch Chaku-Chaku-Linie genannt) sind häufig u-förmig konzipiert, sodass der zurückzulegende Weg des Mitarbeiters reduziert wird. Zusätzlich bekommt der Fertigungsmitarbeiter einen besseren Bezug zum Produktionsprozess und kann rotierend eingesetzt werden.

Der maßgebliche Gewinn dieses Produktionsprinzips ist die Verbindung der Vorteile einer Fließfertigung (optimale Arbeitsplatzgestaltung) mit den Vorteilen einer Werkstattfertigung (höchste Flexibilität gegenüber Variantenmischungen und Produktschwankun-

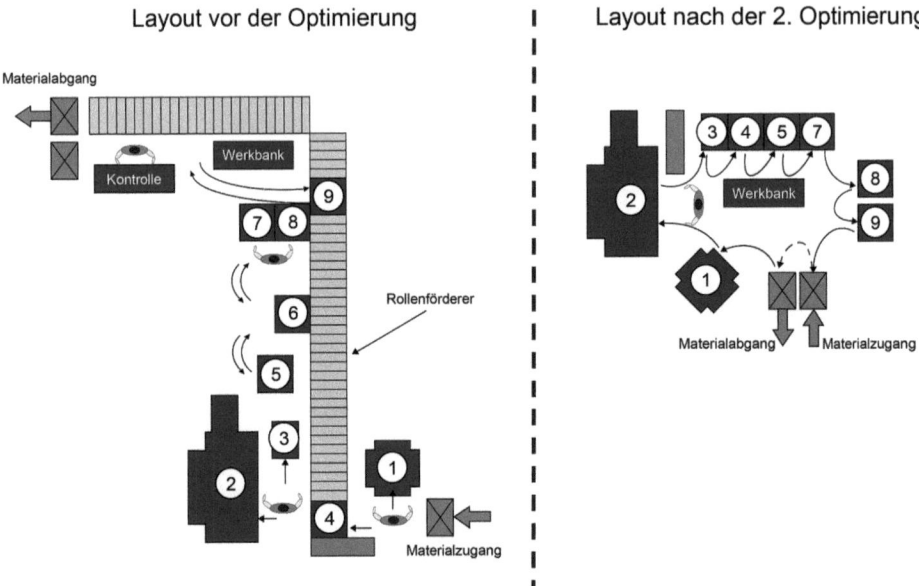

Abb. 3.5 Die Auswirkungen des One-Piece-Flow. (Quelle: In Anlehnung an Engroff 2014, AWF Arbeitsgemeinschaft für wirtschaftliche Fertigung)

gen). In Summe ist die Einführung einer flussoptimierten Fertigung die radikalste Form, die Durchlaufzeit zu verringern, das sich wiederum positiv auf die Bestände, den Flächenbedarf und die produzierte Qualität auswirkt.

Wie funktioniert das?
Die Einführung des One-Piece-Flow-Prinzips folgt keinem „Schema F"-Phasenmodell. Gleichwohl gibt es eine Reihe von Leitplanken, die vor oder während der Umsetzung geklärt werden müssen. Die folgenden Fragen helfen dabei, diese Leitplanken zu berücksichtigen:

- Warum wird das Prinzip eingeführt? Was ist das Ziel? Wie sieht der Zielzustand aus?
- Welche Produktlinien eignen sich für die Einführung?
- Wie vertraut sind die Führungskräfte und Lean-Verantwortliche mit dem Werkzeug?
- Mit welchen Methoden lässt sich der Ist-Zustand der Produktion heute abbilden?
- Welche Rolle spielt die Ergonomie bei der Gestaltung der Arbeitsplätze?
- Wie wird die Materialbereitstellung organisiert?
- Was ist die minimale Losgröße im Schrittmacherprozess?
- Mit welchen Kennzahlen lässt sich der Fortschritt ausdrücken?
- Welche Rolle spielt die Anwendung der 5S bei der Neugestaltung der Produktion?
- Welche Veränderungen gibt es für den Personaleinsatz?
- Welche Veränderungen gibt es für das Layout der Produktion?
- Wie wird das neue Produktionssystem aufrechterhalten?

Worauf muss man achten?
Der Qualifikationsbedarf für die Mitarbeiter ist hoch, da je nach Auslastung die vollständige Bearbeitung der Produkte erfolgen muss. Schon kleine Fehler in der Montage können zu einem vollständigen Produktionsstopp führen – gemäß der Lean-Philosophie ist das aber um ein Vielfaches günstiger, als wenn ein fehlerhaftes Produkt beim Kunden landet.

3.8.3 Wertstromdesign

Was ist das?
Viele Unternehmen haben Ideen zur Verbesserung der Prozessabläufe, doch die meisten setzen diese punktuell und überhastet um. Die Wirkung verpufft oder verursacht an anderer Stelle neue Schwachstellen. Die Methode des Wertstromdesigns baut auf dem gezeichneten Ist-Zustand der Wertstromanalyse (s. Abschn. 1.8.1) auf und entwickelt einen zukünftigen Fluss von Informationen und Materialien auf der „grünen Wiese". Das Entscheidende beim Wertstromdesign: Die ideale Welt wird nicht punktuell und überhastet entwickelt, sondern folgt einem strukturierten Ansatz, der schließlich die Komplexität eines Wertstroms visuell kommuniziert. Ziel ist, den gesamten Prozess nicht vollständig aber möglichst umfassend zu verbessern, sodass sich die Durchlaufzeit reduziert, Bestände verringern, Platz gewonnen wird oder eine höhere Termintreue und Produktivität erzielt wird – gerade die letzten beiden Aspekte beabsichtigt der schwäbische Maschinenbauer zu erreichen.

Wie funktioniert das?
Die Basis der idealen Welt ist vor allem durch die Vermeidung von Verschwendung gekennzeichnet (s. Abschn. 3.8.1). Die folgenden Prinzipien stellen die Leitplanken des Leitfadens für den Soll-Zustand eines Wertstroms dar.

1. Kundentakt: Der Rhythmus des zu erreichenden Flusses der Produktion richtet sich nach dem durchschnittlichen Stückbedarf des Kunden.
2. Fließfertigung: Um die Produktionszeit zu minimieren, bedarf es maximale Produktionsqualität. Die Fertigung ist dann im Fluss, wenn die einzelnen Prozessschritte die Produktion ohne Pause und zeitlich genau abgestimmt durchlaufen.
3. Steuerung: Hoher Planungs- und Steuerungsaufwand, um alle Unsicherheiten vorherzusehen, widerspricht einer schlanken Produktion. Die Steuerung ist u. a. durch FIFO[4], Kanban oder Schrittmacher[5] zu vereinfachen.

---

[4] Ein Lagerungsprinzip, welches besagt, dass die Teile, die zuerst eingelagert wurden, auch zuerst entnommen werden.
[5] Der wichtigste Prozess innerhalb eines Wertstroms dessen Takt die Fertigung initiiert. Ab diesem Steuerungspunkt der Kundenaufträge fließt das Material zum Kunden, ohne Bestände aufzubauen.

4. Planung: Analog zur Steuerung sind die Kundenaufträge in geglättete Auftragseinheiten für die Produktion zu übersetzen (s. Abschn. 3.8.4) und deren Reihenfolge zu variieren, um durch den Produkt-Mix die Bestände zu senken.
5. Messung: Es gibt verschiedene Qualitätskennzahlen für den Soll-Zustand eines Wertstroms: Wertschöpfungsgrad (prozentualer Anteil der wertschöpfenden Prozesszeit an der gesamten Durchlaufzeit), EPEI (der Zeitraum, der vergeht, bis wieder dasselbe Produkt hergestellt wird), Wertstrom-Quotient (prozentualer Anteil der Bearbeitungszeit an der Durchlaufzeit) oder die Gesamtanlageneffektivität (GAE – ein Maß für die Wertschöpfung einer Produktionsanlage).

Worauf muss man achten?
Bei der Anwendung des Wertstromdesigns und der vorgelagerten Wertstromanalyse sollte bei der Erschließung von Verbesserungspotenzialen darauf geachtet werden, dass zunächst die „niedrig hängenden Früchte geerntet" werden, bevor sich mit der Restrukturierung des Hallen-Layouts einer Fertigung verzettelt wird.

In der Praxis hat sich als Startpunkt für die Entwicklung des Wertstromdesigns ein möglichst umsatzstarkes und variantenarmes Produkt bewährt.

3.8.4 Heijunka – Nivellieren und Glätten

Was ist es?
Eine kostenorientierte Produktion ist in der Lage, sich auf Produktionsschwankungen und die immer größer werdende Produktvielfalt einzustellen, ohne die Wogen des Marktes ungebrochen in die Fertigung eindringen zu lassen. Das Toyota-Produktionssystem dient heute noch als Vorbild moderner Produktionsstätten und setzt dabei auf Heijunka – das Nivellieren und Glätten des Produktionsflusses. Mit Hilfe von „häppchenweisen Tagesrationen" (nivellieren) werden die Produktionsaufträge so in weitere Teilaufträge zerlegt (glätten) und in die Fertigung eingesteuert, dass diese weder über- noch unterausgelastet ist. Der nivellierte Takt ermöglicht sparsamen Ressourceneinsatz und eine ruhigere Produktion mit weniger Fehlern. Auf diese Weise spielt die Fertigungssteuerung den Stammkunden – Ziel ist es, auf individuelle Kundenwünsche und damit einhergehende Bedarfsänderungen flexibel einzugehen und die Lagerbestände zu minimieren.

Wie funktioniert es?

1. Schritt: Die Produktionsaufträge werden sondiert und nach Menge und Varianten bewertet. In der Praxis wird nach A, B, C und D-Produkten unterschieden – A sind die Renner und D die Penner. Ein Durchschnittswert der Taktzeiten der Hauptprodukte wird definiert (jap. Heikinka). Kleine Aufträge sollten zusammengefasst und zu große Aufträge gesplittet werden, damit der nivellierte Auftrag dem definierten Durchschnitt so nahe wie möglich kommt.

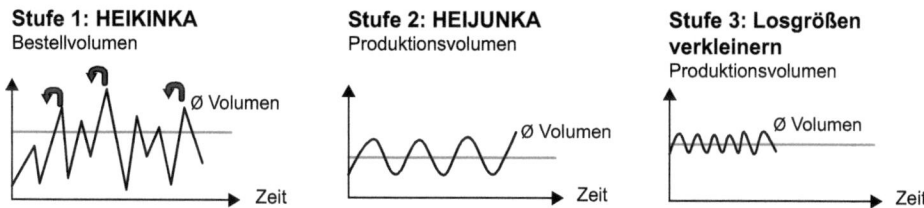

Abb. 3.6 Heijunka – Nivellieren und Glätten der Produktion

2. Schritt: 80 % der Produktionszeit ist fest reserviert für die A- und B-Produkte. Die restlichen C- und D-Produkte werden je nach Kundenbedarf verteilt. Die Verteilung der Produktionsfenster wird einmal pro Monat an die aktuelle Auftragslage und Marktverhältnisse angepasst.
3. Schritt: Die Losgröße wird ständig verkleinert, damit die Durchlaufzeit kontinuierlich sinkt. Abb. 3.6 stellt die drei Schritte grafisch vereinfacht dar.

Worauf muss man achten?
Zur validen Bestimmung des durchschnittlichen Kundentaktes sollte eine Pareto-Analyse für die letzten drei Monate durchgeführt werden.

Wenn die Einführung von Heijunka, die im Übrigen Voraussetzung für ein funktionierendes Kanban-System ist, nicht von Anfang an die erwarteten Ergebnisse zutage fördert, ist das normal. Heijunka ist der erstrebenswerte Zielzustand.

Literatur

Dahm, M., & Brückner, A. (2014). *Operational Excellence mittels Transformation Management. Nachhaltige Veränderung im Unternehmen sicherstellen – Ein Praxisratgeber*. Wiesbaden: Springer Gabler.

Engroff, B. (2014). Glätten, Takten, Fließen, Pullen – Erfahrungen und Erkenntnisse in der Gestaltung und Nutzung der taktgebundenen, fließenden Produktion. AWF-Arbeitsgemeinschaft für wirtschaftliche Fertigung. http://www.awf.de/wp-content/uploads/2014/12/One-piece-flow-awf.pdf. Zugegriffen: 05. März 2017.

Luckner, J. L., & Nadler, R. S. (1997). *Processing the experience – strategies to enhance and generalize learning*. Iowa: Dubuque.

Ohno, T. (1993). *Das Toyota Produktionssystem*. Frankfurt am Main: Campus.

Toepfer, A. (2009). *Lean Six Sigma: Erfolgreiche Kombination von Lean Management, Six Sigma und Design for Six Sigma*. Heidelberg: Springer.

Womack, J. P., Jones, D. T., & Roos, D. (1990). *The machine that changed the world*. New York: Rawson.

Lufthansa Technik

4

> *Nur, weil wir Lean einführen, tauschen wir unsere Sicherheitsschuhe nicht gegen Joggingschuhe ein.*
> *(Andreas Tielmann, Geschäftsführer Lufthansa Technik Logistik Services)*

4.1 Um wen geht es?

Auf einem Lufthansa-Flug von München nach Berlin wird die Reiseflughöhe erreicht. Da meldet sich der Kapitän: „Sehr geehrte Damen und Herren, wie Sie sehen, ist unser Flug nach Berlin heute Abend nicht besonders voll. Sie haben daher die freie Sitzwahl. Wir bitten Sie, einen Fensterplatz einzunehmen, damit die Konkurrenz denkt, wie wären ausgebucht." (Orth und Blinda 2010, S. 37) Das Zitat zeugt nicht nur von gesundem Humor im Cockpit, sondern auch von einem erbitterten Konkurrenzkampf in der Luftfahrtindustrie – mitten drin Europas größtes Luftverkehrsunternehmen: Die Deutsche Lufthansa AG.

Seit 1997 ist der Konzern vollständig privatisiert und gliedert sich mit knapp 120.000 Mitarbeitern und einem Umsatz von über 32 Mrd. € in vier Geschäftsfelder mit den entsprechenden Anteilen am Konzernumsatz (vgl. Abb. 4.1).

Dieses Kapitel setzt sich mit dem zweitgrößten und profitabelsten Geschäftsfeld, der Lufthansa Technik, auseinander. Das Geschäft mit Wartungs-, Reparatur- und Überholungsdienstleistungen (MRO – Akronym für Maintenance, Repair & Overhaul) für zivile und kommerzielle Flugzeuge hat sich in den letzten Jahren positiv entwickelt. Die Lufthansa Technik Gruppe umfasst 32 technische Instandhaltungsbetriebe und ist an 54 Gesellschaften beteiligt. Das Leistungsangebot reicht von der Reparatur oder Versorgung mit Ersatzteilen über die spätestens nach acht bis zehn Jahren fällige Überholung des Fahrwerkes bis hin zur maßgeschneiderten Innenausstattung u. a. von Regierungsflugzeugen und verteilt sich auf die sieben Produktdivisionen Wartung, Flugzeugüberholung, Triebwerke, Geräte, Flugzeugsysteme, Innovationen sowie die Ausstattung von VIP-Flugzeugen. Da-

Abb. 4.1 Die vier Geschäftsfelder der Deutschen Lufthansa AG

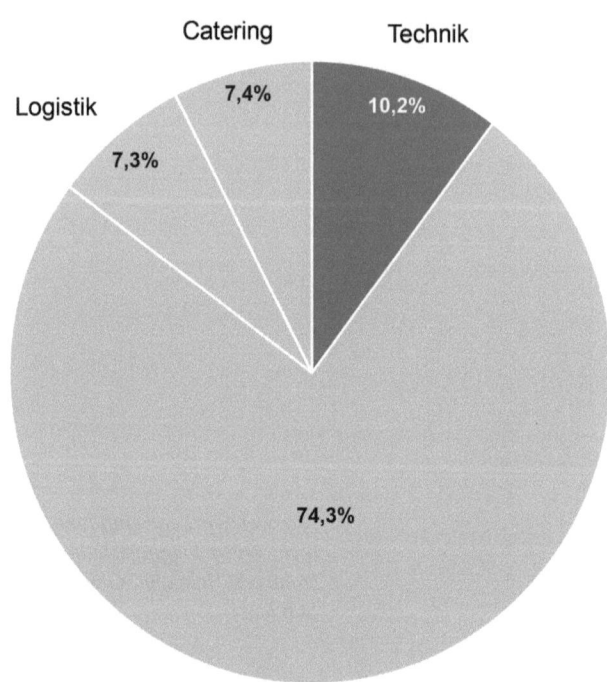

mit ist die Lufthansa Technik mit einem Marktanteil von über 15 % der weltweit führende MRO-Anbieter und beschäftigt rund 20.000 Mitarbeiter. Der Firmensitz in Hamburg ist das Kompetenzzentrum und die Steuerzentrale. Knapp 7500 Mitarbeiter arbeiten hier auf einem über 750.000 m² großen Gelände im Westen des Flughafens. Dass die Mitarbeiter zum Teil auf eine interne Buslinie angewiesen sind, um von A nach B zu kommen, wundert nicht, wenn man sich die Größenordnung des Geländes vor Augen führt: 750.000 m² entsprechen einer Fläche von 100 Fußballfeldern und die zahlreichen Hallen, Werkstätten, Bürogebäude und schließlich die Jumbohalle mit Platz für gleichzeitige Arbeiten an zwei Boeing 747 und einem A380 wirken wie eine kleine Stadt.[1]

4.2 Warum wurde Lean eingeführt?

„Das hat zwei Gründe", beginnt Dr. Thomas Stüger, der seit 27 Jahren für die Lufthansa Technik arbeitet und seit 2004 im Vorstand für Produkte, Services und IT sitzt. „Zum

---

[1] Die Erkenntnisse dieses Kapitels beruhen auf den Interviews mit Dr. Thomas Stüger (Vorstand Produkte, Services & IT), Andreas Tielmann (Geschäftsführer Lufthansa Technik Logistik Services), Johannes Weidisch (Leiter Lean Management), Andre Lübberstedt (Meister) und Eva Hasenbalg (Produkt Managerin Lean Netzwerkorganisation).

4.2 Warum wurde Lean eingeführt?

einen haben wir eine erfolgreiche Wachstumsgeschichte hinter uns und zum anderen hat sich das Marktumfeld dramatisch verändert."

Mit dem globalen Wachstum im Luftverkehr steigt auch die Nachfrage nach weiteren Dienstleistungen in der Aviation-Industrie. Das Geschäft der Lufthansa Technik ist in den letzten 15 Jahren solide gewachsen und profitiert heute noch von stabilen Wachstumsraten in Asien, Afrika und natürlich dem Mittleren Osten. Nach einer starken Wachstumsphase beschäftigte sich Stüger bereits zu seinem Amtsantritt im Jahr 2004 mit der Frage, wie ein Manufakturbetrieb mit den vergleichsweise geringen Volumina, der hohen Variabilität und der Unplanbarkeit von Wartungen, Reparaturen und Überholungen umgehen muss, um im Wettbewerbsvergleich an Flughöhe zu gewinnen. Klar war, dass die Konkurrenz nicht schlief und auch Unternehmen wie Boeing und Airbus die ersten Initiativen zur operativen Exzellenz starteten. „Das hat mich damals aber nicht interessiert", sagt Stüger, „die ganzen allgemeinen Kochrezepte sind schön und gut, haben aber alle ihre Grenzen. Unsere Herausforderung war es, die Kochrezepte auf unser Geschäft, unsere Organisation und unsere Mitarbeiter zu übertragen." Auch wenn die Lufthansa Technik kein klassischer Herstellerbetrieb ist, ließ man sich zu Beginn des neuen Jahrtausends von der Automobilindustrie inspirieren. „Wir wollten auch höher, schneller und weiter", resümiert er, „mit diesem Ziel sind Sie auf der Leistungsebene, also dem Ort der Wertschöpfung in der Produktion oder Administration. Dafür benötigen Sie Leistungsparameter, damit die Mitarbeiter auch wissen, welche Stellhebel uns effizienter machen." Das Leistungsversprechen des Lean Managements schien am besten zu passen, um den Wachstumsansprüchen gerecht zu werden. Die Vermutung war, dass es keinen Unterschied macht, ob ein Porsche gebaut oder ein Flugzeug repariert wird.

„Wir verkaufen quasi ein Versicherungsprodukt", erläutert Johannes Weidisch, der als Stabstellenleiter das Lean-Produktionssystem beim Marktführer federführend verantwortet. „Eine Airline verdient nur Geld, wenn der Flieger in der Luft ist. Dafür werden wir bezahlt. Unser Geschäftsmodell reduziert also die Zeit, die ein Flugzeug am Boden verbringt." Genau dieses Geschäft wird immer kompetitiver, denn die angespannte Finanzlage vieler Fluggesellschaften sowie die steigende Zahl an Low-Cost-Anbietern führen zu einem hohen Preisdruck im MRO-Geschäft. Zusätzlich treten neue Wettbewerber auf den Markt, weil beispielsweise Flugzeug-, Geräte- und Triebwerkhersteller das After-Sales-Geschäft erweitern, um ihre hohen Entwicklungskosten nicht nur über Erlösbeteiligungen aus Flugzeugverkäufen zu finanzieren. Bemerkenswert ist, dass die ersten Verbesserungsanstrengungen aus der Belegschaft selbst kamen. Weidisch führt das vor allem auf den „Standortvorteil" in Frankfurt zurück, wo sich der zentrale Wartungsstandort der Technik befindet: „Sie entwickeln ein anderes Verständnis für die Marktentwicklungen, wenn Sie täglich die Flieger der Konkurrenz in der Luft und die eigenen am Boden stehen sehen." Einen künstlich generierten „Case for Action" braucht es nicht, ergänzt auch Andre Lübberstedt, Eigengewächs und Meister für die Triebwerksteilreparatur: „Auch in Hamburg spüren wir den erheblichen Druck des Wettbewerbes auf dem Shopfloor." Die entscheidende Frage liegt auf der Hand: Wie schafft es die Lufthansa, mit einer hochqualifizierten und teuren Mannschaft auch in Zukunft am Standort Deutschland Flugzeuge zu warten, zu reparieren und zu überholen? „Wir müssen die Schlauesten in unseren Prozessen und Arbeitsweisen sein", antwortet Weidisch. Der Eindruck, dass die Lean-Methodik beim Streben nach Wettbewerbsfähigkeit ein vernünftiger Kompass ist, erhärtete sich und scheint zudem bis heute alternativlos: „Wir fokussieren uns lieber darauf, wie wir aus der Mannschaft heraus besser werden können, als die betrieblichen Rahmenbedingungen anzufassen", macht Weidisch klar.

Wenn schon das Wettrennen in der Luft kaum zu gewinnen ist, dann zumindest auf dem Boden: Im Jahr 2004 begab sich die Lufthansa Technik auf die Reise zu einer schlanken Produktion. Gleichwohl ein Teil der Belegschaft die Notwendigkeit erkannte und das Unterfangen begrüßte, so überwog die Skepsis. „Wir wurden am Anfang gefragt, ob das jetzt die nächste Sau ist, die drei Jahre durchs Dorf getrieben wird", erinnert sich der Produktionsvorstand. „Je näher man an die Produktionsebene kam, desto größer war das Misstrauen." Nachvollziehbar – denn nur ein paar Jahre vorher scheiterte die Umsetzung der japanischen Qualitätsinitiative TQM[2] und hinterließ viel verbrannte Erde. Das waren keine guten Voraussetzungen für die Einführung der nächsten fernöstlich geprägten Denk- und Arbeitsweise.

> **Hintergrundinformation: Lean Administration – von der Werkbank zum Schreibtisch**
> Wo ist aus Sicht der Lean-Philosophie der Unterschied zwischen der Herstellung einer Maschine und der Abwicklung eines Kundenauftrages in der Buchhaltung? Es gibt keinen.
>
> Unternehmen wie Toyota, die Lean erfolgreich in der Fertigung eingeführt hatten, begannen die Prinzipien, Denkweisen und ausgesuchte Methoden auch bald in den produktionsfernen Bereichen der Organisation, wie in der Forschung und Entwicklung, im Einkauf oder Vertrieb, auszuprobieren. Mit „Lean Administration", „Lean Office", „Lean Service" oder „Office-Kaizen" sollten die in den indirekten Bereichen schlummernden Potenziale gehoben werden. Gerade in den Verwaltungs- und Serviceabteilungen soll die Arbeitsproduktivität unter 50 % liegen – intransparente Prozesse, unklare Verantwortungen, zu viele Rückfragen, unnötige E-Mails, sinnlose Besprechungen, Führungskräfte ohne Führungsqualitäten und zeitraubende EDV-Probleme gelten als Ursache für hohe Gemeinkosten bei geringer Wertschöpfung.
>
> Die Abb. 4.2 wirft einen Blick zurück auf die Verbreitung der Lean-Methodik. Mittlerweile ist die Übertragung in Dienstleistungsbereiche und das Gesundheitswesen weit fortgeschritten. Potenziale liegen auch dort nicht offen zutage, sondern müssen mit Prozessanalysen und neuen Führungsprinzipien gehoben werden. Spe-

---

[2] Das Total-Quality-Management (TQM) ist ein ganzheitliches Konzept, um in allen Unternehmensbereichen und auf allen Ebenen Qualität als jederzeit angestrebtes Ziel zu integrieren. TQM ist ein Ansatz der Unternehmensführung, mit dem eine dauerhafte Optimierung von Prozessen und Verfahren erreicht werden soll.

zialisierte Beratungshäuser übersetzen die Wirksamkeit von Wertstromanalysen, 5S oder Kanban-Karten und erzielen Erfolge: Die Durchlaufzeit von Dokumenten wird reduziert, die Kommunikation mit „Stand-up-Meetings" transparenter und die Mitarbeiterzufriedenheit gesteigert.

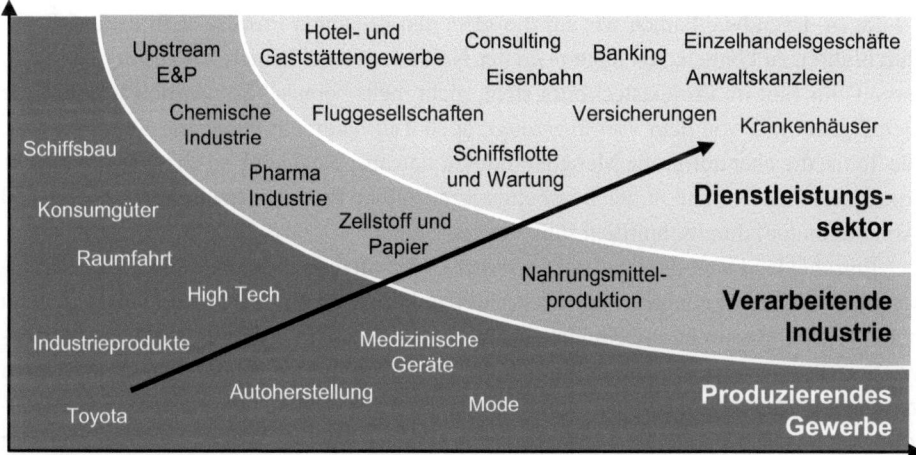

Abb. 4.2 Die Entwicklung des Lean Managements. (Quelle: Dahm und Haindl 2011, S. 65)

4.3 Wie wurde Lean eingeführt?

Der Startschuss war ein Start ohne Schuss, bemerkt Stüger: „Wir haben die Bereiche einfach loslaufen lassen, um Erfahrungen zu sammeln." Der Fokus lag dabei auf produktionsnahen Bereichen, denn der Respekt vor den administrativen Bereichen, in denen es deutlich schwieriger ist, Leistungsparameter zu definieren und zu messen, war groß. Der Probierphase kam zugute, dass die sechs Geschäftsbereiche des Technik-Geschäftsfeldes mit ambitionierten Zielen am Markt bestehen mussten – das förderte einen gesunden Ehrgeiz auf der Ebene des Geschäftsfeldes. Diese bekamen die ersten Lean-Tools an die Hand und durften selbst entscheiden, wie sie die Methoden nutzten, um ihre Business Units marktfähiger zu machen. Der deutsche Kranich ließ sich ab 2004 auf eine evolutionäre Lean-Implementierung ein.

4.3.1 Der erste Leuchtturm

Das LIFT-Projekt (Akronym für Lieferung in fünf Tagen) markierte ein Leuchtturmprojekt. Unter der Regie des heutigen Geschäftsführers der Lufthansa Technik Logistik Services Andreas Tielmann war ein Team von findigen Ingenieuren auf der Suche nach einem Durchbruch, um die Instandhaltung von Komponenten noch effizienter zu gestalten und am Markt zu wachsen. „Wir hatten zwei Hebel", berichtet er, „zum einen die Kostenseite und zum anderen die von uns in Angriff genommene Durchlaufzeit – diese lag bei 17 Tagen. Irgendwie kamen wir auf die Idee, den gesamten Prozess auch in fünf Tagen durchführen zu können. Als dann noch der Name feststand, kamen wir aus der Nummer, dass ‚f' für fünf im Projektsteckbrief steht, nicht mehr heraus." So wirklich schienen die Beteiligten nicht von dem Ziel überzeugt, doch Tielmann war ehrgeizig. Sein Plan war, die Tools, die eher auf große Mengenproduktionen ausgelegt sind, so anzupassen, dass er trotz der hohen Varianz in der Bearbeitungszeit seiner Produkte (zwischen vier und 150 Arbeitsstunden) durchschnittlich fünf Tage erreicht.

„Entscheidend war, dass wir trotz externer Unterstützung unseren Meistern die Verantwortung für die Ergebnisse übertragen und das Vertrauen ausgesprochen haben. Zudem haben wir die klassischen Argumente der Mitarbeiter, dass in den einzelnen Fertigungsbereichen alles ganz anders und definitiv kein Standard sei, ernst genommen." Mitarbeitern zuzuhören, ist für Tielmann die zentrale Erkenntnis gewesen, um ein Lean-Projekt durchzuführen – „dann passieren wunderbare Dinge", sagt er. Des Weiteren weist er auf ein Missverständnis hin, das bei Projekten zur Reduzierung der Durchlaufzeit schnell Verbreitung findet: „Manche waren der Meinung, dass die Reduzierung von 17 auf fünf Tage nur auf Kosten der Qualität möglich ist. Selbst als wir erklärten, dass die Bearbeitungsschritte dieselben sind und wir nur vermeiden, dass das Gerät im Regal übernachtet, glaubten uns manche nicht. Wir mussten es also beweisen."

Zwischenzeitlich gelang es in der Werkstatt die Durchlaufzeit auf 4,9 Tage zu reduzieren – nachhaltig erreichte man schließlich einen konstanten Wert von sechs Tagen. Das Ziel war knapp verfehlt, aber das konnte niemanden bremsen, denn das Ergebnis war beeindruckend und hatte Signalwirkung. Trotz über 200 anderer abgeschlossener Projekte, schmückt das LIFT-Projekt aus dem Jahr 2006 heute noch die Hochglanzbroschüren der Lean-Organisation als Meilenstein auf dem Weg zur schlanken Produktion. Andreas Tielmann blickt stolz zurück und hat eines gelernt: „Die Fokussierung auf ein klares, messbares Ziel in Verbindung mit dem Empowerment der direkten Führungskräfte und Mitarbeiter hat den Bereich weit nach vorne gebracht."

4.3.2 Porsche inspiriert – Japan motiviert

Nach diesem und weiteren erfolgreichen Projekten beobachtete Stüger eine erste Durchdringung der Organisation. Das Momentum wollte er aufrechterhalten und ließ sich vom Stuttgarter Sportwagenhersteller inspirieren. Er unternahm das, was ein Luftfahrtunternehmen am besten kann: fliegen – und zwar nach Japan, gemeinsam mit dem Topmanagement der Lufthansa Technik.

Vor Ort wurden verschiedene Best-Practice-Unternehmen besucht – allen voran Toyota. „Das war im Jahr 2007. Obwohl das neun Jahre her ist, wirkt dieser Besuch bis heute nach", hebt Stüger hervor. Abgesehen von der emotionalen Überzeugungskraft stellt er eine gewonnene Erkenntnis besonders heraus: „Für mich hat sich damals meine Vision von Lean Management noch einmal geschärft. Es gilt, das Thema immer wieder zu vereinfachen und auf seinen Ursprung zurückzuführen – der Kern von Lean ist die Leistungsebene." Das betont Stüger und wird konkreter: „Es geht um Verantwortung, denn kein Handgriff ist egal – auch wenn man da gerne mal drüber hinwegblickt."

„Wir bauen ein Fahrzeug in 17 min", lautete die Strategie damals von Toyota und Stüger erinnert sich an eine Situation bei Toyota, bei dem er mit einem älteren und weisen Toyota-Manager darüber ins Gespräch kam. Stüger war beeindruckt von der Reduktion der Toyota-Strategie auf einen Kernsatz, der ausschließlich die Durchlaufzeit für den Bau eines Fahrzeuges als absolute Zahl ins Zentrum stellt.

4.3.3 Den Erfahrungsschatz institutionalisieren

Nachdem über vier Jahre das methodische Grundgerüst von Lean Management punktuell kennengelernt und erfolgreich ausprobiert wurde, bestätigte die Reise nach Japan, dass die Lufthansa Technik auf dem richtigen Weg ist. Im Jahr 2008 fiel die Entscheidung zur Gründung einer Stabsstelle, angesiedelt beim Produktionsvorstand Stüger. Ziel war es, die evolutionären Erfahrungen und praxiserprobten Erkenntnisse des Betriebes auf Basis des Lufthansa Technik Lean-Produktionssystems zu bündeln und in eine Struktur zu gießen. Das Aufgabenportfolio umfasste vier Teilbereiche:

1. Standards hüten – wie gehen wir alle in eine Richtung?
2. Mitarbeiter befähigen – wie stellen wir sicher, dass alle ein gemeinsames Verständnis von Lean haben?
3. Netzwerk aufbauen – wie machen wir Lean bereichsübergreifend attraktiv?
4. Interne Berater und Trainer aufbauen – wie und mit wem teilen wir unser Wissen?

Dem Nachteil einer sperrigen Begrifflichkeit wie „Lufthansa Technik Lean Produktionssystem" steht der Vorteil gegenüber, einen geordneten Rahmen zur erfolgreichen Einführung und kontinuierlichen Implementierung der Lean-Prinzipien zu schaffen. Es ist der Komplexität einer Konzernorganisation geschuldet, das Zusammenwirken von Prinzipen, Methoden, Messbarkeit und einer einheitlichen Vorgehensweise auf diese Art zu ordnen. „Uns geht es um eine einheitliche Sprache, eine einheitliche Sicht auf Verschwendung, das einheitliche Vorgehen, diese zu beseitigen und Lean so bei jedem Einzelnen von uns zu verankern", stellt die kürzlich ins Lean-Team dazu gestoßene Eva Hasenbalg dar. Weidisch ergänzt, dass das Handbuch des Produktionssystems kein Kochrezept für Lean ist: „Wenn man die Inhalte anwendet, ist die Wahrscheinlichkeit, dass man scheitert, geringer. So vermeiden wir methodischen Wildwuchs und geben gleichzeitig Hilfestellung."

Das interne Credo lautet: „Lean ist die Fokussierung auf das Wesentliche der Leistungserstellung – nah am Prozess, nah am Mitarbeiter, nah am Kundeninteresse." Um dies in den betrieblichen Alltag zu übertragen, orientiert sich das Hamburger Team an den fünf Lean-Prinzipien und formulierte jeweils einen Leitsatz.

1. **Verschwendungsfreie** Prozesse: Beschäftigte dich nur mit dem, wofür der Kunde zahlt.
2. **Transparenz**: Erkenne zu jedem Zeitpunkt auf einen Blick die Abweichung vom Ziel.
3. **Kontinuierliche Verbesserung**: Nimm Probleme zum Anlass, Bestehendes zu verbessern.
4. **Standardisierung**: Nutze den vereinbarten, augenblicklich besten Weg.
5. **Führung & Teamgeist**: Unterstütze deine Kollegen, ihr Können und Wissen einzusetzen und fordere dies konsequent ein.

Sämtliche Projekterfahrungen und Methodenanwendungen fließen schließlich in einem dreiphasigen Vorgehensmodell zusammen. Dies ist der Leitfaden für die Planung, Durchführung und Ergebnissicherung von Lean-Aktivitäten. Abb. 4.3 gibt einen Überblick und fasst die Zielsetzungen kurz zusammen.

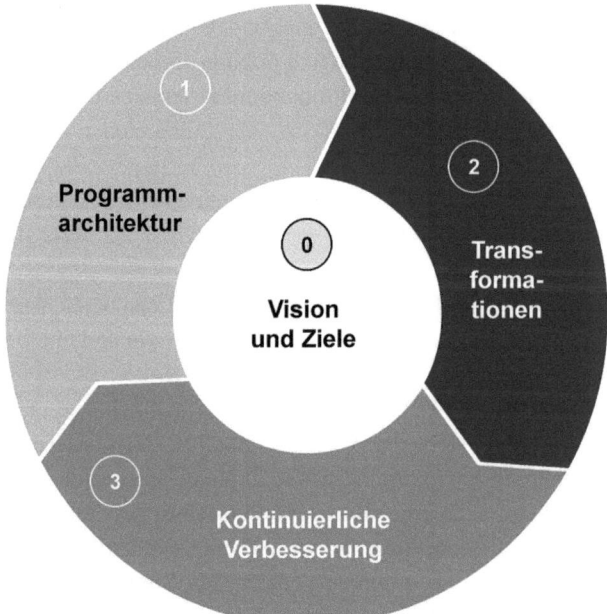

Abb. 4.3 Das Vorgehensmodell der Lufthansa Technik. (Quelle: Lufthansa Technik)

1. **Programmarchitektur planen**: Nachdem in Phase 0 die Herausforderungen geklärt und ein angestrebter Zielzustand definiert wurden (z. B. Effizienzweltmeister 2016), wird ein Programmplan für den Ablauf der einzelnen Projektaktivitäten erstellt. Der Plan bezieht sich auf zwei bis drei Jahre und liegt einer die Division oder Business Unit betreffende Ist-Analyse zugrunde. Die Projektstruktur, das Controlling der Ergebnissicherung und die mit den Projekten einhergehende Kommunikation sind sauber abzubilden. Es gilt, die Frage zu beantworten, in welchem Zeitraum will ich welche Leistungsparameter in welchen Bereichen durch welche Projekte verbessern?
2. **Transformationsprojekte durchführen**: Während dieser vier- bis sechzehnwöchigen Phase werden Workshops und Interviews durchgeführt, um in kurzer Zeit eine sprunghafte Leistungsverbesserung umzusetzen. Dabei dienen die skizzierten fünf Lean-Prinzipien als magnetischer Nordpol. Die abschließende Frage dieser Phase lautet: „Hast du alles, was du für die kontinuierliche Verbesserung brauchst?"
3. **Kontinuierlich verbessern**: Die letzte Phase umfasst nach der Umsetzung die kontinuierliche Verbesserung der Projektergebnisse im betrieblichen Alltag. Gesammelte Methoden und Werkzeuge, die im Handbuch für das Lean-Produktionssystem praxisnah erläutert werden, dienen als Mittel zum Zweck. Diese werden aus der zentralen Lean-Einheit zur Verfügung gestellt – im Anschluss genießen die operativen Einheiten großzügige Freiheitsgrade. Das setzt voraus, dass jede Führungskraft „sein eigenes Unternehmen" führen kann, stellt Weidisch heraus. „Wir setzen bewusst auf die Eigenständigkeit unserer Führungskräfte, denn ich weiß aus Erfahrung, wie sich das anfühlt und was es wirklich bringt, wenn Anzugträger kommen und eine tolle neue Methodik vorstellen, die jetzt angewendet werden soll."

Im nächsten Abschnitt soll insbesondere auf die strategischen Züge und taktischen Maßnahmen eingegangen werden, die Lufthansa Technik unternimmt, um aus der dritten und entscheidenden Phase des Vorgehensmodells mehr zu machen, als das hohle Getöse einer in Schlips und Kragen gekleideten Managementphrase.

4.3.4 Der Wissensmultiplikator Lean Academy

Wissen zu verbreiten und Mitarbeiter zu befähigen ist eine Frage der Grundhaltung. Das glaubt Johannes Weidisch, dessen Herzblut besonders in die 2009 gegründete Lean Academy fließt, seitdem er 2015 die Leitung der Stabstelle übernommen hat: „Lean ist kein Elitesport. Lean ist für jedermann. Damit das auch in der Produktion ankommt, lebt unser Konzept davon, dass wir auf Augenhöhe mit den Mitarbeitern sprechen." Konkret bedeutet das, dass ausgewählte Personen, die seit 2004 Erfahrungen in den zahlreichen Lean-Projekten sammeln konnten, parallel zu ihrem Job zu internen Trainern ausgebildet wurden. Mitarbeiter aus dem Betrieb trainieren in der Folge Mitarbeiter aus dem Betrieb. „Es gibt nichts Besseres, wenn nicht wir oder ein anderer Berater, sondern ein Meister aus unserem eigenen Betrieb mit dem Meister vor Ort spricht", sagt Weidisch. Im Alltagsgeschäft findet man deswegen keine zentral angestellten Trainer. Alle in der Akademie Ausgebildeten beraten dort, wo sie auch arbeiten. „Mit der dezentralen Struktur tragen wir auch der Unterschiedlichkeit unserer Geschäftsbereiche Rechnung", ergänzt Weidisch. Die Lean Academy hat bis heute 60 Trainer dazu befähigt, den Anspruch an die kontinuierliche Verbesserung vor Ort umzusetzen. Hasenbalg fügt hinzu, „auch wenn ich noch nicht lange im Unternehmen bin, so kann man die positive Wahrnehmung der Lean Academy deutlich spüren." In der Vergangenheit wurden mit dieser Haltung und dem positiven Feedback im Rücken unterschiedliche Schulungsprodukte entwickelt, um die unterschiedlichen Zielgruppen bedarfsgerecht zu betreuen. Die Abb. 4.4 zeigt eine Übersicht über das Produktportfolio der Lufthansa Technik Lean Academy, bevor im Weiteren kurz die Lean-spezifischen Trainingsprogramme auf der rechten Seite detailliert erläutert werden.

Neben zahlreichen modular aufgebauten „Classroom-Trainings", die sich auf die Vermittlung von Basiswissen konzentrieren, stechen besonders das 2012 entwickelte „Lean Ausbildungsprogramm" und das 2014 lancierte „Lean Continuous Improvement Coach Programm" als Flaggschiffe der Lean Academy hervor.

Für das „Lean Ausbildungsprogramm" werden zwei Mal jährlich neun motivierte Kandidaten aus verschiedenen Produkt-Divisionen mit Gestaltungswillen, Facherfahrung und Begeisterungsfähigkeit gesucht. Da Lean für jeden ist, spielt der formale berufliche Hintergrund keine Rolle. Andre Lübberstedt – mit 16 Jahren die Ausbildung als Mechaniker bei der Lufthansa begonnen und heute Meister in der Triebwerksteilreparatur – durchlief die Ausbildung des ersten Jahrgangs und erinnert sich: „Ich kannte Lean als Teilnehmer von Workshops. Wie man in kurzer Zeit aus Chaos Struktur schaffen konnte, fand ich spannend. Als dann 2012 das Ausbildungsprogramm geschaffen wurde, war für mich klar, dass ich einer der Multiplikatoren sein will." Es folgten sechs Wochen Fallstudien zu realen Lean-Projekten und die ersten selbst durchgeführten Trainingseinheiten. Anschließend ging es unter der Aufsicht eines erfahrenen Coaches der Stabstelle für vier bis fünf Monate in das erste Lean-Projekt, bevor das sechsmonatige Programm abgeschlossen wurde. Weidisch hebt das damit einhergehende Investment hervor: „Die Bereiche, die die Kandidaten vorschlagen, verzichten sechs Monate auf eine volle Arbeitskraft – als Kompensation kann man sich um die Durchführung von einem der drei Lean-Praxisprojekte bewerben, womit wir im Durchschnitt 100.000 € einsparen. Die Wirtschaftlichkeit

Abb. 4.4 Das Portfolio der Lean Academy von Lufthansa Technik. (Quelle: In Anlehnung an Lufthansa Technik)

ist gegeben." Das Konzept trägt sich dadurch nicht nur selbst, sondern produziert im Jahrestakt verlässliche Verbündete auf dem Shopfloor. Lübberstedt hatte im Anschluss noch Lust auf mehr: „Ich wollte auch mal in andere Unternehmen reinschnuppern und habe im Anschluss von 2013 bis 2015 für Lumics gearbeitet, das damals frisch gegründete Joint-Venture zwischen der Lufthansa Technik und McKinsey." Im Anschluss kehrte Lübberstedt mit „allen Berater-Wassern gewaschen" wieder zur Lufthansa Technik zurück und ist seitdem einer der dezentralen Leuchttürme mit Führungsverantwortung für 30 Mitarbeiter in der Produktion.

Im Rahmen des neuesten Produktes der Lean Academy wird weniger Wert auf eine fachliche Beraterausbildung gelegt, sondern die Bedeutung des Coachings in den Vordergrund gerückt. Seit 2014 werden in einem dreimonatigen Programm, parallel zum Job, die vier Module Einführung in die Kultur der kontinuierlichen Verbesserung und Rollenklärung, Kommunikation, Konflikt- und Veränderungsmanagement vermittelt. Ziel ist es, dass ein Continuous Improvement Coach die Führungskraft in der Linie dabei unterstützt, die Ergebnisse im Zuge ihrer Projektaktivitäten sicherzustellen. Dazu gehört sowohl regelmäßiger theoretischer Input, Unterstützung im Projekt, individuelles Coaching (das sogenannte Transfer- und Schattencoaching) und moderierte Reflexionsschleifen zur persönlichen Entwicklung.

Rund 40 Mitarbeiter aus dem Betrieb haben dieses Programm bereits durchlaufen. Das Schulungsprodukt repräsentiert die Erkenntnis, die das Team rund um Johannes Weidisch in den letzten Jahren als Lean-Verantwortliche gemacht haben: „Früher haben wir stärkeren Fokus auf die Methodenlehre gelegt. Wir sind hingegangen und haben der Führungskraft das Ziel gegeben, Shopfloor Boards in seinem Bereich einzuführen. Heute gehen wir hin und geben ihm das Ziel, Transparenz in seinem Bereich zu schaffen, sodass er selbst darauf kommt, dass er dafür visuelle Tools benutzen muss – z. B. das Shopfloor Board." Dieser Ansatz schafft individuelle Erlebnisräume und erfordert einen deutlich höheren Kommunikations- und Reflexionsaufwand, um sicherzustellen, dass die Lean-Aktivitäten bei der Lufthansa Technik nach wie vor in die richtige Richtung fliegen. Das Lean Continuous Improvement Coach Programm schlägt seit 2014 Wurzeln und soll diesem Anspruch nachhaltig gerecht werden.

4.4 Was hat Lean bisher gebracht?

In den nächsten zwei Abschnitten werden, wie gewohnt, quantitative und qualitative Veränderungen diskutiert, denn nach über zwölf Jahren Lean-Erfahrung wird auch in Hamburg Bilanz gezogen: „Erfolg ist eine Wellenbewegung", erklärt Vorstandsmitglied Stüger, „eine Geschäftseinheit, zu denen wegen ihrer Lean-Erfolge vor ein paar Jahren aufgeschaut wurde, muss sich heute um den Anschluss bemühen. Daran haben wir uns gewöhnt." Der Lean-Verantwortliche Weidisch bewertet den Erfolgsgrad der bisherigen Lean-Einführung auf einer Skala von eins bis zehn mit sieben: „Im Nachhinein hätte man Dinge immer anders machen können."

4.4.1 Erfolgskennzahlen nach zwölf Jahren

„Unser zentrales Thema ist es, die Mitarbeiterbefähigung in die Breite zu bekommen", beginnt Weidisch. „Den Fortschritt in Zahlen auszudrücken, ist – abgesehen von der Anzahl der ausgebildeten Mitarbeiter und durchgeführten Schulungsaktivitäten – nicht trivial." So wird nach Schulungsmaßnahmen das Verständnis der Teilnehmer und die Qualität der Schulung validiert, aber Weidisch bezieht zu umfangreicheren Messsystemen klar Stellung: „Wenn ich jemanden schule und der danach wieder in seine Einheit geht und die Vorräte um sechs Prozent reduziert, so kann ich das nicht in einen kausalen Zusammenhang bringen." Weidisch ist der Meinung, dass der Wirkungszusammenhang nicht eins zu eins abzubilden ist, da die Einflussgrößen in einem Betrieb vielfältig sind. „Wir haben vor vier oder fünf Jahren aufgegeben, den Benefit aller Lean-Aktivitäten in harten Zahlen und hübschen Grafiken auszudrücken. Das wurde ein zeitraubendes Controlling-Monster, wo jeder irgendwas beweisen wollte und zig Gegenrechnungen betrieben hat." Die Energie wird am Hamburger Flughafen seitdem gespart und in wertschöpfende Tätigkeiten, wie den Ausbau des Schulungsprogramms (z. B. durch den Austausch mit anderen Firmen) oder die interne Vermarktung des schlanken Produktionssystems (z. B. durch einen kleinen und einfachen Zeichentrickfilm, der die acht Verschwendungsarten erklärt) investiert. Das Argument, dass dieser Ansatz sich mit dem zweiten Lean-Prinzip beißt (Transparenz: Erkenne zu jedem Zeitpunkt auf einen Blick die Abweichung vom Ziel), lässt Weidisch nach reiflicher Überlegung nicht gelten: „Ich brauche nicht zu wissen, ob ich 62 Mio. € eingespart habe, denn das war nicht das Ziel. Das Ziel war, ein wettbewerbsfähiges Geschäftsfeld zu schaffen. Dafür gibt es wiederum Leistungsparameter – diese kann ich nur nicht in den direkten Zusammenhang mit unseren Schulungsaktivitäten bringen." Transparenz ja – aber nicht zulasten der Validität. „Viele lügen sich bei sowas in die Tasche, das wollen wir nicht. Wir wissen, dass sich z. B. das 2012 entwickelte ‚Lean-Ausbildungsprogramm' als Säule der Academy rechnet und das ist das Wichtigste."

Anders sieht das im operativen Geschäft auf der Fertigungsebene aus, meint Geschäftsführer Tielmann: „Wenn Sie unseren Mitarbeitern erzählen, dass Lean nur qualitative Ergebnisse hervorbringt und alles sieht später ein bisschen besser und bunter aus, dann überzeugen Sie unsere anspruchsvolle Mannschaft nicht. Wir müssen stark mit Zahlen argumentieren. Kosten runter oder Durchlaufzeit runter – das ist unsere Währung für einen schlanken Instandhaltungsbetrieb."

4.4.2 Erfolgsgeschichten nach zwölf Jahren

Nicht messbar, aber nicht weniger wertvoll, ist die von den Interviewpartnern beobachtete Veränderung der Arbeitsweise insbesondere durch die Verbreitung des Leistungsmanagements. Dies ist die interne Begrifflichkeit für Shopfloor Management, dessen inhaltliche Bereiche in der Abb. 4.5 zu sehen sind.

4.4 Was hat Lean bisher gebracht?

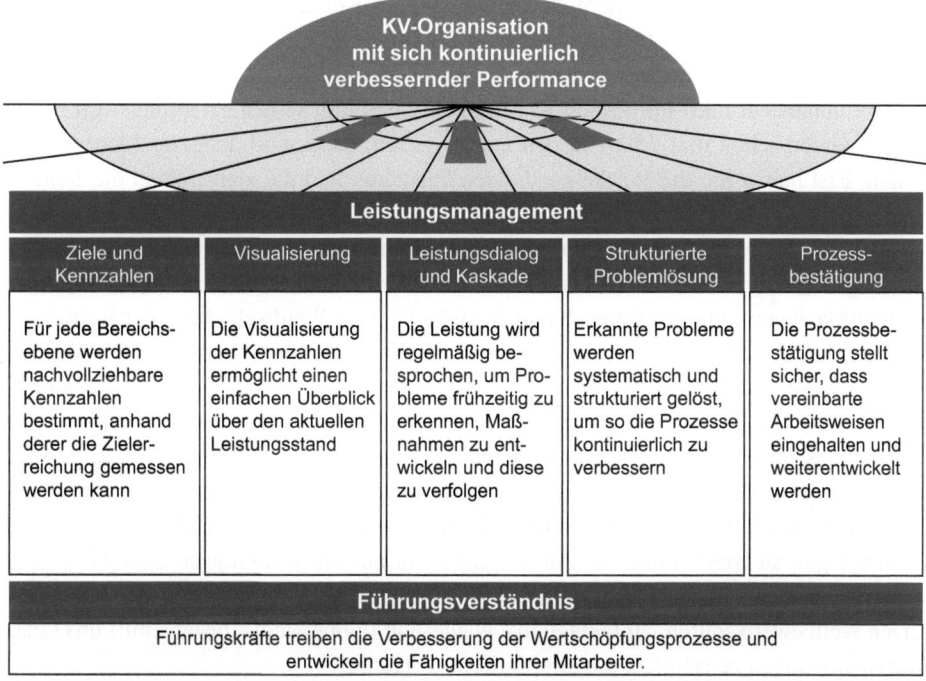

Abb. 4.5 Überblick über das Konzept des Leistungsmanagements von Lufthansa Technik. (Quelle: In Anlehnung an Lufthansa Technik)

„Das wird aktiv betrieben bei uns", beschreibt Lübberstedt. „Täglich besprechen wir die Schichteinteilung, die Tagesziele, die Abweichungen vom Vortag, stoßen Verbesserungen und strukturierte Problemlösungsprozesse an." Die Dialogkaskade betrifft systematisch nahezu alle Fertigungsbereiche und führt von der Team- über Gruppen- und Abteilungsebene bis hin zur Bereichsebene und damit auch in den Vorstand.

Zufrieden ist man damit aber noch nicht, denn mittlerweile konnte eine zentrale Erkenntnis gewonnen werden: „Wir kommen aus einer Zeit, wo einfach nur ein standardisiertes Format der Boards ausgerollt wurde", erinnert sich Lübberstedt. „Die individuelle Arbeit des einzelnen Bereichs wurde nicht berücksichtigt. Das hat verbrannte Erde bei den Kollegen hinterlassen, weil man etwas pflegen musste, womit sich nicht identifiziert wurde." Beispielsweise wurden Kennzahlen verfolgt, die von den Beteiligten nicht beeinflussbar waren – das führte zu Unmut. Nach einer Überarbeitung ist nun nur eine hohe optische Standardisierung geblieben, um den bereichsübergreifenden Wiedererkennungswert sicherzustellen, aber die inhaltlichen Entfaltungsmöglichkeiten der Fertigungsbereiche sind größer. „Jedes Team hat für sich diskutiert, was besser dargestellt werden könnte, welche neuen Infos oder Zahlen benötigt werden oder wie die Moderation verbessert werden kann", erklärt Lübberstedt. Das scheint schließlich gut anzukommen, denn auch die zentrale Lean-Steuerung nimmt eine Veränderung wahr, so Weidisch: „Wenn wir hier am

Board die Zeit nicht verplempern würden, könnten wir unsere Arbeit auch schaffen, war anfangs die Reaktion auf die Einführung der Shopfloor Boards. Jetzt heißt es: Schau mal, damit kriege ich Transparenz in meine Arbeit und kann leichter Verschwendung erkennen." Lübberstedt führt im Betrieb 30 Mitarbeiter und fügt seinen Erfahrungswert hinzu: „Wir müssen schon mal scharf in den Dialog gehen, dann wird auch der Mehrwert erkannt. Erst haben Sie die Wackelkandidaten überzeugt und die ziehen dann die Kritiker mit sich."

Zuletzt geht es bei der Lufthansa Technik darum, in einem globalen und mit harten Bandagen geführten Wettbewerb zu bestehen. „Wir wissen, dass Lean uns dabei hilft, Arbeitsplätze am Standort Deutschland zu sichern", sagt Weidisch. Auch der Betriebsrat scheint sich dessen bewusst zu sein. Neben verschiedenen Vereinbarungen, die über die Vorgehensweise des Lean-Produktionssystems getroffen wurden, lancierte er sogar einmal eine positive Publikation über Lean Management, in der diskutiert wurde, ob es bei Lean nur um das Verwertungsinteresse des Kapitals oder auch um die Gestaltungsspielräume im Sinne der Arbeitnehmer geht. „Die Lufthansa Technik hat bis heute keinen einzigen Mitarbeiter aus betrieblichen Gründen gekündigt – das soll auch so bleiben." Das geht so lange gut, so lange immer wieder am und nicht nur im System gearbeitet wird. „Wir wollen nicht schneller, sondern schlauer schrauben", so umreißt Weidisch die Grundidee. „Den Wettbewerb spüren wir tagtäglich", wiederholt Lübberstedt, „bislang hilft uns Lean, die Bedingungen zu erfüllen, um am Markt mitzuhalten."

4.5 Was sind die heutigen Herausforderungen?

„7to1 – Our Way Forward", so heißt das seit 2014 initiierte strategische Arbeitsprogramm der Lufthansa AG. Neben den Handlungsfeldern wertbasierter Steuerung, Kultur und Führung, neue Wachstumsfelder, Innovation und Digitalisierung, Kundenorientierung und Qualitätsfokus, effektive und effiziente Organisation befindet sich auch die kontinuierliche Effizienzsteigerung auf dem Fahrplan. Die konzernumfassenden und auch in der Vision und Strategie der Lufthansa Technik verankerten Themen sind die Internationalisierung und Digitalisierung. Wo liegt dabei die Herausforderung? „Vor fünf oder sechs Jahren gab es noch nicht so viele konkurrierende Themen auf der Agenda des Topmanagements", sagt Weidisch. „Für viele im Vorstand ist das selbstverständlich, dass wir Lean nutzen, um wettbewerbsfähiger zu sein. Für uns ist es eine tägliche Herausforderung, das Thema zu highlighten." So wird auf einer Veranstaltung, wie dem 2016 organisierten Lean Summit, ganz bewusst auf die Strahlkraft eines Vorstandes gesetzt, der noch einmal betont, was Lean für die Lufthansa bedeutet. Weidisch versetzt sich in die Lage eines Vorstandes und gesteht: „Lean ist nicht die Lösung für alle Probleme des Unternehmens, deswegen arbeiten wir logischerweise kontinuierlich am Agenda-Setting." Er verweist dabei auf priorisierte Kernsanierungsprojekte oder technologische Neuheiten, die disruptive Veränderungen hervorrufen und fügt noch hinzu: „Erschwerend kommt dazu, dass heute alle Themen schnelllebiger sind. Erfolgreiches Agenda Setting lebt auch von zügigen und überzeugenden Ergebnissen. Diese müssen wir mittlerweile auch schneller generieren." Am Ende vermutet Weidisch für den internen politischen Wettbewerb aber eine nützliche Entwicklung: „Die Auswirkung von digitalen Lösungen wird dabei helfen, Prozesse und Arbeitsweisen noch verschwendungsärmer zu machen." Eine solche inhaltliche Verknüpfung zwischen einer verschwendungsarmen Methodik und einem digitalen Megatrend könnte die Agenda des Topmanagements nachhaltig beeinflussen.

Ob die seit zwölf Jahren andauernden Lean-Aktivitäten auch die Organisation der Lufthansa Technik nachhaltig beeinflussen, wird die Beharrlichkeit der Verantwortlichen für das Produktionssystem entscheiden. „Wir haben in den letzten Jahren viel Erfolg gehabt und viel Struktur geschaffen", konstatiert Weidisch. „Nun stellen wir uns immer wieder die Frage, wie wir dafür sorgen können, dass sich der Urwald das nicht zurückholt." Lean soll auch im Hause des deutschen Kranichs nicht als Selbstzweck betrieben werden, heißt es. Doch noch ist man nicht so weit, dass sich die Organisation von selbst an den fünf Lean-Prinzipien orientiert und eigenständig verbessert. „Wenn ich auf die Meisterebene schaue, wage ich zu bezweifeln, dass Lean schon flächendeckend betrieben wird", schildert Lübberstedt seine Wahrnehmung. „An dieser Stelle stehen wir", sagt Weidisch, „wir müssen die Lean-Prinzipien jetzt in die Breite bekommen."

Genau das ist Führungsaufgabe. Unter dem Schlagwort „Lean Leadership" subsumiert Weidisch eine der zentralen Herausforderungen für die Zukunft: „Wie bekommen wir es hin, dass Lean selbstverständlicher Teil des Aufgabenportfolios einer Führungskraft wird?" Es wird deutlich, dass neue Arbeitsweisen auch ein neues Arbeitsverständnis nach sich ziehen, um sich nachhaltig in der Unternehmenskultur zu etablieren – dafür bedarf es Verbündeter: „Wir arbeiten mittlerweile eng mit unserer Abteilung HR zusammen", führt Weidisch aus, „unser Ziel ist es, die Personalentwicklung mit unseren Lean-Ausbildungsangeboten zu verknüpfen." In vielen Unternehmen lässt sich beobachten, dass die Personalabteilungen eher Wert auf „softe" und partizipative Führungsqualitäten legen, wohingegen Lean über die Wirkung von Transparenz eher messbare Leistungsparameter in den Vordergrund hebt – gefühlt arbeitet man gegeneinander. Jedoch ist dies nur ein vermeintlicher Widerspruch, denn beide Wege führen zum Ziel. Führung ist vielfältig und niemals schwarz-weiß. Dessen ist sich auch Weidisch bewusst und erläutert drei Maßnahmen, die aktuell unternommen werden, um Lean als natürlichen Prozess zur Verbesserung der Leistungsfähigkeit zu verbreiten.

1. Jede neue Führungskraft nimmt verpflichtend an einem zweijährigen Programm namens „First Leadership" teil. Dieses Programm wird parallel zum Job durchlaufen und beinhaltet verschiedene Module. Diese reichen vom Arbeitsrecht, über Konflikt- und Change-Management bis hin zu zwei Modulen aus der Lean Academy. Darunter fällt zum einen in „Lean Basics" eine Einführung in die Prinzipien und Grundideen einer schlanken Arbeits- und Denkweise. Nach Abschluss des Programms hat jeder Teilnehmer verinnerlicht, dass eine schlanke Produktion sich nicht über weniger Mitarbeiter, sondern weniger Verschwendung definiert. Zum anderen befähigt das Modul „Leistungsdialog" die folgenden Fragestellungen einer Führungskraft zu beantworten:

Wie sind Leistungsdialoge in das Leistungsmanagement eingebunden? Was sind Ziele, Inhalte und Ablauf? Bin ich in der Lage, Leistungsdialoge in meinem Bereich zu führen? Konnte ich mit Hilfe von Fallbeispielen den Leistungsdialog lernen? Sind mir die Erfolgsfaktoren dieser Kommunikation bewusst?
2. Gerade die neuen Führungskräfte fragen sich beim Einstieg ins Unternehmen, was genau von ihnen im täglichen Umgang erwartet wird. Damit in dieser Hinsicht Klarheit besteht, wurde mit „Wir bei LHT" ein Leadership-Standard für Mitarbeiter mit und ohne Führungsverantwortung erarbeitet. Dieser ist kein Wunschdenken, sondern gezieltes Mittel, um die beständige Weiterentwicklung der Unternehmenskultur zu ermöglichen. So dienen die Leitlinien der Zusammenarbeit beispielsweise bei Team Buildings und Entwicklungsgesprächen als Orientierung.
3. Für alle Abteilungs- und Gruppenleiter wurde im Jahr 2010 ein verpflichtendes Lean-Training organisiert. Da die Erfolgschancen z. B. einer zweitägigen „Druckbetankung" gering sind, wählte man einen alternativen Ansatz: In einem achtwöchigen Programm gibt es pro Woche einen zweistündigen theoretischen Input mit einer Aufgabenstellung zur Umsetzung in der Praxis – beispielsweise: Womit verbringe ich als Führungskraft unter der Woche meine Zeit? Bei der „Hausaufgabe" stand nicht das Methoden-Knowhow, sondern das Ausprobieren im Fokus. Ziel war es, dass die Führungskraft die Quintessenz von Lean erkennt und die eigene Rolle in einer Kultur mit Anspruch an kontinuierliche Verbesserung findet. Heute durchlaufen in Frankfurt und Hamburg immer noch rund 60 Führungskräfte aus direkten und indirekten Bereichen pro Jahr das Training – jedoch hebt Weidisch einen Unterschied hervor: „Das Training ist nicht mehr verpflichtend, weil wir schwerpunktmäßig mit denen zusammenarbeiten, die wirklich wollen. Das sind dann auch die, die im Nachgang darüber mit ihren Kollegen sprechen. Seitdem das Training freiwillig ist, müssen wir keine Werbung mehr machen."

Da die DNA der Führungskultur eines Unternehmens nicht nur durch die Personalverantwortlichen aus der Fertigung oder fertigungsnahen Funktionen beeinflusst wird, stellt sich früher oder später die Frage, welche Rolle die administrativen Bereiche bei der Einführung von Lean spielen. „Das ist für uns noch ein großer Ansporn", gesteht Weidisch, „denn das Konzernfeld Technik war einem produzierenden Gewerbe immer am ähnlichsten und damit historisch bedingt Vorreiter bei der Einführung von Lean." Er verweist dabei auf die Passagiersparte, die zur Ermittlung des effizientesten Boarding-Prozesses auch Methoden aus dem Lean-Werkzeugkasten benutzt. „Wir konnten erste Projekte auch im HR, Rechnungswesen oder der Entwicklung erfolgreich durchführen und entwerfen aktuell ein neues auf die Administration fokussiertes Ausbildungsangebot." Gleichwohl scheint die Erschließung von „Lean-Potenzialen" in indirekten Bereichen anspruchsvoller und auch politisch heikler, so Weidisch: „Wenn ich in der Produktion Potenziale hebe, dann nutze ich diese, um an anderer Stelle noch mehr zu produzieren. In der Administration ist das nicht so einfach, denn da kann ich freigesetzte Kapazitäten im Controlling nicht nutzen, um den Jahresabschluss an anderer Stelle noch besser zu machen." Scheinbar harte Worte des hauptverantwortlichen Lean-Verfechters, der unter den Prinzipien und Methoden immer die Beteiligung und Befähigung des einzelnen Mitarbeiters versteht und im Hause Lufthansa Technik auch dementsprechend umsetzt. Produktionsvorstand Stüger hält fest: „Lean folgt natürlich dem Primat der Wirtschaftlichkeit. Bei Prozessoptimierungen wird manchmal vergessen, dass hinter jedem Prozess auch eine Person steht. Wenn ich Potenziale in einem Prozess hebe, dann heißt das automatisch, dass ich auch beabsichtige, das Potenzial der Person auszuschöpfen." Für die Lufthansa Technik ist dies besonders in den administrativen Bereichen ein schmaler Grat, den es vor allem unter Berücksichtigung der Arbeitnehmervertretung noch zu meistern gilt.

4.6 Was kann man daraus lernen?

Dieser Kapitelabschnitt beansprucht den Raum für einen kritischen Blick auf das Wesentliche: Worauf kam es wirklich an? Was kann man daraus lernen? Anschließend beurteilt ein objektiver Experte die geschilderten Ereignisse.

4.6.1 Wenn es einen Paten gibt

„Es muss einen geben, der sich des Themas Lean annimmt", sagt Vorstand Stüger, „dieser eine bei der Lufthansa Technik bin ich." Er profitiert davon, dass Lean auch bei seinen drei Vorstandskollegen positiv besetzt ist. Nur ist er sich des Unterschiedes, Lean aus der Distanz gut zu finden oder Lean aktiv mitzugestalten, bewusst. Deswegen braucht es mindestens einen Paten so nah wie möglich an der Spitze des Unternehmens.

Aktiv zu bleiben heißt für Stüger, sich am Shopfloor zu erden: „Das Schlimmste wäre, wenn ich den Funkkontakt zur Basis verlieren würde." Aus diesem Grund führt er regelmäßig Gemba Walks durch, „ich schau mir die Boards an, hol mir dann zehn Leute zusammen und ziehe mich mit denen für ein paar Stunden in einen geschützten Raum zurück. Dann lasse ich mir berichten, wo unsere Lean-Aktivitäten wirklich stehen." Er bezeichnet dies als „Leistungsdialog" und beschreibt ihn als offene und ehrliche Diskussion, bei der nicht nur blühende Landschaften gezeichnet werden. Zusätzlich nutzt er diese Gelegenheit, um seine Vision deutlich zu machen. „In Japan hatte ich ja gelernt, dass kein Handgriff egal ist. Bei diesem Austausch mit den Kollegen vom Shopfloor stelle ich sicher, dass wir uns immer wieder am Kern von Lean orientieren." Es heißt, dass die meisten Termine im Kalender des Produktionsvorstandes in Bezug zu Lean-Aktivitäten stehen, was nach Aussage einer Führungskraft wie Geschäftsführer Tielmann auch zu spüren ist: „Zwei Mal im Jahr stellen wir vor, wo wir mit unseren Aktivitäten stehen, um uns auch mit den anderen Bereichen zu vergleichen und möglicherweise unseren Ansatz zu optimieren." Komplettiert wird der Management Support des Lufthansa Technik Lean-Produktionssystems von Strategiekreisen, Lean Reviews, Projekt-Abschlusspräsentationen und Best-Practice-Exkursionen.

Im Vergleich zwischen einer Konzernorganisation und einem mittelständisch geführten Betrieb machen die Lean-Verantwortlichen nur einen Unterschied aus, wenn es um die Einführung der japanischen Verbesserungsphilosophie geht – die Anzahl der betroffenen und zu beteiligenden Managementebenen: „Wir haben uns zu lange auf die produktionsnahen Führungskräfte, also die unmittelbare Führung am Shopfloor konzentriert", evaluiert Weidisch selbstkritisch. „Das seit 2010 initiierte achtwöchige Training für alle Abteilungs- und Gruppenleiter hätten wir früher starten sollen, um unsere Botschaften stärker in die Breite zu kaskadieren." Aber wenn es um den Paten an der Spitze geht, differenziert Stüger nicht die Größe des Unternehmens: „Vielleicht können Sie das Deployment in einem KMU leichter ausrichten, schneller umsetzen und vermutlich erkennt der Mitarbeiter einfacher seinen Beitrag. Bei uns ist das eine vielschichtige Programmarchitektur, die für den jeweiligen Bereich für zwei bis drei Jahre formuliert werden muss. Aber das ändert nichts an der Ernsthaftigkeit und der Sinnstiftung, die von der Spitze des Unternehmens kommen muss – ob Vorstand oder Eigentümer."

4.6.2 Wenn das Machen und nicht die Methode im Vordergrund stehen

Im Laufe der letzten Jahre konnte sich besonders die Lean Academy als Erfolgsgarant herauskristallisieren, weil sie sich im Zuge der zwölfjährigen Entwicklungen und Erfahrungen des Lean Deployments verändert hat. „Über den Status, welche Tools es gibt und welche zu uns passen, sind wir deutlich hinaus", bemerkt Tielmann. Da überrascht es nicht, dass das Schulungskonzept der Academy den Fokus nicht mehr auf die Methodenschulung, sondern die Umsetzung vor Ort legt. Der dezentrale Coaching-Ansatz schlägt den zentralen Expertenansatz, um den zielgruppenspezifischen Anforderungen gerecht zu werden.

„Von einem Gedanken haben wir uns in diesem Zuge verabschiedet", sagt Stüger, „die Erwartungshaltung, dass sich jeder Bereich auf demselben Level entwickelt, ist nicht erfüllbar." Den „Lean-Fortschritt" von Bereich zu Bereich gleichmäßig voranzutreiben, sei vergebliche Liebesmühe, denn „man kann nicht alle über einen Kamm scheren", sagt Stüger und Weidisch ergänzt, „deswegen haben wir die Verantwortung vor Ort." Man könnte meinen, dass Stüger, Weidisch & Co. die Verbreitung des Lean-Produktionssystems bewusst in kleine Stücke teilen, um genau den Effekt hervorzurufen, den sie in einem kleinen mittelständischen Unternehmen vermuten: Die Ausrichtung fällt leichter, die Umsetzung gelingt schneller und der Mitarbeiter erkennt einfacher seinen Beitrag. David schlägt Goliath – eine Erkenntnis, die über viele Jahre ausreifte und heute gut ankommt. Geschäftsführer Tielmann schildert seine Erfahrungen aus Sicht des Shopfloors: „Früher hörte man von den Mitarbeitern häufig, dass sie das ja machen müssen, das Lean-Team will es ja so. Das hat sich geändert. Man spürt nach wie vor eine positive Ungeduld und das ist in der Regel ein guter Indikator für nachhaltige Verbesserungen." Dieses Verständnis reproduziert sich in der Organisation, denn Tielmann berichtet davon, dass die an ihn berichtenden Business-Unit-Leiter ihre unabhängigen Lean-Programme fahren: „Nicht jedes Lean-Tool passt zu jedem unserer Produkte. Diese sind zu unterschiedlich, als dass man die Initiativen vereinheitlichen könnte. Das geht natürlich auch mit unterschiedlicher Umsetzungsqualität einher, die ich aushalten muss." Die für ihn größte Herausforderung ist dabei der Balanceakt zwischen Verbindlichkeit und Verantwortung: „Die einzelnen Bereiche können aus den verfügbaren Tools frei auswählen. Bei aller Unterschiedlichkeit ist ein Anspruch aber gleich: Jeder Bereich soll lernen und ins Nachdenken kommen, wie wir den LHT-Ansatz um weitere Elemente bereichern können."

Authentizität gewinnt die Lean Academy durch ihre interne Antriebskraft, denn das Trainingsprinzip „aus der Linie für die Linie" bekräftigt den zielgruppenspezifischen Anspruch. Bis heute wurde sämtliches Schulungsmaterial selbst geschrieben und selbst gestaltet. Bis heute wurde kein einziger externer Ausbilder angestellt. Bis heute weiß jeder ausgebildete Trainer wovon er spricht, denn die Workshop-Teilnehmer sind seine Arbeitskollegen. Das in den Projekten produzierte Wissen wird kontinuierlich ausgebaut und auch wenn es mal nicht nach Plan läuft, profitiert die Lean Community, sagt Tielmann: „Für mich ist es auch schön, wenn wir in einem Projekt mal nicht alles nach methodischer Vorschrift machen konnten, sondern was dazu gelernt haben. In dem Moment erweitern wir den Wissensschatz der Lufthansa Technik."

4.6.3 Wenn es genügend Verbündete gibt

Ein Pate ist alleine nicht in der Lage, eine Lean-Initiative erfolgreich umzusetzen. Auch einige wenige Mitstreiter einer Stabsstelle können Lean nur bedingt nachhaltig einführen. Was es braucht, ist ein intraorganisationales Netzwerk. Dieses zeichnet sich durch kollegiale Beziehungen, partnerschaftliche Kooperationen und persönliche Kontakte aus, die sowohl horizontal als auch vertikal zueinanderstehen können und so Synergieeffekte heben. Um die Mehrfachausführung bestimmter Aktivitäten aufgrund von mangelhafter Abstimmung zu vermeiden und dem damit einhergehenden Koordinations- und Kommunikationsaufwand gerecht zu werden, bedarf es einer zentralen Anlaufstelle, die die gemeinsame Verfolgung des klaren Ziels sicherstellt. „Wir sind das größte inoffizielle Netzwerk der Lufthansa Technik", konstatiert Weidisch, „ich kann in jedem Bereich einen Verbündeten anrufen, der mir bei einem Problem mit Lean weiterhelfen oder der mir von einer Erfolgsgeschichte aus seinem Bereich berichten kann." Weidisch spricht von einer virtuellen Organisation, deren Stabilität das Team beim 2016 organisierten Lean-Summit mit knapp 150 Teilnehmern aus allen Tochtergesellschaften wahrnehmen konnte. Andre Lübberstedt, der den Aufbau der Stabsstelle und der Lean Academy von Beginn an erlebt hat, bekräftigt diesen Faktor: „Lean braucht das richtige Branding. Gerade in einer so großen Organisation wie der Lufthansa Technik gilt es, das Thema dauerhaft attraktiv zu machen. Das und den Austausch der Multiplikatoren kann man nur zentral steuern." Dieses „strategische Alignment" sicherzustellen, ohne die dezentralen Verantwortlichen mit Vorgaben, Richtlinien und Reportings zu knebeln, ist die Aufgabe von Johannes Weidisch und seinem Team. Das von Weidisch erklärte Ziel ist die Reise wert: „Lean soll unser natürlicher Weg sein, um schneller, höher und weiter zu kommen."

4.7 Interview mit Dr. Peter Belener – Miele & Cie. KG

Über Miele

Miele ist der weltweit führende Anbieter von Premium-Hausgeräten für die Küche, Wäsche- und Bodenpflege. Hinzu kommen Geschirrspüler, Waschmaschinen und Wäschetrockner für den gewerblichen Einsatz sowie Geräte zur Aufbereitung von medizinischen Instrumenten und Laborbedarf („Miele Professional"). Über eigene Vertriebsgesellschaften oder Importeure ist Miele in rund 100 Ländern vertreten. Produziert werden die Miele-Produkte in zwölf Produktionsstätten.

Die Miele & Cie. KG steht seit Gründung im Jahr 1899 durch Carl Miele und Reinhard Zinkann im Eigentum der Familien Miele (51 %) und Zinkann (49 %). Miele ist somit ein unabhängiges Familienunternehmen mit dem Anspruch auf die Qualitäts- und Technologieführerschaft seiner Branche. Miele steht für partnerschaftliches Verhalten gegenüber seinen Geschäftspartnern, eine mitarbeiterorientierte Unternehmenskultur sowie Kontinuität in Werten, Zielen und in der Führung. Der Hauptsitz mit Hauptverwaltung und Stammwerk befindet sich seit über 100 Jahren in Gütersloh.

Die Miele & Cie. KG wird von fünf Geschäftsführern gleichberechtigt geleitet: Olaf Bartsch (Geschäftsführer Finanzen und Hauptverwaltung), Dr. Axel Kniehl (Geschäftsführer Marketing und Vertrieb), Dr. Stefan Breit (Geschäftsführer Technik) sowie Dr. Markus Miele und Dr. Reinhard Zinkann (Geschäftsführende Gesellschafter).

Weltweit arbeiten 18.370 Menschen für Miele (Stichtag 30. Juni 2016), davon 10.326 in Deutschland. Im Vergleich zum Vorjahr bedeutet dies einen Zuwachs von 629 Beschäftigten oder 3,5 %. Im Geschäftsjahr 2015/2016, das am 30. Juni 2016 endete, hat das Unternehmen 3,71 Mrd. € Umsatz erzielt. Das entspricht einem Zuwachs von 224 Mio. € oder 6,4 %. Auf dem deutschen Heimatmarkt wuchs das Unternehmen auf 1,1 Mrd. € (plus 6,9 %). Für Miele ist nachhaltiges Handeln den Werten und der Tradition des Unternehmens geschuldet und unabdingbare Basis für

4.7 Interview mit Dr. Peter Belener – Miele & Cie. KG

langfristigen Unternehmenserfolg. Miele ist Mitglied in der UN-Nachhaltigkeitsorganisation Global Compact und Unterzeichner der „Charta der Vielfalt". Alle zwei Jahre veröffentlicht Miele einen Nachhaltigkeitsbericht.

Autoren: Herr Dr. Belener, danke, dass Sie sich die Zeit für dieses Gespräch nehmen. Lassen Sie uns mit Ihrer Vorstellung beginnen: Wer sind Sie und wie sind Sie der geworden, der Sie sind?

Dr. Peter Belener: Mein Name ist Peter Belener, ich bin 39 Jahre alt, verheiratet und habe zwei Kinder. Ich arbeite seit zwölf Jahren bei der Firma Miele und habe nach dem Studium des Wirtschaftsingenieurwesens an der TH Karlsruhe hier bei Miele mit einem Trainee-Programm, Schwerpunkt Produktion, meinen Berufseinstieg vollzogen.

Nach dem Traineeprogramm habe ich dann ab dem Jahr 2005 im Bereich Produktionssteuerung im Miele Werk Gütersloh gearbeitet und hier beim Umbau indirekter Bereiche von einer funktionalen hin zu einer prozessorientierten Unternehmensorganisation mitgeholfen. Parallel zu dieser Tätigkeit habe ich zwischen 2005 und 2008 eine Promotion an der Ruhr-Universität Bochum durchgeführt. Im Jahr 2009 habe ich dann eine Abteilung mit 13 Mitarbeitern übernommen, die sowohl in Entwicklungsprojekten als auch im Seriengeschäft die Themen Varianten-, Technisches Änderungs- und Anlaufmanagement betreut haben.

Im Jahr 2011 habe ich dann die Leitung für die Miele-Staubsaugerproduktion in Bielefeld übernehmen dürfen. Diese Tätigkeit führe ich bis heute aus. Direkt zu Beginn dieser Tätigkeit hatte ich von der Werksleitung den Auftrag bekommen, unser Produktionssystem, das Miele Wertschöpfungssystem MWS, auch in der Staubsaugerproduktion in Bielefeld umzusetzen (siehe Abb. 4.6). Wir waren dabei einer der letzten Produktionsbereiche, die das Produktionssystem eingeführt haben. Vorteil davon war, dass wir bereits zu Beginn auf eine solide Lean-Organisation gestoßen sind und viele Anregungen aus anderen Miele-Produktionen vorhanden waren. In den folgenden Jahren haben wir intensiv das MWS-System gelebt und dabei große Erfolge erzielt. Bis heute sind wir dabei allerdings in einem Entwicklungsprozess.

Autoren: Wofür werden Sie heute bezahlt?

Dr. Peter Belener: Laut Arbeitsvertrag für die Führung der Produktion. Natürlich geht es mir dabei nicht darum, den Status quo zu erhalten, sondern den Bereich permanent weiter zu entwickeln. Vor fünf Jahren bedeutete dies für mich, die Einführung unseres Produktionssystems MWS sicherzustellen, mittlerweile hat sich das aber geändert. Heute geht es mir vielmehr darum, den Rahmen für meine Mitarbeiter und Mitarbeiterinnen zu schaffen, ihre und damit auch unsere Potenziale kontinuierlich zu heben. Dazu gehört für

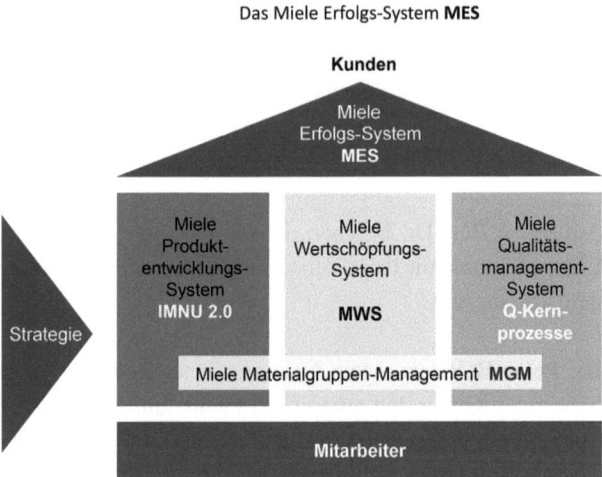

Abb. 4.6 Das Erfolgssystem MES von Miele. (Quelle: In Anlehnung an Miele & Cie. KG)

mich u. a. die Schaffung einer guten Organisationsstruktur, die Beschreibung von nachvollziehbaren Zielen, die Sicherstellung der Mitarbeiterqualifikation und das Aufgreifen und Vorantreiben von Zukunftsthemen, wie z. B. im Kontext von Industrie 4.0.

Ein Kollege von mir aus Gütersloh sagt immer, „alles, was in der Produktion von alleine läuft, das läuft bergab". Da ist etwas Wahres dran. Permanent am Ball bleiben und permanent die Arbeitsabläufe hinterfragen – das sehe ich als meine zentrale Aufgabe.

Autoren: Wann sind Sie denn das erste Mal mit Lean in Berührung gekommen?

Dr. Peter Belener: Im Studium hat man natürlich von Lean Management gehört, aber ich habe mich damals damit nicht intensiv auseinandergesetzt. Parallel zum Studium habe ich als Werksstudent bei der EnBW gearbeitet und dort eher Erfahrung im Projektmanagement gesammelt. Die ersten konkreten Berührungspunkte gab es dann als Trainee hier bei Miele. Neben verschiedenen Auslandsaufenthalten habe ich auch die zum damaligen Zeitpunkt noch junge Stabsstelle unseres Produktionssystems unterstützt. Wir haben Wertstromanalysen durchgeführt und ich habe bei den Ist-Aufnahmen mitgeholfen. Auch während späterer Tätigkeiten habe ich in vielen Optimierungsprojekten mitgearbeitet oder habe diese geleitet, aber das wurde damals noch nicht im Kontext von Lean durchgeführt. Wir haben damals unseren gesunden Menschenverstand eingesetzt und versucht, optimale Prozessabläufe zu schaffen – heute würde man dazu vermutlich Lean sagen. Richtig intensiv wurde mein Kontakt zu Lean dann ab 2011 mit der Übernahme der Produktionsleitung hier in Bielefeld.

Autoren: Kommen wir zur Lufthansa Technik – Dr. Stüger hat die Bereiche einfach loslaufen lassen, um Erfahrungen zu sammeln: „Der Startschuss war ein Start ohne Schuss."

4.7 Interview mit Dr. Peter Belener – Miele & Cie. KG

Wo liegen aus Ihrer Sicht die Gefahren einer solchen „evolutionären" Lean-Implementierung?

Dr. Peter Belener: Da gibt es in der Tat zwei Aspekte, die ich kritisch sehe:
Zunächst: Ein evolutionärer Ansatz kann aus meiner Sicht zu einem Laissez-faire-Problem führen. Meiner Erfahrung nach ist eine Produktion meist unter Dampf. Wenn die Produktion ausgelastet ist und gleichzeitig gesagt wird, „macht mal irgendetwas mit Lean", dann sind die Gründe, warum es „jetzt" nicht geht, schnell gefunden. Vor allem Kapazitätsprobleme führen diese Liste meist an. Denn am Anfang erscheint Lean als Mehraufwand. Die Erkenntnis, dass meine Arbeit durch Lean einfacher und schneller wird und ich mir Ressourcen freispielen kann, stellt sich ja erst mit den Erfolgen ein. Welche Motivation hat man dann bei einem evolutionären Ansatz, bei dem man nicht richtig absehen kann, was dabei herauskommt?

In der Staubsaugerproduktion sind wir bereits zu Beginn der Lean-Einführung auf eine funktionierende Lean-Organisation gestoßen, da eine unterstützende Stabsstelle zur Verfügung stand. Gemeinsam haben wir vor dem Startschuss zu Lean – den es bei uns ganz offiziell gab – einen Fahrplan für die ersten Monate erarbeitet. Dieser war auch für alle Bereiche der Staubsaugerproduktion in Bielefeld verpflichtend. Wir haben damals mit 6A[3] angefangen, weil wir der Meinung gewesen sind, dass man sich nicht den komplexen Fragestellungen widmen kann, bevor man nicht die Disziplin für ganz einfache Dinge hat und im Kleinen Verbesserungen umsetzen kann. Darauf haben wir dann in den folgenden Jahren systematisch aufgebaut.

Autoren: Stichwort Erfolge, das LIFT-Projekt war das erste Leuchtturmprojekt bei der Lufthansa Technik. Die Durchlaufzeit von der Instandhaltung von Komponenten sollte von 17 auf fünf Tage reduziert werden – das stieß auf Skepsis bei den Mitarbeitern. Allgemein gefragt: Ist die Reduzierung der Durchlaufzeit nur auf Kosten der Qualität möglich?

Dr. Peter Belener: Aus eigener Erfahrung kann ich ganz klar sagen, dass dem nicht so ist. Im Gegenteil: Sie können die Qualität sogar steigern. Es gibt bei Miele viele Beispiele, bei denen Prozesse schlanker und Fehlermöglichkeiten reduziert wurden. Als ich beispielsweise hier in Bielefeld anfing, wurde in unserer Produktion viel Material von großen in kleine Behälter umgepackt. Danach ging das Material über Milkrun-Züge[4] an die Produktionslinien, um es zu verarbeiten. Das Ergebnis eines unserer ersten Lean-Projekte war es daher, in kleineren Gebinden anliefern zu lassen, sodass nicht mehr umgepackt werden musste. Wenn Sie umpacken, dauert das nicht nur länger und kostet Geld, sondern erhöht

---

[3] 6A wird synonym für 6S bzw. 5S verwendet.
[4] Das Milkrun-Konzept oder Milchflaschenkonzept ist ein Konzept der Beschaffungslogistik und Distributionslogistik, um Material bedarfsgerecht innerbetrieblich und überbetrieblich bereitzustellen. Als Vorbild diente der traditionelle Milchjunge in den USA und England, der eine Milchflasche nur dann bereitstellte, wenn er eine leere Flasche mitnehmen konnte. So konnte sichergestellt werden, dass nie zu viel Milch im Haus war und schlecht werden konnte.

auch das Risiko von Beschädigungen an den Teilen. In einem anderen Beispiel haben wir die Taktung optimiert und konnten schließlich die freigespielte Zeit für eine sinnvolle Vier-Augen-Kontrolle nutzen. Durchlaufzeiten zu reduzieren und Qualität zu steigern ist ganz klar kein Widerspruch.

Autoren: Dr. Stüger wollte nach den ersten erfolgreichen Projekten das Momentum aufrechterhalten. Die Lufthansa Technik unternahm Kaikaku-Touren nach Japan, um sich inspirieren zu lassen. Haben Sie Erfahrung damit?

Dr. Peter Belener: Es gab bei Miele zwei Touren – das war 2007 und 2008. 15 bis 20 Personen sind damals nach Japan geflogen und haben sich u. a. Mitsubishi angeschaut. Ich war aber nicht dabei. Was ich stattdessen intensiv betreibe, sind kleine Kaikaku-Touren. Wir haben nicht nur in der Firma ein intensives Netzwerk zwischen unseren Werken, sondern ich bin auch regelmäßig unterwegs und halte Vorträge oder nehme an Veranstaltungen teil.

Autoren: Was sind dabei Ihre zentralen Erkenntnisse?

Dr. Peter Belener: Die anderen kochen auch nur mit Wasser und stehen vor ähnlichen Herausforderungen wie wir. In Summe fühle ich mich meistens bestätigt, dass wir auf dem richtigen Weg sind. Das letzte große Ereignis war eine Kata-Veranstaltung, auf der ein Fertigungsmeister und ich von unseren letzten fünf Jahren mit Lean berichtet haben. Am Nachmittag wurden dann intensiv Problemlösungsprozesse mit uns trainiert. Das hat uns weiter vorangebracht, da wir diese Thematik gerade intensiv auf Teamleiterebene bearbeiten.

Autoren: Nachdem Lufthansa aus Japan zurückgekehrt ist, fiel die Entscheidung zur Gründung einer Stabsstelle. Ziel war es, die evolutionären Erfahrungen und praxiserprobten Erkenntnisse des Betriebes auf Basis des Lufthansa Technik Lean-Produktionssystems zu bündeln und in eine Struktur zu gießen. Wo sehen Sie die größten Herausforderungen beim Aufbau einer solchen zentralen Einheit?

Dr. Peter Belener: Aus meiner Sicht ist die größte Herausforderung, die richtigen Leute dafür zu finden. Sie brauchen überwiegend praxiserprobte und sehr engagierte Mitarbeiter, die gleichzeitig die notwendige Akzeptanz und Durchsetzungsstärke im Shopfloor mit sich bringen. Aus meiner Sicht ist es entscheidend, diese Personen, die ja in den Linienorganisationen vorhanden sind, für einen Wechsel in die Stabstelle zu motivieren. Zudem ist ein Plan erforderlich, wie diese Personen nach einigen Jahren wieder in die Linie wechseln. Idealerweise ist damit ein Karriereschritt verbunden.

Autoren: Müssen das zwangsläufig Eigengewächse sein oder können es auch Externe sein?

Dr. Peter Belener: Entscheidend ist für mich der Praxisbezug. Das macht die Stabsstelle authentisch. Ob der Praktiker aus dem eigenen Unternehmen kommt oder nicht, ist aus meiner Sicht nicht so wichtig. Sobald es aber auf den Shopfloor geht, sollten dort nicht nur unbekannte Gesichter herumlaufen. Spätestens dann braucht es auch die Eigengewächse.

Die zweite Herausforderung beim Aufbau einer solchen zentralen Einheit ist sicherlich die Darstellung der Wirtschaftlichkeit. Die Gründung und Organisation einer Stabsstelle erzeugt Kosten und es gibt erst einmal keinen messbaren Gegenwert. Zu diesem Investment braucht es also ein klares Bekenntnis des Managements – wer da am Anfang auf den Euro genau rechnet, wird den Weg, wie die Lufthansa Technik ihn gegangen ist, nicht gehen.

Als dritte Herausforderung sehe ich die Schwierigkeit, die Stabsstelle an die Organisation anzudocken. Die zeitliche Begrenzung dieser Stabsstelleneinsätze ist aus meiner Sicht dabei sehr wichtig. Wer als „interner Berater" im Unternehmen unterwegs ist, verändert sich. Es braucht einen gesunden Austausch, damit die Lean-Verantwortlichen immer geerdet bleiben – die skeptische Reaktion am Shopfloor, „jetzt kommen wieder die und erklären uns, wie wir unsere Arbeit zu erledigen haben", darf nicht entstehen.

Eine Ausnahme bildet aus meiner Sicht die Leitung der Stabsstelle. Der Leiter unseres Produktionssystems ist – im Unterschied zu allen anderen Mitarbeitern – über viele Jahre die Konstante der Lean-Organisation. Und gerade diese Person, mit dem absoluten Willen Lean umzusetzen und auch der entsprechenden Überzeugungskraft, ist sicherlich ein ganz wichtiger Faktor für den Erfolg des Produktionssystems bei Miele gewesen.

Autoren: Aus diesem Grunde geht die Lufthansa Technik den Weg „Mitarbeiter aus dem Betrieb trainieren Mitarbeiter aus dem Betrieb" – wie beurteilen Sie diesen Ansatz?

Dr. Peter Belener: Grundsätzlich ist das ein erstrebenswerter Ansatz. Aber es ist aus meiner Erfahrung schwierig, diesen sich stark am Coaching orientierten Ansatz in die Breite zu bekommen.

Insbesondere für gestandene Mitarbeiter bzw. Führungskräfte im Shopfloor stellt dies einen deutlichen Kulturwandel dar. Die meisten dieser Personen kommen noch aus einer Unternehmenskultur, in der es klare Anweisungen mit entsprechenden Handlungsvorgaben gab. Zudem ging es meist um Themen, die direkt umzusetzen waren. Heute haben wir den Anspruch, dass sich die gleichen Mitarbeiter eigenständig überlegen, wie sie ihren Bereich kontinuierlich verbessern. Das ist schon ein schwieriger Wandel. Die Krönung dieser Veränderung ist dann, dass diese Mitarbeiter auch noch ihre Kollegen bzw. eigenen Mitarbeiter bei diesem Prozess anleiten.

Nichtsdestotrotz verfolgen wir die gleiche langfristige Zielsetzung, allerdings nennen wir es nicht Coaching. Wir haben das Ziel, dass unsere Teamleiter und Meister wie Manager in ihrem jeweiligen Bereich agieren. Das heißt, dass sie eigene Ziele, Kennzahlen und auch ein eigenes Budget haben, um gemeinsam mit ihren Mitarbeitern Lösungen zur Zielerreichung zu erarbeiten. Auch nach fünf erfolgreichen Jahren in der Lean-Umsetzung haben wir dabei allerdings noch deutlich Luft nach oben.

Autoren: Die Interviewpartner bei der Lufthansa Technik haben ja auch Einblicke in ihr Ausbildungskonzept gegeben. Dabei wurde im Laufe der Jahre weniger die fachliche Ausbildung, als stärker die zwischenmenschlichen Fähigkeiten in den Vordergrund gerückt. Welche Rolle spielt Ihrer Erfahrung nach Change-Management bei der Einführung von Lean?

Dr. Peter Belener: Eine sehr große Rolle, denn Lean wirkt sich auf die Denk- und Arbeitsweise aus und damit wird sich auch die Organisation der Zusammenarbeit und die Art und Weise des Miteinanders im Unternehmen verändern. Aus Sicht des professionellen Managements von Veränderungen ist es essenziell, diesen Prozess zu begleiten.

Autoren: Müssen dabei Lean- und Change-Know-how aus einer Hand kommen oder lassen sich diese Kompetenzen teilen?

Dr. Peter Belener: Thematisch gehören die Bereiche ganz klar zusammen, das heißt aber nicht, dass sie aus einer Hand kommen müssen. Bei uns kommt viel Lean-Expertise aus der Stabsstelle. Die Kollegen haben uns dabei unterstützt, Arbeitskreise zu bilden und Shopfloor-Kaskaden zu entwickeln, aber bei der Ausbildung, beispielsweise von Kompetenzen hinsichtlich Moderation und Projektmanagement, werden wir von HR unterstützt.

Autoren: Herr Weidisch spricht in der Fallstudie davon, dass der Benefit der Lean-Aktivitäten nicht mehr in harten Zahlen und hübschen Grafiken ausgedrückt wird. Er spricht in diesem Zusammenhang von einem zeitraubenden Controlling-Monster und von der Schwierigkeit, Lean-Einsparungen in den direkten Zusammenhang mit Schulungsaktivitäten zu stellen. Wie bewerten Sie es, wenn die Zahlen, Daten und Fakten nicht mehr so im Fokus stehen – ist das nachvollziehbar oder leichtsinnig?

Dr. Peter Belener: Ich kann das nachvollziehen. In der Fallstudie werden Vorräte erwähnt, die um sechs Prozent reduziert werden konnten – das ist natürlich nicht alleine mit einer Schulungsaktivität in Zusammenhang zu bringen. Aber ich kann die sechs Prozent messen und das sollte man auch in einem gesunden Maße tun.

Gesund heißt für mich, nicht jedes Projekt bis auf die dritte Nachkommastelle auszurechnen. Wir hatten in der Staubsaugerproduktion in den ersten zwei Jahren nach der Lean-Einführung einen Produktivitätsfortschritt von über 15 %. In dieser Zeit haben wir zum Teil mit einzelnen Lean-Projekten mehrere Mitarbeiter auf einen Schlag freigespielt, die dann an anderer Stelle sinnvoll eingesetzt werden konnten. Nach ein paar Jahren Lean-Umsetzung sind wir aber auf einem anderen Level angekommen – heute haben wir viel mehr Lean-Projekte, deren einzelne Einsparungen aber um ein Vielfaches kleiner sind. Daher messen wir den Fortschritt heute auch über unsere Produktivitätskennzahlen.

Anders gesagt, die Zeiten, wo wir mit einer Maßnahme einen hohen Betrag einsparen konnten, sind leider vorbei. Wenn beispielsweise ein Meister heute zu mir kommt und mir

4.7 Interview mit Dr. Peter Belener – Miele & Cie. KG

vorschlägt, einen Mitarbeiter anderweitig einzusetzen, dann gibt es hierfür meist eine ganze Liste von Einzelmaßnahmen, die diese Einsparung begründen. Unserem Controlling gegenüber melden wir das Potenzial und führen dann die Liste der Aktivitäten auf. Den Nachweis, dass diese Maßnahmen langfristig greifen, erbringen wir dann über die Produktivitätskennzahl. Im Rahmen der Lean-Umsetzung entwickelt sich schrittweise auch die Art des Controllings. Dieser Aspekt gehört für mich ebenfalls zu einer guten, nachhaltigen Vorgehensweise dazu.

Autoren: Im Zuge der Einführung von Shopfloor Boards wurde anfangs auf ein standardisiertes Format gesetzt. Herr Lübberstedt berichtet davon, dass das verbrannte Erde bei den Kollegen hinterlassen hat, weil die individuelle Arbeit des einzelnen Bereichs nicht berücksichtigt wurde. Mittlerweile hat sich das bei der Lufthansa Technik geändert und die Boards wurden überarbeitet. Inwiefern beißt sich die Standardisierung von Prozessen und Arbeitsabläufen mit der Ermutigung zu unternehmerischem Handeln, die auch Raum für Fehler benötigt?

Dr. Peter Belener: Das ist auch bei uns eine immer wiederkehrende Diskussion – das war auch im Kontext der Shopfloor Boards so. Wir sind damals mit dem Anspruch gestartet, dass alle es gleichmachen sollten – bis wir einmal 1000 Kärtchen zur Abbildung von Problemlösungsprozessen am Shop-Floor Board gedruckt hatten, die nach der ersten Benutzung kaum einer mehr haben wollte. Die sind letztlich in die Tonne gewandert und damit auch unser Anspruch, dass alle Boards gleich funktionieren und gleich aussehen.

Das Thema Standardisierung ist aus meiner heutigen Sicht immer eine Gratwanderung zwischen der kontinuierlichen, individuellen Weiterentwicklung eines Bereiches und dem schleichenden Auseinanderdriften zwischen den Bereichen.

Wichtig ist uns daher, dass gemeinsame Grundlagen vorhanden sind. So stellen wir unsere Ziele und Kennzahlen einheitlich dar und auch die Rhythmen der Bearbeitung sind identisch. Ebenfalls achten wir darauf, dass Bereiche, die mit mehreren Schichten arbeiten, nur eine Vorgehensweise bzw. einen Standard pflegen. Das ist wichtig, damit die schichtübergreifende Zusammenarbeit funktioniert. Zudem beschreiben die Bereiche ihre Prozesse in standardisierten Prozessbeschreibungen und stellen diese anderen Bereichen zur Verfügung.

Auf dieser Grundlage ermutigen wir die Bereiche, ihre schichtübergreifenden Standards permanent zu hinterfragen und auch – abgestimmt mit angrenzenden Bereichen – weiterzuentwickeln.

Die Beteiligten wachsen im Laufe der Jahre mit und wo es bei einem Unternehmen, das ganz am Anfang der Lean-Einführung steht, mehr Standardisierung braucht, so benötigt es bei einem Unternehmen, das seit fünf Jahren Lean lebt, tendenziell weniger Standards und mehr Freiräume.

Autoren: Im Headquarter von Facebook steht „Macht mehr Fehler an den Wänden!" – passt das zu Lean?

Dr. Peter Belener: Wenn sich die Lean-Einführung gut entwickelt, beginnen die Mitarbeiter zu hinterfragen und machen Vorschläge. Dann bin ich sehr nah beim Slogan von Facebook, denn dann braucht es mehr Freiraum. Wer aber Freiraum hat und neue, teilweise unbekannte Wege beschreitet, wird auch Fehler machen. Wenn ich diesen Prozess nicht zulasse und auf Standards bestehe, weil irgendjemand in der Vergangenheit mal gesagt hat, dass das so gemacht werden muss, verliere ich die Einsatzbereitschaft der Mitarbeiter. Verbesserungsvorschläge werden dann nicht mehr kommen. Wie schon gesagt, verschiebt sich die Grenze der Standardisierung im Laufe der Zeit – das muss man im Auge behalten.

Autoren: In der Fallstudie wird auch die Einführung von Lean in den administrativen Bereichen der Lufthansa Technik diskutiert. Für Weidisch & Co. ist dies noch ein großer Ansporn – wie erfolgskritisch ist die unternehmensweite Einführung der Lean-Philosophie, um wettbewerbsfähig zu sein?

Dr. Peter Belener: Meine ganz persönliche Meinung dazu: Das ist absolut erfolgsrelevant. Wir haben bei Miele vor einigen Jahren damit angefangen, die Erfahrungen aus mehr als zehn Jahren Produktionssystem auf die Administration zu übertragen. Hier und da wurden Bausteine angepasst, aber die Grundidee bleibt bestehen. Es ist heutzutage einfach so, dass die Entwicklungszeit von Produkten immer kürzer wird und die Vielfalt der Geräte immer größer. Das hat ja nicht nur Auswirkungen in der Produktion, sondern es gibt sehr viele Geschäftsprozesse in den indirekten Bereichen, die durch das Unternehmen fließen und durch diese zunehmende Komplexität massiv beeinflusst werden. Je größer das Unternehmen, desto größer auch die bürokratischen Herausforderungen und damit auch der Handlungsbedarf.

Ob das dann interne Bestellprozesse betrifft oder eine integrierte IT-Systemlandschaft – Lean in den indirekten Bereichen ist mindestens genauso wichtig, wenn nicht sogar noch wichtiger als Lean in der Produktion.

Das Problem ist dabei aus meiner Sicht, dass die Umsetzung in den indirekten Bereichen eine größere Herausforderung ist. Nehmen wir die Produktion: Da gibt es eine große Einheit im Unternehmen, die einen Vorgesetzten hat. Der kann mit seinen Mitarbeitern viele Dinge produktionsintern umsetzen, ohne mit anderen Bereichen des Unternehmens in Konflikte zu geraten. Wenn wir nun die indirekten Geschäftsprozesse nehmen, fällt auf, dass bei fast jedem größeren Thema sofort viele unterschiedliche Funktionen an einem Tisch sitzen. Alle sind dabei am Prozess beteiligt und damit auch von Veränderungen betroffen. Meiner Erfahrung nach sind die Prozesse in der Administration häufig auch weniger transparent und damit auch weniger messbar. Das macht die Umsetzung in Summe schwieriger – ändert aber nichts daran, dass erfolgreiche Unternehmen von Morgen auch diese Nuss knacken müssen.

Autoren: Herr Dr. Stüger und Herr Weidisch greifen den Unterschied zwischen der Lean-Einführung in einem KMU und in einem Konzern auf – wo ist für Sie der Unterschied?

Dr. Peter Belener: Ich sehe es ähnlich wie Herr Dr. Stüger und Herr Weidisch. Egal um welche Unternehmensgröße es sich handelt, erfolgsrelevant ist, dass es den Paten ganz oben in der Unternehmensführung gibt. Wenn Herr Dr. Stüger nicht von Lean überzeugt gewesen wäre, würde es die Lean-Aktivitäten bei der Lufthansa Technik heute nicht mehr geben. Gleiches gilt für uns: Wenn Herr Dr. Miele und Herr Dr. Sailer (ehemaliger Technischer Geschäftsführer) nicht von unserem Produktionssystem überzeugt gewesen wären, säßen wir heute nicht hier.

Davon unabhängig glaube ich aber, dass die Lean-Einführung für ein KMU deutlich schwieriger ist, da diese Unternehmen oft nicht den Pool an Mitarbeitern und Experten haben, die für eine konsequente Lean-Einführung notwendig sind. In einem KMU decken Mitarbeiter häufig mehrere Funktionen ab – wo in einem Konzern wie der Lufthansa Technik drei Mitarbeiter sitzen, arbeitet dort dann nur eine Person. Unter diesen Umständen überlegt man sich mehrmals, ob man nun jemanden für 20 % freistellt, damit beispielsweise die Erarbeitung und Schulung von Methoden vorangetrieben werden kann. Davon lebt aber die Nachhaltigkeit einer Lean-Einführung.

Im Gegensatz zu KMUs können große Unternehmen wie Miele und die Lufthansa Technik zudem meist auf bereits vorhandene Stabstellen zurückgreifen. Gerade in diesen Stabsstellen sind oft frisch eingestellte und sehr gut ausgebildete Mitarbeiter zu finden, die losgelöst vom Tagesgeschäft ein Lean-Thema auch einmal für einige Monate methodisch beackern können. Und damit einen wichtigen Beitrag zum Fortschritt des Systems leisten.

Hinzu kommt, dass KMUs in der Regel über keine großen HR-Abteilungen verfügen – unser HR hat uns bei der Lean-Umsetzung enorm unterstützt, zum Beispiel mit der Entwicklung von Qualifizierungsprogrammen und der Auswahl von Shopfloor-Führungskräften. Wenn ich meine Produktion als KMU, ohne diese unterstützenden Bereiche betrachten würde, wäre die Umsetzung unseres Produktionssystems sehr viel schwierig geworden.

Das ist übrigens der Grund für uns, warum wir mit unserer Lean-Philosophie mittlerweile gezielt auf unsere Lieferanten zugehen. Wir haben teilweise Lieferanten mit weniger als 200 Mitarbeitern und es ist nicht so, dass diese Lieferanten Lean nicht einführen wollen. Es fällt diesen Unternehmen einfach schwerer. Also machen wir mit dem Know-how unseres Produktionssystems den Schritt auf sie zu und profitieren letztlich beide von den Fortschritten während der Lean-Umsetzung.

Autoren: Bei der Einführung von Lean suchen sich Unternehmen häufig passende Werkzeuge aus dem Baukasten heraus, weil sie nicht alles auf einmal umsetzen können und wollen – Gleiches würde ja auch für ihre kleineren Lieferanten gelten. Ist das im Sinne von Lean? Sollte Lean nicht getreu dem Motto „alles oder nichts" eingeführt werden?

Dr. Peter Belener: Wenn Lean nach sich ziehen würde, „alles oder nichts" zu machen, dann wäre das aus meiner Sicht bereits Verschwendung, weil dann automatisch Tools und Techniken zum Einsatz kommen, die einen nicht weiterbringen.

Wir wählen sehr sorgfältig aus, was uns sinnvoll erscheint und weiterbringen soll. In unserer Produktion montieren wir jährlich fast zwei Millionen Staubsauger an insgesamt zehn Montagelinien. Unsere Stärken sind dabei sehr effiziente Montage- und Logistikprozesse, die uns gleichzeitig eine hohe Flexibilität liefern. Die Mitarbeiter nehmen bei diesen Prozessen die zentrale Rolle ein. Automatisierung, vor allem verkettete Systeme, sind in diesem Bereich nur in sehr geringem Maße vorhanden. Entsprechend legen wir in diesen Bereichen mit unseren Lean-Aktivitäten viel Wert auf die Führung vor Ort und die Qualifikation der Mitarbeiter. Andere Tools aus unserem Produktionssystem, wie GAE (OEE)[5], werden Sie dort kaum finden. In Bereichen, in denen sehr komplexe technische Systeme vorhanden sind, liegt der Schwerpunkt dahingehend natürlich anders.

Autoren: Wenn Sie jetzt den Erfolgsgrad der Fallstudie auf einer Skala von eins bis zehn beurteilen müssten – wie bewerten Sie die Lean-Einführung bei der Lufthansa Technik?

Dr. Peter Belener: Die Produktion würde ich mit einer Acht beurteilen, auch wenn die Lufthansa Verantwortlichen sich selbst nur eine Sieben geben. Aus meiner Sicht haben Herr Dr. Stüger, Herr Weidisch & Co. im Produktionsumfeld wirklich sehr viel erreicht.

Etwas kritisch sehe ich aber die doch recht lange „Probierphase" von vier Jahren zu Beginn der Lean-Einführung, aber das kann auch an der Größe der Organisation liegen. Ich kann es nur aus meiner Miele-Brille beurteilen. Besonders gut gefällt mir der Support von Herrn Dr. Stüger über die gesamte Dauer der bisherigen Aktivitäten. Das ist vorbildlich und authentisch. Genauso habe ich den Eindruck, dass die Verantwortung zur Lean Umsetzung tatsächlich auf dem Shopfloor ist und professionell von der Akademie unterstützt wird. Das ist eine starke Kombination. Es wird auch deutlich, dass viele Mitarbeiter verstanden haben, was Lean ist. Das heißt nicht, wie es in der Fallstudie auch zu lesen ist, dass alle davon begeistert sind. Das Verständnis für Lean in der Belegschaft muss wachsen und alle überzeugt man ohnehin nicht – 80 % wäre ein sehr guter Wert. Am besten aber hat mir das Lean-Phasenmodell gefallen, das den Lean-Aktivitäten einen strategischen Rahmen gibt und dafür sorgt, dass eine Fokussierung auf wichtige Themen stattfindet.

Insgesamt würde ich der Lufthansa Technik allerdings nur eine Sechs geben, weil die Aktivitäten im indirekten Bereich noch sehr am Anfang zu stehen scheinen und diese, wie bereits erwähnt, für mich mindestens zu 50 % zählen.

Autoren: Nehmen wir nun einmal an, dass ein betroffener Mitarbeiter der Lean-Einführung zu Ihnen sagt, dass er Lean kritisch gegenübersteht, weil er seinen Arbeitsplatz behalten möchte. Was entgegnen Sie ihm?

---

[5] Der Begriff Gesamtanlageneffektivität (GAE) oder englisch Overall Equipment Effectiveness (OEE) bezeichnet eine Kennzahl, um die Wertschöpfung einer Anlage zu bemessen. Mit ihr können auf einen Blick sowohl die Produktivität einer Anlage, als auch deren Verluste dargestellt werden.

4.7 Interview mit Dr. Peter Belener – Miele & Cie. KG

Dr. Peter Belener: Ich kann diese Sicht nachvollziehen, da in der Vergangenheit das Wort Lean bei vielen Unternehmen mit Rationalisierungen und damit Stellenabbau verbunden war.

Daher würde ich diesem Mitarbeiter entgegnen, dass wir immer besser und schneller werden müssen, um auch als Hochlohnstandort im globalen Wettbewerb langfristig mithalten zu können. Wenn wir das nicht schaffen, erst dann besteht die Gefahr, dass es irgendwann weniger oder sogar gar keine Arbeitsplätze mehr gibt. Aus diesem Grund gefährdet Lean unsere Arbeitsplätze nicht, ganz im Gegenteil: Es unterstützt uns dabei, diese langfristig zu bewahren.

Eine wichtige Randbedingung an dieser Stelle: Das Unternehmen Miele ist in den letzten Jahrzehnten immer gewachsen. Selbst durch die Finanzkrise sind wir gut gekommen. Das ist natürlich ein deutliches Signal an die Mitarbeiter – ihr Arbeitsplatz ist nicht in Gefahr. Sobald die Mitarbeiter Angst vor dem Verlust ihres Arbeitsplatzes haben, wird die Einführung von Lean nahezu unmöglich, weil keiner mehr mitmacht. Davon lebt aber die Philosophie.

Autoren: Ein anderer Mitarbeiter sagt Ihnen, dass er Angst hat, in Zukunft immer dieselben Arbeitsschritte auszuführen. Was entgegnen Sie ihm?

Dr. Peter Belener: Das könnte ich bei uns in der Produktion nicht nachvollziehen, denn auch wenn es beispielsweise an einer Montagelinie zu mehr Standardisierung kommt, achten wir darauf, den Mitarbeitern über Rotationsprinzipien Abwechslung zu bieten. Zudem schaffen wir für die Mitarbeiter Freiräume, auch einmal in andere Bereiche zu wechseln. Diese Formen der Jobrotation bilden wir über Qualifikationsmatrizen ab und stellen so sicher, dass die Mitarbeiter sich kontinuierlich weiterentwickeln können – das Unternehmen profitiert dabei natürlich von einem breiten und konstant hohen Qualifikationsstand.

Falls ein Meister oder ein Teamleiter diese Angst äußern sollte, dann würde ich noch einmal betonen, dass er sich bei allen Veränderungsprojekte in seinem Bereich einbringen kann, und das ist alles andere als eintönig, sondern in der Regel sehr herausfordernd und interessant.

Autoren: Diesen Mitarbeiter haben Sie überzeugt – nun kommt ein weiterer dazu und der findet Lean super, hat aber einfach keine Zeit dafür. Was entgegnen Sie ihm?

Dr. Peter Belener: Das ist der Klassiker, wenn vor lauter Bäume fällen keine Zeit mehr ist, die Axt zu schärfen. Tatsächlich habe ich dieses Argument vor allem zu Beginn meiner Tätigkeit als Produktionsleiter des Öfteren gehört.

Hier ist es wichtig, einen Blick für den oder die Mitarbeiter und ihre aktuelle Situation zu bekommen. Wir haben zu Beginn der Lean-Einführung mit unseren Führungskräften und Schlüsselmitarbeitern eine zweitägige Bestandsaufnahme aller Nicht-Routine-Tätigkeiten durchgeführt. Danach haben wir diese Tätigkeiten in Lean-Projekte gegossen und erkannt, dass wir mit 33 Projekten überlastet waren. Anschließend haben wir diese Projekte abseits des Tagesgeschäftes auf unter 20 Projekte eingedampft.

Wenn wir nicht den Blick für die Auslastung gehabt hätten, wäre die Einführung des Produktionssystems mehr als holprig gestartet.

Konkret in Ihrem Beispiel würde ich mit dem Mitarbeiter gemeinsam seine Tätigkeiten erfassen, die Zeitfresser identifizieren und neu priorisieren. Das entlastet den Mitarbeiter und die Aussage „das schaff ich nicht" zählt dann nicht mehr.

Autoren: Was sind denn Ihre drei Erfolgsfaktoren für eine Lean-Einführung?

Dr. Peter Belener:

1. Vorbild – die Führungskraft muss Integrität besitzen. Das, was ich sage, muss ich auch vorleben. Ein paar einfache Beispiele: Wenn ich von meinen Mitarbeitern verlange, dass sie die Sicherheitsschuhe tragen, dann muss ich das auch machen. Wenn ich von meinen Mitarbeitern verlange, dass sie kein privates Handy am Arbeitsplatz benutzen, dann muss ich auch darauf verzichten – bei uns gibt es überall gläserne Büros und die Mitarbeiter sehen genau, was wir tun. Wenn ich von meinen Mitarbeitern erwarte, dass sie sich auch samstags anstrengen, dann muss ich mich auch samstags anstrengen.
2. Übertragung von Verantwortung – auch dann, wenn es kritisch wird und häufig doch die nächst höhere Ebene die Entscheidung treffen will. Genau in einem solchen Fall muss man den Mitarbeitern den Freiraum geben – natürlich mit einem kalkulierbaren Risiko – auch Fehler zu machen.
3. Erfolge anerkennen – wer die Arbeit gemacht hat, soll auch den Erfolg haben. Wenn wir in meinem Bereich beispielsweise ein Lean-Projekt erfolgreich abschließen, dann werden die Ergebnisse immer von den verantwortlichen Mitarbeitern selbst vorgestellt. Auch dann, wenn einmal im Jahr die Geschäftsleitung zu Besuch kommt. So merken die Mitarbeiter, dass sich die Anstrengung lohnt und mit dem Erfolg auch ihre Person verbunden ist.

Für die große Menge der Produktionsmitarbeiter ist das natürlich schwieriger. Aber auch hier versuchen wir mit direktem Feedback über unsere Teamleiter und Meister entsprechend zu motivieren. Andere Aktionen gibt es auch. So haben wir schon häufiger ein paar Hundert Kuchenstücke bestellt und gemeinsam mit der gesamten Belegschaft auf der Produktionsfläche Kaffee getrunken. Das ist sicherlich nur eine kleine Geste, aber es zeigt, dass wir die gute Arbeit unserer Mitarbeiter sehen und ihre Leistung schätzen.

Autoren: Ist Lean ein oder kein Allheilmittel?

Dr. Peter Belener: Lean ist für mich kein Allheilmittel. Die schlankeste Produktion hilft nicht, wenn es keine vernünftige Strategie im Unternehmen gibt. Lean ist ein wichtiger Faktor, um wettbewerbsfähig zu sein, aber Lean liefert keine Strategie.

Autoren: Aber Dr. Stüger berichtete ja von Toyota, deren Strategie lautete damals: „Wir bauen ein Fahrzeug in 17 min."

Dr. Peter Belener: Absolut richtig – das gibt es bei uns natürlich auch. Unser Slogan ist „immer besser" und es gibt beispielsweise die Vision der „Null-Fehler-Qualität", aber mit Strategie meine ich: In welche Märkte geht das Unternehmen? Welche Produkte entwickeln wir? Wo bauen wir unsere Produkte? Im Toyota-Beispiel: Sollen wir einen Hybrid entwickeln oder nicht – ich kenne keine Lean-Methode, die mir darauf eine Antwort liefert.

Autoren: Gibt es denn aus Ihrer Sicht eine Schwäche der Lean-Methodik?

Dr. Peter Belener: Wenn Sie so wollen ist die größte Schwäche, dass man Lean nicht kaufen kann. Lean müssen Sie für sich entwickeln. Das heißt vor allem, dass Sie immer am Ball bleiben müssen. Sobald Sie stehen bleiben, gehen Sie bereits rückwärts. Das kostet eine Menge Energie, aber es lohnt sich.

Vor allem werden Sie rückblickend feststellen, dass dabei ein kaum merkbarer Veränderungsprozess stattfindet: Als wir vor fünf Jahren beispielsweise die ersten 6A Audits durchgeführt haben, konnten wir 90 % der Anforderungen erfüllen. Heute stehen wir immer noch bei 90 % Erfüllungsgrad. Wenn Sie aber durch unsere Produktion gehen, werden Sie diese im Vergleich zu damals nicht mehr wiedererkennen. Heute schreiben unsere Mitarbeiter Dinge auf, die sie damals nicht gesehen haben. Der Anspruch an uns selbst ist deutlich gestiegen, unbewusst hat sich Lean in dieser Zeit in den Köpfen der Mitarbeiter weiterentwickelt.

Autoren: Eine abschließende Frage Herr Dr. Belener, wie stellen Sie in Ihrer Praxis sicher, dass Lean nicht dem Schlankheitswahn verfällt, sondern gesund eingeführt wird?

Dr. Peter Belener: Wir haben bei der Lean-Einführung natürlich auch Fehler gemacht, einem Schlankheitswahn zu verfallen war dabei aber nie eine akute Gefahr.

Von Beginn an haben wir uns bei der Auswahl unserer Lean-Aktivitäten stark an der Wirtschaftlichkeit der Maßnahmen orientiert. So kam es in der Vergangenheit auch schon vor, dass wir Veränderungen entgegen theoretischer Lean-Weisheiten durchgeführt haben.

Die Gefahr eines Schlankheitswahns besteht für mich dann, wenn theoretische Sichtweisen in der Produktion Überhand nehmen. Das verhindern wir, indem wir bei unseren Lean-Aktivitäten stark die operativ arbeitenden Mitarbeiter, wie unsere Industrial Engineers und Meister, einbeziehen bzw. diesen Personen die Verantwortung für die Umsetzung der Lean-Maßnahmen übertragen. Bis dato fahren wir mit diesem Ansatz sehr gut.

Autoren: Wir bedanken uns für dieses Gespräch.

4.8 Werkzeugkasten

4.8.1 A3-Report

Was ist das?

„Wenn gesagt wird, dass es kein Problem gibt, ist das ein Problem." Der Spruch ist von Toyota überliefert und ist kennzeichnend für die geistige Haltung der japanischen Verbesserungsphilosophie: Probleme sind nicht lästig, sondern notwendig – keine Probleme zu haben, widerspricht der Überzeugung kontinuierlicher Verbesserung.

Beim konstruktiven Umgang mit Problemen ist es nicht erstaunlich, dass Toyota im Laufe der Jahrzehnte den Umgang mit Problemlösungsprozessen perfektioniert hat – anders formuliert: Es wurde ein Standard geschaffen. Der A3-Report ist die standardisierte Dokumentationsstruktur zum Erkennen, Analysieren und Lösen von Problemen. Der Name bezieht sich auf das Format, denn um die Übersichtlichkeit zu bewahren, passt alles auf ein Din-A3-Papier – ganz nebenbei das größte Format, welches per Fax übermittelt werden kann.

Wie funktioniert das?

In Form von sieben Schritten gibt der A3-Report die nötige Struktur, um kontinuierliche Verbesserung zu ermöglichen. Unternehmen, die keinen etablierten Prozess zum Ausbau der Problemlösungskompetenz ihrer Mitarbeiter haben, beobachten bereits kurz nach der Einführung des A3-Reports eine positive Entwicklung beim Umgang mit Problemen.

1. Hintergrund: Warum soll das Problem gelöst werden? Welchen internen oder externen Kunden betrifft das Problem? Was erwartet der Kunde? Muss eine kurzfristige Maßnahme ergriffen werden, um in Ruhe das Problem zu lösen? Was ist das erwartete Endergebnis aus Sicht des Projektteams? Welche Prozesse und Bereiche sind Teil des Projektes – welche nicht? Welche Rahmenbedingungen sind bei der Durchführung zu beachten?
2. Status quo: Wie sieht das Problem konkret aus? Wo genau entsteht das Problem? Welche Kennzahlen oder Messgrößen gibt es, die das Problem am besten beschreiben? Welche Daten gibt es, die genutzt werden können? Welche Grafiken, Diagramme oder Bilder visualisieren das Problem? Wie groß ist das Problem? Welche Potenziale sind bereits erkennbar?
3. Ziel: Was ist das realistische Ziel des Projektes? Ist das Ziel eindeutig und messbar? Bis wann ist das Ziel erreichbar? Stimmt das Ziel noch mit den Erwartungen aus 1. und 2. überein – warum nicht?
4. Ursachenanalyse: Was sind mögliche Ursachen des Problems? Wie können wir feststellen, welche Ursachen zutreffen? Wie groß ist der Einfluss der Ursachen auf das Problem? Was ist der „Root Cause" (s. Abschn. 2.8.3)? Wie ist der Ursache-Wirkungs-Zusammenhang grafisch darzustellen? Welche Auswirkung hätte das Beheben der Ursachen?

4.8 Werkzeugkasten

5. Lösungsvorschläge: Welche Lösungsvorschläge gibt es? Wie sieht der Idealzustand aus? Welche Vor- und Nachteile haben die Lösungsvorschläge? Was muss getan werden, um die Lösungsvorschläge umzusetzen? Welche Auswirkungen auf andere Bereiche hätte die Umsetzung? Stehen ausreichend Ressourcen (Zeit, Team, Material, Investitionen) für die Verfolgung der Gegenmaßnahmen zur Verfügung? Kann man die Lösungen testen? Sind alle betroffenen Mitarbeiter in die geplanten Aktivitäten eingeweiht?
6. Erfolgswirkung: Wurde das Ziel erreicht? Was wurde während der Umsetzung der Lösungsvorschläge gelernt? Wie hat sich die Lösung weiterentwickelt? Was hat funktioniert – was nicht? Wurden alle Mitarbeiter im neuen Prozess geschult? Sind alle Begleitdokumente (Arbeitsanweisungen, Schulungsunterlagen) aktualisiert? Wurde die Situation vor und nach der Problemlösung gemessen? Inwiefern konnten die Erwartungen der Kunden erfüllt werden – warum nicht?
7. Standardisierung: Was muss getan werden, um die Veränderung aufrechtzuerhalten? Wie können wir das Problem weiterhin beobachten oder messen? Welche Maßnahmen werden ergriffen, wenn es wieder zu Abweichungen kommen sollte? Auf welche anderen Probleme können die Erkenntnisse übertragen werden? Wurde das Projekt zur Problemlösung offiziell abgeschlossen?

Worauf muss man achten?
Der A3-Report ist ein lebendes Dokument. Er sollte ein ständiger Begleiter des Verantwortlichen der Problemlösung sein und nicht nur zu Beginn oder am Schluss ausgefüllt werden.

Um die Kompetenz der Mitarbeiter auszubauen, bedarf es einer Führungskraft, die während der Problemlösung keine Anweisungen erteilt, sondern die Entwicklung begleitet. Der verantwortliche Mitarbeiter für den A3-Report sollte sich erst eigenständig den Aufgaben stellen und sich im Anschluss mit der Führungskraft austauschen. Die Führungskraft taucht dabei tief in die Probleme des operativen Geschäftes ein; belässt die Verantwortung für den Report aber beim Mitarbeiter.

Auch der A3-Report hat seine Ursprünge in der Logik des PDCA-Zyklus. Besonders verwirrend wird es, wenn zusätzlich zum ähnlichen DMAIC-Zyklus auch noch der sogenannte 8D-Report ins Spiel kommt – ein von Ford entwickeltes Formular zum Umgang mit Kundenreklamationen. Obwohl die inhaltlichen Schnittmengen zum A3-Report groß sind, ähnelt der durch den Qualitätsverantwortlichen ausgefüllte 8D-Report eher einer bürokratischen Pflichtaufgabe – „kopieren ohne kapieren". Der A3-Report (s. Abb. 4.7) legt dagegen weniger Wert auf das Papier, als auf das Potenzial des Mitarbeiters, das durch die aktive Nutzung und enge Abstimmung mit dem Vorgesetzten genutzt wird.

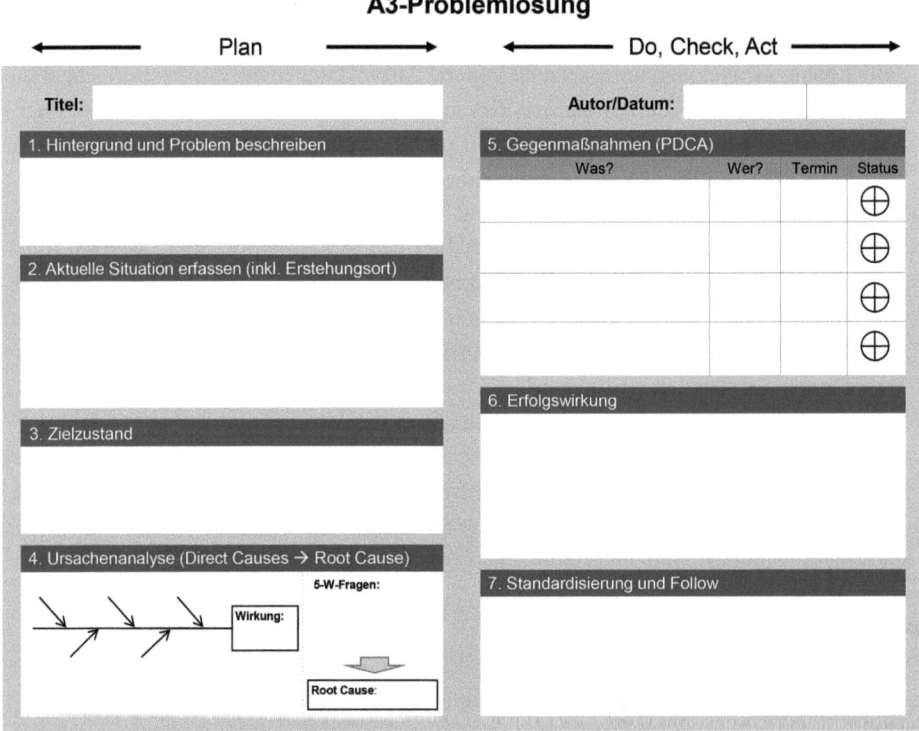

Abb. 4.7 Ein Template des A3-Reports

4.8.2 Go to Gemba

Was ist das?

Diese Methode ist ein wichtiger Faktor für die erfolgreiche Einführung von Lean, denn Wertschöpfung und Verschwendung lassen sich nur dort beobachten und beheben, wo sie entstehen: am Gemba (Ort des Geschehens). Bekannte Vordenker der japanischen Verbesserungsphilosophie, wie Lean-Guru Masaaki Imai (Urheber von Kaizen), kritisieren, dass westliche Unternehmensmanager die niedrigen Hierarchieebenen nicht kennen und damit auf theoretischer Basis führen – gut versteckt hinter dem Schreibtisch und in Besprechungsräumen. Lean beabsichtigt mit Gemba Walks (Synonym für „Go to Gemba" oder „Management by walking around") aber das Ersetzen von theoretischen Annahmen durch ungefilterte Echtzeitinformationen am „Tatort", um bessere Entscheidungen zu treffen und sich mit den Prozessbeteiligten auszutauschen.

Wie funktioniert das?

Haltung: Die Fähigkeit zu beobachten ist für einen Gemba Walk essenziell und für viele Mitarbeiter mit Personalverantwortung ungewohnt. Sich die nötige Geduld, Demut und

Wertschätzung anzutrainieren, braucht viel Übung – viel zu schnell verfällt man der Versuchung, es mit einer Lösung besser zu wissen als die Experten vor Ort oder zumindest einen Schuldigen benennen zu können.

Zeitpunkt: Die Häufigkeit eines Gemba Walks hängt von der Person ab. Wo ein Meister bei der Lufthansa Technik mehrmals am Tag durch die Halle gehen kann, wird Produktionsvorstand Stüger vielleicht ein bis zwei Mal pro Jahr vorbeikommen.

Vorbereitung: Am Shopfloor kann auf viele Dinge geachtet werden, aber ein Gemba Walk ist kein Audit. Es hilft, sich vor Ort auf zwei bis drei Themen zu konzentrieren: die beim morgendlichen Shopfloor Meeting thematisierte Kundenreklamation, die Entwicklung der Arbeitssicherheit oder beispielsweise die Vorbereitungen für den nächsten 5S-Workshop. Die folgenden drei Fragen dienen anschließend als Leitfaden, um am Gemba zielorientiert zu kommunizieren:

1. Was ist das Ziel und was sollte passieren, um den Zielzustand zu erreichen?
2. Wie sieht der aktuelle Zustand aus und inwiefern ist eine Abweichung vom Ziel erkennbar?
3. Wie lässt sich die Abweichung, ein Problem oder sonstige Herausforderungen erklären und lösen?

Impulse: Werden die wertschöpfenden Tätigkeiten korrekt ausgeführt? Wie reibungslos und standardisiert verlaufen die Prozesse und Arbeitsschritte? Wie steht es um die Sauberkeit und die Instandhaltung der Arbeitsgeräte? Wie entwickelt sich die Taktzeit? Welche Geräte oder Arbeitsmittel funktionieren nicht oder müssen repariert werden? Wo ergeben sich Schulungsbedarfe? Wo braucht es mehr und wo weniger Dokumentation? Welche Verschwendungsarten fallen auf? Was ist für einen Außenstehenden nicht nachvollziehbar – beispielsweise auf dem Shopfloor Board? Gibt es auf andere Bereiche übertragbare Erkenntnisse oder was könnte dieser Bereich von anderen lernen?

Worauf muss man achten?
Die Führungskraft sollte keinen Gemba Walk durchführen, um anzuweisen, was zu tun ist, sondern um zu fragen, was gemacht werden soll. Wenn Entscheidungen schon feststehen, warum sollte man dann einen Gemba Walk durchführen?

Regeln für Mitarbeiter gibt es immer schnell – die Fram Group, ein Automobilzulieferer aus Nordamerika, hat deshalb Regeln für die Führungskraft und die Durchführung von Gemba Walks formuliert: „Come to see. Come to experience. Come to learn. Come to explore. Come to watch. Come to think. Come to question. Come to understand. Come and try out. Come and shadow. Come and come and come again ... but don't come to lecture." (Curtis 2009, S. 7)

4.8.3 RACI-Matrix

Was ist das?

Die RACI-Matrix (Akronym für Responsible, Accountable, Consult und Inform) ist ein Tool aus dem Projektmanagement, um klare Verantwortlichkeiten bestimmten Rollen und Personen zuzuordnen. Die RACI-Matrix (s. Abb. 4.8) zeigt, wie die Aufgaben und ihre Umsetzung koordiniert werden, wer alles involviert ist und ob eine Rolle durch Arbeit überlastet ist. Unklare Verantwortungen und unstrukturierte Aufgabenverteilungen sind häufig die Kernursache für Verschwendung in Prozessen und damit Auslöser für Konflikte, Stress, Missverständnisse und schlechte Qualität.

Wie funktioniert das?

Die Anwendung ist bestechend einfach, da sie auf den drei folgenden Fragen beruht:

- Welche Aufgaben sind zu erledigen?
- Welche Rollen sind beteiligt?
- Wer ist dafür verantwortlich?

In einer Matrix werden die Tätigkeiten gegen die Rollen aufgetragen und die vier Buchstaben entsprechend verteilt:

Aufgabe \ Rolle	Rolle 1	Rolle 2	Rolle 3	Rolle 4	Rolle 5	Rolle 6
Aufgabe 1	R		C			
Aufgabe 2	R		A		C	
Aufgabe 3	R	R	I	A		I
Aufgabe 4			C		R	
Aufgabe 5	A	C		I		
Aufgabe 6		I	C	C		R

Abb. 4.8 RACI-Matrix

- Responsible – verantwortlich: Wer ist für die Durchführung der Aufgabe verantwortlich?
- Accountable – rechenschaftspflichtig: Wer entscheidet, ob die Aufgabe korrekt durchgeführt worden ist?
- Consult – konsultiert: Wer wird zur Erfüllung der Aufgabe befragt und ist möglicherweise nicht direkt an der Durchführung beteiligt?
- Inform – zu informieren: Wer wird über das Ergebnis der Aufgabe informiert?

Das Ergebnis lässt sich horizontal auf Schwachstellen prüfen (vgl. Andler 2015, S. 467 f.):

- Viele R in einer Zeile: Warum sind so viele Personen involviert? Kann man die Aufgaben anders aufteilen?
- Kein R in einer Zeile: Wer erledigt die Aufgabe?
- Kein A in einer Zeile: Warum ist niemand verantwortlich?
- Mehr als ein A in einer Zeile: Unklare Verantwortung ist schlimmer als keine Verantwortung.
- Viele C in einer Zeile: Warum fehlt das Vertrauen in die Rolle, die die Aufgabe durchführt?
- Viele I in einer Zeile: Warum müssen alle informiert werden? Was passiert mit den Informationen?
- Viele R in einer Spalte: Warum übernimmt die eine Rolle so viele Aufgaben?
- Kein R oder A in einer Spalte: Inwiefern ist die Rolle für die Erledigung kritisch?
- Viele A: Warum ist eine Rolle für so viele Aufgaben rechenschaftspflichtig? Kann diese Entscheidungshoheit an eine andere Rolle delegiert werden?

Worauf muss man achten?
Nicht zu vergessen ist, dass die RACI-Matrix davon ausgeht, dass die benötigten Fähigkeiten an der richtigen Stelle sind. Das Überprüfen der Fähigkeiten der Person, die hinter der Rolle steht, kann bei Problemen aufschlussreich sein.

Es sollte für jede Aufgabe nur einen Verantwortlichen (R) und einen Rechenschaftsschuldigen (A) geben. Zur Konsultation und Information kann es mehrere Personen geben. Es kommt auch vor, dass bei einer Aufgabe die Verantwortung und Rechenschaft in Personalunion liegt.

Andere Begriffe oder Erweiterungen für dieses Tool sind DACI (Doer, Accountable, Consult, Inform), RASCI (Responsibility, Accountability, Support, Consult, Inform) oder RAM (Responsibility Assignment Matrix).

4.8.4 Stakeholder-Analyse

Was ist das?

„Anyone who tells you it is easy to change the way groups of people do things is either a liar, a management consultant or both." Ob man will oder nicht, die Einführung von Lean Management wirkt sich direkt oder indirekt auf alle Bereiche des Unternehmens aus. Das Management eines solchen „Change" der Denk- und Verhaltensweisen rückt zur nachhaltigen Implementierung von neuen Produktionsmethoden immer stärker in den Vordergrund – schließlich steht hinter jedem Prozess keine Maschine, sondern eine Person und Personen haben Persönlichkeiten. Diese gilt es, ehrlich und emotional abzuholen, auf ihre Ängste und Unsicherheiten einzugehen und Widerstände so aufzugreifen, dass das Vertrauen und die Veränderungsbereitschaft in der Belegschaft steigen. Bei den vielen Unternehmen, die Lean einführen, trennt sich die Spreu vom Weizen oft an den fachlichen, aber noch öfter an den zwischenmenschlichen Gesichtspunkten – aus gutem Grund ergänzt die Lufthansa Technik das Portfolio ihrer Ausbildungsprogramme um Elemente des Veränderungsmanagements.

Die Stakeholder-Analyse ist ein Basiswerkzeug aus dem Repertoire des Projekt- und Change-Managements, um die Brücke zwischen den strategischen Überlegungen des Managements und der Realisierung durch die Mitarbeiter zu schlagen. Ziel ist, einen Überblick über die internen und externen Anspruchsgruppen zu bekommen – nicht um ihnen die Lean-Einführung recht zu machen, sondern sich über ihren Einfluss und ihre Interessen bewusst zu werden.

Wie funktioniert das?

1. Stakeholder identifizieren: Wer ist alles von der Initiative betroffen? Welche Stakeholder sind intern[6] – welche extern[7]? Wie kann man die identifizierten Stakeholder gruppieren?
2. Stakeholder bewerten: Wer befürwortet die Einführung von Lean – wer ist dagegen? Wie stark ist der Einfluss eines Stakeholders auf eine erfolgreiche Einführung? Wie stark wirken sich die Veränderungen durch die Initiative auf ihn aus? Wie notwendig ist die Unterstützung eines Stakeholders? Welche politischen und zwischenmenschlichen Konfliktpotenziale ergeben sich daraus?
3. Stakeholder Map erstellen: Eine Stakeholder Map wird wie in Abb. 4.9 als 2 × 2-Matrix dargestellt, um das Beziehungsgeflecht übersichtlich zu visualisieren. Die typische Verteilung ist, dass 20 % das Vorhaben unterstützen, 20 % dagegen sind und 60 % – die sogenannten „Zaungäste" – erst einmal abwarten.

---

[6] Zum Beispiel Geschäftsführung, mittleres Management, Betriebsrat, Mitarbeiter im Projekt und außerhalb des Projektes, Controlling, Qualitätskontrolle, interne Berater.
[7] Zum Beispiel Lieferanten, staatliche Gesetzgebung, Dienstleister und Subunternehmer, Lobbys, Eigentümer/Aktionäre.

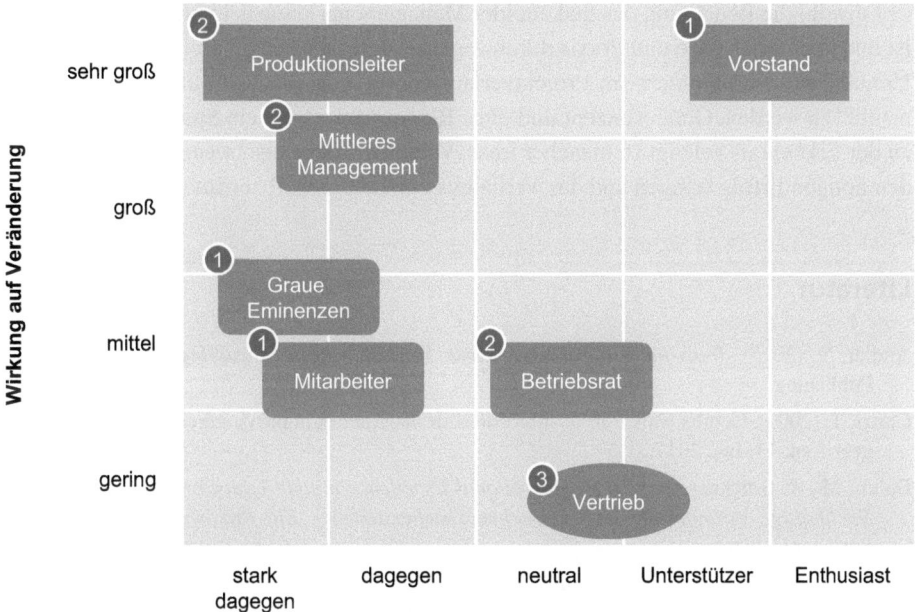

Abb. 4.9 Die Stakeholder-Analyse. (Quelle: Dahm und Brückner 2014, S. 290)

4. Stakeholder managen: In einem letzten Schritt werden Maßnahmen entwickelt, um die Stakeholder entsprechend ihrer Bedeutung für den Projekterfolg auf dem Laufenden zu halten. Es wird entschieden, ob man beim Stakeholder Interesse wecken, Verständnis schaffen oder seine Unterstützung aktivieren möchte. In einem Kommunikationsplan werden beispielsweise die dafür notwendigen Botschaften, der Kanal des Austauschs, ein Zeitplan und Verantwortlichkeiten determiniert.

Worauf muss man achten?
Jedes Projekt hat „Key-Stakeholder" – z. B. ein Mitglied der Eigentümerfamilie, ein beliebter Mitarbeiter im Betriebsrat, ein Bereichsleiter und guter Freund der Geschäftsführung. Key-Stakeholder können Projekte zum Scheitern bringen. Ihnen gilt es, besondere Aufmerksamkeit zu schenken.

Obwohl die Bedeutung des Stakeholder Managements keine bahnbrechende Neuigkeit ist und auch in Theorie und Praxis durchweg als erfolgskritisch beurteilt wird, scheint der Umgang mit Stakeholdern im Projektverlauf häufig anlassbezogen und intuitiv „mitgemacht" zu werden. Ohne Konzept und ohne Ressourcen ist das ein Spiel mit dem Feuer – zu der Erkenntnis gelangt so mancher Lean-Verantwortliche erst, wenn die Projekte nicht den nötigen Erfolg bringen und das Verhältnis zur Belegschaft zerrüttet ist.

Literatur

Andler, N. (2015). *Tools für Projektmanagement, Workshops und Consulting*. Erlangen: Publicis Publishing.

Curtis, T. (2009). Gemba walk don'ts. http://de.slideshare.net/onimproving/gemba-walk-donts. Zugegriffen: 13. Jan. 2017.

Dahm, M., & Brückner, A. (2014). *Operational Excellence mittels Transformation Management. Nachhaltige Veränderung im Unternehmen sicherstellen – Ein Praxisratgeber*. Wiesbaden: Springer Gabler.

Dahm, M., & Haindl, C. (2011). *Lean Management und Six Sigma: Qualität und Wirtschaftlichkeit in der Wettbewerbsstrategie*. Berlin: Erich Schmidt.

Orth, S., & Blinda, A. (2010). *„Sorry, wir haben die Landebahn verfehlt"*. Berlin: Ullstein.

Hier studiere ich.

Das Bachelor- oder Master-Hochschulstudium neben dem Beruf.

Alle Studiengänge, alle Infos unter: **fom.de**

0800 1959595 | studienberatung@fom.de | fom.de

MIX
Papier aus verantwortungsvollen Quellen
Paper from responsible sources
FSC® C105338

If you have any concerns about our products,
you can contact us on
ProductSafety@springernature.com

In case Publisher is established outside the EU,
the EU authorized representative is:
**Springer Nature Customer Service Center GmbH
Europaplatz 3, 69115 Heidelberg, Germany**

Printed by Libri Plureos GmbH
in Hamburg, Germany